KB273283

톰 라이트의
사순절과 부활절

톰 라이트의 사순절과 부활절

초판 1쇄 발행 2026년 1월 26일
초판 2쇄 발행 2026년 2월 12일
저자 톰 라이트
역자 전의우
발행인 이성만
발행처 (주)칼라커뮤니케이션
등록번호 제2007-000306호
주소 서울특별시 강남구 강남대로 320, 1108호(역삼동)
이메일 colorcomuni@gmail.com
편집 이의현 최성욱 류종수
마케팅 이재혁 김명진
편집디자인 최건호
ISBN 979-11-995361-4-2 (03230)
값 19,000원

야다북스는 (주)칼라커뮤니케이션의 임프린트 브랜드입니다.

톰 라이트의 사순절과 부활절

광야에서 영광으로

전의우 옮김

야다북스

목차

일러두기

1. 성경 본문은 개역개정성경을 사용했다.

2. 옮긴이가 본문의 이해를 돕기 위해 추가로 설명한 내용은 별표(*, **, ...)로 표시해 각주로 처리했다.

초기 그리스도인들은 **달랐다**. 자신들이 몸담고 살아가던 세상의 헬라인들, 로마인들, 이집트인들, 시리아인들과 달랐고, 바로 옆 그들의 이웃이나 흔히 그들의 일가친척들과도 달랐다. 또한 방식은 달랐을지언정, 예수님을 따르는 많은 사람들과 연결되어 있었을 유대인 가족 및 공동체와도 달랐다. 초기 그리스도인들은 많은 부분에서 구별되었으나, 그중에서도 가장 두드러졌던 점 하나는 그들이 매년 **행하던** 어떤 일이었다. 이에 대한 최초의 확실한 증거는 예수님 시대로부터 약 300년 뒤에야 나타나지만, 그 증거는 이미 확고하게 자리 잡은 하나의 관습을 분명하게 보여준다.

그들은 어떤 일을 행했다. 아니 어쩌면 어떤 일을 행하지 않았다고 말해야 할지도 모르겠다. 그들은 지금의 '사순절'을 지켰다. 사순절은 부활절까지 몇 주 동안 기도와 회개와 거룩과 소망에 집중하기 위해 절제하고 금식하며 정신적, 영적, 육체적 시야를 맑게 하는 시간이었다.

사순절은 따로 분리된 절기가 아니었다. 오늘날 많은 그리스도인이 '사순절'을 지킨다 하더라도, 그 뒤를 잇는 것은 고작 하루짜리 부활절 기념일 뿐이다. 그러나 초기 그리스도인들은 부활절을 예수님의 승천을 기념하는 날까지 40일간 계속되는 절기로 지켰다. 이 책이 마지막 한 주간을 부활절 묵상으로 끝맺는 것도 이러한 더 큰 실재를 가리키기 위함이다.

그러면 왜 초기 그리스도인들은 이렇게 했을까? 이것이 그들에게는 무슨 의미였을까? 그리고 그들과 똑같은 훈련을 따른다는 게 우리에게 무슨 의미일까?

초기 그리스도인들이 했던 가장 중요한 일은 세상의 역사가 둘로 나뉜다는 사실을 부활절 전후 몇 주 동안 스스로에게 되새기는 일이었을 것이다. 다시 말해, 세상의 역사가 예수님의 죽음과 부활 그 이전과 그 이후로 나뉜다는 사실을 일깨우는 것이었다. 새 창조가 옛 창조의 한복판에서 시작되었다. 이 엄청난 주장은 대부분의 세상이 생각했고 지금도 생각하고 있는 방식 자체에 도전한다. 이 주장을 마음과 생각과 삶에 새기려고, 우리는 축하의 시간이 뒤따르는 애통의 시간이라는 오래된 관습을 받아들인다. 우리는 지금도 계속되는 '부활의 계절(Easter season)', 곧 하나님의 새 창조가 예수님의 부활과 함께 시작된 이래 예수님의 영이라는 새로운 선물로 계속해서 활력을 얻고 있는 계절을 살아가고 있다. 그러나 절대로 이 계절을 당연하게 여겨서는 안 된다. 새 창조는 우리의 삶에서 실제가 되어야 하고, 언제나 새로워져야 한다. 새 창조의 중심에는 새로워진 인간이 필요하다. 사순절과 부활절을 지키는 것은 이러한 새로움을 유지하는 탁월한 방법이다.

사순절과 부활절은 뚜렷이 구분되는데, 이 둘의 차이에서 오늘날 많은 그리스도인이 쉽게 잊어버리는 두 가지 진리를 포착할 수 있다.

첫째, **애통**의 중요성이다. 복음의 기쁨에 마음이 휩쓸리다 보면, 세상이 여전히 혼란스럽다는 사실과 교회가 뒤죽박죽에다 죄에 물들기 일쑤라는 사실, 우리 자신이 하나님을 사랑하고 서로를 사랑하는 일에 여전히 처참할 정도로 실패한다는 사실을 잊어버리기 쉽다. 이쯤에서 누군가 이렇게 말할지도 모른다. "아주 암울하게 말씀하시네요. 하나님은 우리가 기쁨에 겨워하길 바라시지 않나요?" 그러나 사실 애통의 선물은 복음의 참된 기쁨을 향한다. 그리스도인이 된다는 것은 실제로는 그렇지 않은데도 모든 게 '정말로 괜찮은' 척한다는 뜻이 아니다. 애통한다는 말은 상황이 여전히 어긋나 **있다**는 사실을 인정하고, 우리의 곤혹스러운 슬픔과 좌절을 하나님 앞에 내어놓을 수 있으며, 실제로 내어놓아야 한다는 사실을 인정한다는 뜻이다. 애통은 하나님의 선물이며, (이사야 53장 3절이 말하듯이 "슬픔의 사람이었으며 허약함을 아는 사람"*이셨던 예수님을 따라) 하나님이 그분의 세상에서 지속되는 비극을 향해 느끼시는 슬픔에 우리가 참여하는 방법이다.

둘째, 그럼에도 불구하고 진정한 **축하**의 중요성이다. 부활의 계절을 지킨다는 것은 어둠 속에서 무섭지 않은 양 휘파람을 부는 게

---

* "a man of suffering and acquainted with infirmity"(NRSV). "간고를 많이 겪었으며 질고를 아는 자"(개역개정)

아니다. 그것은 우리의 눈을 열어 빛을 향하는 것이고, 놀라운 감사를 드리며 날마다 그 빛 가운데 살기로 결심하는 것이다. 사순절을 제대로 알게 되면, 곧 생각과 마음뿐 아니라 몸으로 애통하는 법을 제대로 배우게 되면, 예수님의 죽음과 부활에 대해, 그리고 우리가 이끌려 들어온 새 창조에 대해 하나님을 온전히 찬양할 수 있으며, 그때 우리의 찬양은 값싸거나 하찮은 타령으로 들릴 위험이 전혀 없게 된다.

교회는 언제나, 심지어 직관적으로 알고 있었다. 우리가 하나님이 원하시는 사람, 주변 세상과 다름으로써 증언의 능력을 지닌 사람이 되어가는 가장 좋은 방법은 예수님의 삶과 죽음과 부활 이야기를 통해 천천히 그리고 주의 깊게 생각하고 기도하는 것임을 말이다. 이 책은 당신이 바로 그 일을 할 수 있도록 돕고자 기획된 것이다. 하나님이 이 여정에 당신과 함께 하시길 기도한다.

옥스퍼드 위클리프 홀에서

톰 라이트

광야에 계신 예수님

예수님의 세례

(마가복음 1:9-13)

9그 때에 예수께서 갈릴리 나사렛으로부터 와서 요단강에서 요한에게 세례를 받으시고 10곧 물에서 올라오실 새 하늘이 갈라짐과 성령이 비둘기 같이 자기에게 내려오심을 보시더니 11하늘로부터 소리가 나기를 너는 내 사랑하는 아들이라 내가 너를 기뻐하노라 하시니라 12성령이 곧 예수를 광야로 몰아내신지라 13광야에서 사십 일을 계시면서 사탄에게 시험을 받으시며 들짐승과 함께 계시니 천사들이 수종들더라

유명한 영화 제작자가 오랫동안 자신의 멘토이자 길잡이였던 사람과 큰 법적 다툼을 벌였다. 그 젊은 제작자는 비난을 도저히 견딜 수 없었고, 결국 자신을 그토록 많이 도와주었던 사람을 내쳤다. 모든 게 끝났을 때, 가까운 한 친구가 문제의 본질을 한마디로 이렇게 정리했다. "이건 모두 너그럽지 못한 아버지와 인정과 사랑에 목마른 아들에 관한 것이었지." 이런 일은 가정에서든, 직장에서든, 그 외에 어디에서든 늘 일어난다. 우리 시대에는 아버지로부터 (말로든, 표정으로든, 포옹으로든) "너는 내 사랑하는 자녀란다"라는 말을 한 번도 들어보지 못한 아이들이 너무나도 많다. "내가 너로 인해 참 기쁘단다"라는 말을 듣는 것은 더더욱 기대하기 어렵다. 서구 사회에

서도 마음으로는 그렇게 생각하는 아버지들조차 정작 너무 어색하고 쑥스러워서 자녀들에게 자신들이 그들을 얼마나 기뻐하는지 말하지 못하는 경우가 많다. 오히려 안타깝게도 많은 아버지들이 정반대의 길을 간다. 그들은 자주 화난 목소리로 쏘아붙이거나, 모질게 거절하며, 문을 쾅 닫아버린다.

기독교 복음 전체는 한마디로 이렇게 요약할 수 있다. 살아계신 하나님이 우리를, 곧 세례받고 믿는 그리스도인 하나하나를 보실 때, 그분은 그날 예수님께 하셨던 바로 그 말씀을 우리에게도 똑같이 하신다. 하나님은 우리 안에 있는 우리의 모습이 아니라 예수 그리스도 안에 있는 우리를 보신다. 육신의 부모에게서 이런 지지를 받아본 적이 없는 사람들에게는 이것이 때로 불가능한 것처럼 보일 수도 있지만, 이는 분명한 사실이다. 하나님은 우리를 바라보며 말씀하신다. "너는 내가 사랑하고 사랑하는 자녀란다. 내가 너를 기뻐한단다." 이런 일이 어떻게 가능한가? 이를 설명하려면 전체 이야기, 특히 예수님의 죽음과 부활에 관한 전체 이야기가 필요하다. 그러나 이것이 바로 기독교 복음이 말하고자 하는 전부다.

이것이 참된 이유는 간단하지만 매우 심오하다. 바로 예수님이 메시아시며, 메시아는 자기 백성을 대표하기 때문이다. 따라서 예수님에게 참된 것은 그분의 백성에게도 참된 것이다. '메시아'는 '기름 부음 받은 자'라는 뜻이다. 그리고 이 이야기는 예수님이 어떻게 성령으로 기름 부음을 받아 하나님의 아들로 지명되었는지를 보여준다. 메시아는 몇몇 성경 구절에서 '하나님의 아들'이라 불리는데, 그중 하나가 여기서 하늘의 음성이 메아리치듯 인용하고 있는 구절이다(시2:7). 초기 그리스도인들은 예수님이 훨씬 깊은 의미에서 하나님의 아들이심을 곧바로 깨달았지만, 그럼에도 그분의 메시아 되심을 필사적으로 고수했다. 예수님은 메시아셨고 지금도 메시아시다. 그렇기 때문에 하나님은 예수님이 세례받으실 때 하셨던 말씀을 초기 그리스도인들에게 하셨듯이, 오늘 우리에게도 하시는 것이다. 만일 하나님의 이 말씀이 없다면, 우리가 마음의 귀로 듣게 되는 것은 대부분 문이 꽝하고 닫히는 소리일 뿐일 것이다.

마가는 이 이야기를 사뭇 엄숙하게 들려주면서 구약성경을 되울린다. "그 때에 예수께서… 하늘이 갈라짐(을)… 보시더니". 성경의 뿌리로 거슬러 올라가 보면, '하늘이 갈라짐을 본다'라는 게 무슨 뜻인지 깨달을 것이다. 이는 예수님이 수 킬로미터쯤 되는 창공에서 작은 문이 조금 열리는 것을 보셨다는 뜻이 아니다. 성경에서 '하늘'은 평범한 현실을 초월하는 하나님의 차원을 의미할 때가 많다. 마치 우리 앞에 보이지 않던 휘장이 갑자기 열려 나무와 꽃과 건물 대신에, 또는 예수님의 경우라면 강과 광야와 무리 대신에, 전혀 다른 차원의 현실 앞에 서 있게 되는 것과 같다.

기독교 신앙의 많은 부분은, 우리가 그 다른 현실을 볼 수 없을 때조차 그것을 따라 살아가는 법을 배우는 것이다. 때로는 결정적이고 극적인 순간에 휘장이 걷히면서 실제로 무슨 일이 일어나는지 보거나 듣게 된다. 그러나 대부분의 경우, 우리는 보이는 것이 아니라 믿음으로 행한다. 마가가 우리에게 말하고자 하는 것 가운데 하나는, 예수님의 삶 전체를 바로 그런 방식으로 바라보고 이해해야 한다는 것이다. 그는 우리에게 이렇게 말한다. 이 이야기를 보고, 이 삶을 보라, 그리고 그 속에서 하늘의 환상을 보고 하늘의 음성을 듣는 법을 배워라. 이 말씀이 너희에게 주어지는 말씀으로 듣는 법을 배워라. 이 말씀이 너희를 변화시키고, 너희를 빚으며, 너희를 새 사람, 곧 하나님이 원하시는 사람으로 빚게 하라. 이 이야기에서 평소에는 감춰져 있는 하나님의 세상에 속한 하늘의 차원을 발견하라.

물론 초기 그리스도인들 누구라도 이 단락을 읽으면, 세례를 받음으로써 메시아 예수님과 연합한 순간이 곧 자신에게 휘장이 열리고 이 말씀이 주어진 때라고 믿었을 것이다. 오늘의 교회에서도 세례를 베풀고 세례를 가르치면서 이러한 의미를 되살릴 방법을 찾아야 한다.

그렇게 할 때, 예수님처럼 우리도 광야로 내몰릴 준비를 갖추게 된다. 예수님은 이스라엘의 출애굽을, 곧 이스라엘이 광야를 지나 약속의 땅으로 들어가는 그 위대한 드라마를 재현하신다. 예수님이 반드시 걸어야만 하는 길이 있다. 하나님의 사랑하는 아들이기 때문에 걸어야만 하는 길이 있다. 그 길은 메마르고 먼지 날리는 작은 길이고, 유혹과 겉보기에 실패처럼 보이는 순간들을 거쳐 가는 길이다. 그러므로 우리 역시 다르지 않을 것이다. 만일 우리가 여정을 시작하면서 하나님을 약한 자를 괴롭히는 자라고, 우리가 기준에 미치지 못했다는 이유로 화를 내고 위협하며 우리를 향해 소리 지르고 우리 앞에서 문을 쾅 닫아버리거나 우리를 길거리로 내쫓아버리는 부모라고 상상한다면, 우리는 유혹의 첫 속삭임에서 무너지고 말 것이다. 그러나 이 놀라운 사랑의 말씀을 기억한다면, 우리는 그 길을 헤치고 나아갈 수 있다.

마가는 예수님이 '들짐승과 함께' 계셨다고 말한다. 그는 들짐승이 위협을 뜻하는지, 혹은 새 창조의 표징인지(예수님이 새 에덴동산의 둘째 아담인지?), 아니면 둘 다인지 말하지 않는다. 그러나 천사들도 그곳에 있었다. 천사들이 그곳에 있었던 것은 예수님이 사탄에게 시험받지 않도록 막기 위해서가 아니었다. 최종적으로 예수님의 갈보리 길을 막지 않은 것과 다르지 않았다. 그보다 천사들이 그곳에 있었던 것은 예수님에게 사랑하는 그의 아버지께서 그를 지켜보고 계시고, 그곳에 그와 함께 계시며, 그를 사랑하시고, 그를 통해 일하시며, 그를 통해 그분의 영을 늘 부어주신다는 것을 확인시켜 주기 위해서였다. 예수님은 그의 모든 백성이 가야 하는 길을 먼저 가셨다. 예수님이 그렇게 하실 수 있었던 것은 그 사랑의 말씀, 생명의 말씀을 들었기 때문이다.

- 예수님이 세례를 받으실 때, 하나님은 "너는 내 사랑하는 아들이라 내가 너를 기뻐하노라"고 하셨다. 하나님이 당신에게도 이렇게 말씀하신다고 상상해 보라. "너" 대신에 당신의 이름을 넣어(당신이 여자라면 "아들" 대신에 "딸"을 넣어) 이 문장을 천천히 읽으면서, 세례받을 때만이 아니라 그 후에도 매일 같이 하나님이 당신에게 이렇게 말씀하신다고 생각해 보라.

- 하나님이 계신 하늘의 실재를 볼 수 없는데도 어떻게 그 실재를 따라 살 수 있겠는가? 하나님의 세상이 지닌 이러한 숨겨진 차원을 경험하는 데 믿음이 어떤 역할을 하는가?

광야의 유혹 1

(마태복음 4:1-11)

1그 때에 예수께서 성령에게 이끌리어 마귀에게 시험을 받으러 광야로 가사 2사십 일을 밤낮으로 금식하신 후에 주리신지라 3시험하는 자가 예수께 나아와서 이르되 네가 만일 하나님의 아들이어든 명하여 이 돌들로 떡덩이가 되게 하라 4예수께서 대답하여 이르시되 기록되었으되 사람이 떡으로만 살 것이 아니요 하나님의 입으로부터 나오는 모든 말씀으로 살 것이라 하였느니라 하시니 5이에 마귀가 예수를 거룩한 성으로 데려다가 성전 꼭대기에 세우고 6이르되 네가 만일 하나님의 아들이어든 뛰어내리라 기록되었으되 그가 너를 위하여 그의 사자들을 명하시리니 그들이 손으로 너를 받들어 발이 돌에 부딪치지 않게 하리로다 하였느니라 7예수께서 이르시되 또 기록되었으되 주 너의 하나님을 시험하지 말라 하였느니라 하시니 8마귀가 또 그를 데리고 지극히 높은 산으로 가서 천하만국과 그 영광을 보여 9이르되 만일 내게 엎드려 경배하면 이 모든 것을 네게 주리라 10이에 예수께서 말씀하시되 사탄아 물러가라 기록되었으되 주 너의 하나님께 경배하고 다만 그를 섬기라 하였느니라 11이에 마귀는 예수를 떠나고 천사들이 나아와서 수종드니라 어느 초기 기독교 저자는 예수님이 여느 사람들처럼 가능한 모든 면에서 유혹*을 받으셨다고 말한다(히4:15). 따라서 세례를 받으실 때 하나님의 부르심과 사랑이 극적으로 확인되는 그 위대한 환상의 순간 이후에, 곧바로 예수님이 속삭이는 음성들에 맞서 그 정체를 분별하셔야 했다는 것은 놀라운 일이 아니다. 그 음성들은 하나같이 참된 소명, 곧 참으로 사람이 되고, 하나님의 사람이 되며, 세상과 다른 사람들에게 종이 되라는 소명을 왜곡하는 제안들이다. 예수님은 이 유혹들에 곧바로 대응하셔야 하고, 적어도 초장에 승리하셔야 한다. 그러지 않으면, 예수님이 사역하실 때 이 유혹이 갑자기 몰아닥쳐 그분을 제압하게 될 수도 있다.

첫째 유혹과 둘째 유혹은 예수님이 방금 받으신 바로 그 강점을 이용한다. 하나님은 예수님에게 "너는 내 사랑하는 아들이라"고 말씀하셨다. 이에 마귀는 속삭인다. "그래 맞아! 그런데 네가 정말로 하나님의 아들이라면, 네가 스스로 양식을 얻을 능력이 있는데도 하나님이 네가 굶주리길 원하실까? 또 너도 네가 누군지 사람들에게 보여주고 싶은 거 아냐? 그렇다면 눈이 휘둥그레질 일을 해야 하지 않을까?" 그런 다음 그 원수는 그럴듯한 논리를 내던지고 아주 대담하게 나온다. "네 하늘 아버지는 잊으라고. 그냥 내게 경배해. 그러면 내가 네게 능력을 주고, 너를 지금껏 그 누구보다 더 위대하게 해줄게."

예수님은 그 함정을 꿰뚫어 보신다. 그래서 매번 성경과 하나님

---

* temptation(NRSV). 개역개정에서는 "시험"으로 옮겼다. 여기서는 temptation을 "유혹"으로 test 를 "시험"으로 옮기겠다.

으로 대답하신다. 그는 하나님의 말씀을 살아내고 그분을 온전히 신뢰하는 데 집중하실 뿐, 하나님을 궁지에 몰아넣는 억지 시험을 꾸미지 않으신다. 오직 하나님을 사랑하고 섬기는 일에만 헌신하신다. 육신은 만족을 갈구하고, 세상은 유혹의 손짓을 보내며, 마귀는 상상도 못할 권세를 제안하지만, 사랑이 넘치는 이스라엘의 하나님, 곧 예수님이 아버지로 아셨던 분은 참으로 사람이 된다는 것, 참된 이스라엘이 된다는 것, 그리고 메시아가 된다는 것의 참 실재를 보여주셨다.

예수님이 주된 무기로 사용하신 성경 본문들은 이 놀라운 이야기가 마태복음의 이 부분에 어떻게 딱 들어맞는지 이해할 수 있게 도와준다. 예수님이 사용하신 성경 본문들은 모두 이스라엘의 광야 이야기에서 나온 것이다. 이스라엘이 홍해를 건넜듯이, 예수님은 세례의 물을 통과하셨다. 이스라엘이 광야에서 40년을 지내며 마주했던 일을 예수님은 40일 밤낮으로 마주하셔야 했다. 그러나 이스라엘이 거듭 실패했던 부분에서 예수님은 성공하셨다. 여기에 참 이스라엘 사람이 있다고 마태는 말한다. 예수님은 하나님이 이스라엘에게 원하셨던 그 일을 이루기 위해 오셨다. 곧 세상에 빛을 가져오시는 일이었다(16절을 보라).

이 이야기의 배경에는 훨씬 깊은 이야기가 있다. 에덴동산의 아담과 하와 이야기다. 명령은 단 하나였고, 유혹도 단 하나였으며, 결과도 단 하나였다. 하지만 더없이 파괴적이었다. 예수님은 아버지께 시선을 집중하셨고, 그리하여 인간의 반역이 오랫동안 남겨온 결과들을 되돌리는 사명을 시작하셨다. 예수님은 다양한 모습으로 나타나는 유혹하는 자(^{"시험하는 자"})와 다시 마주치실 것이다. 유혹하는 자는 십자가로 향하는 길에 대해 생각을 바꿔야 한다며 가장 가까운 동료를 통해 예수님에게 항변할 것이다(16:23). 십자가에 달리셨을 때는 제사장들과 구경꾼들을 통해 예수님을 조롱할 것이다(27:39-43, 이번에도 "네가 만일 하나님의 아들이어든"이라고 말하면서). 절대로 우연이 아니다. 유혹하는 자가 제시하는 길을 거부하였을 때, 예수님은 이미 십자가의 길을 받아들이셨다. 예수님의 머릿속을 맴도는 유혹의 속삭임은 그를 핵심 소명에서, 그가 세례를 통해 받은 길에서, 곧 고난과 죽음으로 이어질 종의 길에서 밀어내려고 고안된 것이었다. 이 속삭임은 예수님이 이스라엘과 세상을 구원하라는 하나님의 부르심을 이루지 못하게 막으려는 것이었다.

우리가 일상의 삶에서, 그리고 인생의 소명과 선택을 결정하는 중요한 순간에서 마주하는 유혹은 예수님이 마주하셨던 유혹과 매우 다르겠지만, 본질은 정확히 동일하다. 유혹은 우리를 꾀어 이런저런 죄를 짓게 하려는 데 그치지 않는다. 그것은 우리의 시선을 다른 데로 돌리려 하고, 우리가 세례를 통해 받은 종의 길을 벗어나게 하려 한다. 하나님은 우리 각자에게 값비싸지만 놀랍도록 영광스러운 소명을 주셨다. 원수는 우리의 시선을 다른 데로 돌리고 하나님의 목적을 방해하기 위해 온갖 짓을 다 할 것이다. 우리를 자녀로 반겨 맞으시는 하나님의 음성을 들었다면, 속삭이는 원수의 음성도 듣게 될 것이다.

그러나 하나님의 자녀로서 우리는 하나님의 아들이 사용하신 것과 똑같은 방어를 사용할 자격이 있다. 성경을 마음에 간직하고,

그것을 사용하는 법을 익혀라. 시선을 하나님께 고정하고, 모든 것을 그분께 맡겨라. 하나님이 당신을 부르신 소명, 곧 하나님의 빛을 세상에 전하는 일을 기억하라. 당신을 꾀어 어둠으로 끌어넣으려는 목소리를 향해 단호하게 "안 돼!"라고 말하라.

- 예수님은 유혹을 마주하실 때, 하나님과의 관계와 성경에 기록된 그분의 말씀을 의지하신다. 당신은 유혹과 도전에 직면할 때, 이와 비슷하게 하나님의 말씀을 의지하고 그분을 깊이 신뢰하는 습관을 어떻게 길러 갈 수 있겠는가?

- 예수님이 마주하신 유혹은 그의 마음을 그의 핵심 소명과 종의 길에서 다른 데로 돌리려는 것이었다. 당신이 삶에서 마주하는 유혹들은 예수님의 제자인 당신의 마음을 당신의 소명과 목적에서 다른 데로 어떻게 돌리려 하는가? 당신은 이러한 시도를 어떻게 분별하고 그것에 맞서 자신의 소명에 충실할 수 있겠는가?

광야의 유혹 2

(누가복음 4:1-13)

1예수께서 성령의 충만함을 입어 요단강에서 돌아오사 광야에서 사십 일 동안 성령에게 이끌리시며 2마귀에게 시험을 받으시더라 이 모든 날에 아무 것도 잡수시지 아니하시니 날 수가 다하매 주리신지라 3마귀가 이르되 네가 만일 하나님의 아들이어든 이 돌들에게 명하여 떡이 되게 하라 4예수께서 대답하시되 기록된 바 사람이 떡으로만 살 것이 아니라 하였느니라 5마귀가 또 예수를 이끌고 올라가서 순식간에 천하만국을 보이며 6이르되 이 모든 권위와 그 영광을 내가 네게 주리라 이것은 내게 넘겨 준 것이므로 내가 원하는 자에게 주노라 7 그러므로 네가 만일 내게 절하면 다 네 것이 되리라 8예수께서 대답하여 이르시되 기록된 바 주 너의 하나님께 경배하고 다만 그를 섬기라 하였느니라 9또 이끌고 예루살렘으로 가서 성전 꼭대기에 세우고 이르되 네가 만일 하나님의 아들이어든 여기서 뛰어내리라 10기록되었으되 하나님이 너를 위하여 그 사자들을 명하사 너를 지키게 하시리라 하였고 11또한 그들이 손으로 너를 받들어 네 발이 돌에 부딪치지 않게 하시리라 하였느니라 12예수께서 대답하여 이르시되 주 너의 하나님을 시험하지 말라 하였느니라 13마귀가 모든 시험을 다 한 후에 얼마 동안 떠나니라 예수님은 슈퍼맨이 아니었다. 일부 독실한 그리스도인들을 비롯해 오늘날 많은 사람이 예수님을 기독교판 영화 주인공처럼, 원하면 뭐든 할 수 있고 현실을 어떤 형태로도 '획획 바꿀' 수 있는 인물처럼 생각한다. 영화에서 슈퍼맨은 겉보기에 평범한 사람처럼 보이지만, 평범한 사람이 아니다. 위장하고 있지만, 더없이 강력하며, 마치 컴퓨터 시대의 슈퍼 마법사와 같은 존재다. 그러나 이는 신약성경에서 마주하는 예수님의 모습이 아니다. 누가는 방금 예수님이 아담 가계의 일원이라는 사실을 우리에게 알려줬다. 예수님이 정말로 사람이었는가? 마치 이에 대해 어떤 의심이라도 있었다는 듯이, 누가는 이 생생한 유혹 장면에서 예수님이 우리처럼 살과 피를 지닌 분임을 강조한다. 예수님이 아담의 후손이라면, 아담이 마주했던 상황뿐 아니라 인간의 반역과 죄를 통해 풀려난 모든 권세와도 마주해야 한다. 창조주 하나님에게 맞서는 오랜 습관적 반역으로 말미암아 세상과 육신과 마귀가 인간을 어떤 형태로든 자기 마음대로 뒤틀어버리는 상황을 만들어 놓았다.

특히 세례를 받으신 후, 예수님은 두 가지 질문과 마주하셨다. 하나는 이같이 특별하고 유일무이한 방식으로 하나님의 아들이라는 게 무슨 뜻이었는가, 다른 하나는 예수님은 어떤 종류의 메시아 됨을 추구해야 했는가였다. 어쨌든 예수님 당시에는 유명한 헤롯 왕가뿐 아니라 역사가 요세푸스를 통해 알려진 덜 유명한 인물들까지, 많은 왕권 운동이 있었다. 시몬(성경에 나오는 시몬/시므온 가운데 하나가 아니다)과 아트롱게스* 같은 인물들은 추종자들을 모아 왕으로 추앙받았으나, 결국 로마군이나 헤롯 군대에게 진압되었다. 추종자들에게 하늘에서 오는 표적, 곧 하나님의 구원 능력을 과시할 큰 기적을 일으키겠다고 약속한 자칭 선지자들도 있었지만, 그들도 오래 가지 못했다. 그렇다면 예수님은 무엇을 하셔야 했는가?

세 가지 유혹은 이 질문에 대한 가능한 답변으로 읽힐 수 있다. 이 이야기는 예수님이 눈에 보이며 서로 말을 주고받을 수 있는 인물과 대화하시는 모습을 그리지 않는다. 마귀의 음성은 예수님의 머릿속에 떠오르는 일련의 자연스러운 생각들로 나타난다. 이것들은 설득력 있고, 매력적이며, 아주 그럴듯하다. 하나님은 사랑하는 아들이 굶주리길 원치 않으신다. 그러지 않으시겠는가? 만약 하나님이 예수님을 세상의 주권자로 세우길 원하신다면(어쨌든 이것이 가브리엘 천사가 마리아에게 말한 것이다), 그것을 단번에 손쉽게 이루지 말아야 할 이유가 있는가? 예수님이 이스라엘의 메시아라면, 자신의 능력을 화려하게 드러내어 그것을 증명하지 말아야 할 이유가 있는가?

이 이야기에는 에덴동산의 아담과 하와의 그림자, 그리고 하나님과 그분의 목적과 명령에 대해 그럴듯한 거짓말로 속삭였던 뱀의 그림자가 어른거리는가 하면, 동시에 광야를 헤맸던 이스라엘의 그림자도 어른거린다. 이스라엘은 애굽을 탈출해 홍해를 건넜고, 하나님은 그런 이스라엘을 그분의 아들이요 장자라고 선언하셨다. 그 후 이스라엘은 광야에서 40년을 방황하는 동안 하나님께 양식을 달라고 투덜댔고, 우상숭배에 진탕 빠졌으며, 끊임없이 하나님을 시험했다. 이제 예수님은 세례의 물을 건너심으로 하나님의 유

---

* Athronges: 주후 1세기에 형제들과 함께 로마에 맞서 반란을 일으켰다. 요세푸스, 『유대고대사』 17권, 278-284.

일무이한 아들이자 이스라엘의 운명을 성취할 분으로 오셔서 다음과 같은 몇 가지 물음과 마주하신다. 예수님은 어떻게 이스라엘의 대표가 되며, 이스라엘의 정당한 왕이 되실 것인가? 예수님은 어떻게 원수의 손아귀에서 이스라엘을 구해내고, 이를 통해 세상을 구해내실 것인가? 예수님은 어떻게 로마나 정치적 대적들만이 아니라 궁극의 대적인 마귀에게서 벗어나는 진정한 해방을 이루실 것인가?

그 대답은 이것이다. 곧 예수님은 가장 개인적이고 가장 내밀한 자리에서 그 원수를 물리치는 데서 시작해야 한다는 것이다. 오늘날 기독교 지도자들은 공적인 삶에서 올바른 목적을 추구하고 있다면 사적으로 무엇을 하느냐는 그리 중요하지 않다고 생각하는 잘못된 경향이 있다. 그런데 이것이 바로 예수님이 광야에서 들으셨던 음성이 속삭이는 전형적인 거짓말이다. 하나님이 어떤 사람을 통해 그분의 영으로 일하신다면, 그 사람의 삶은 온갖 시험을 거치면서 점점 더 그분의 영으로 빚어질 것이다. 예수님이 광야의 유혹을 이기지 못했다면, 이후 그분의 사역은 아무 의미가 없었을 것이다.

예수님은 논쟁으로 마귀에게 대응하지 않고(유혹을 두고 논쟁하다 보면 오히려 유혹이 더 매력적이 되어 저항할 수 없게 되기 쉽다), 성경을 인용해 대응하셨다. 그가 인용한 구절은 모두 이스라엘의 광야 이야기에서 나온다. 예수님은 이스라엘이 실패했던 곳에서 성공하실 것이다. 육체의 필요와 욕구가 중요하긴 하지만, 하나님을 향한 충성이 훨씬 중요하다. 예수님은 진정으로 세상의 참 주님이 되실 것이지만, 그 지위에 이르는 길도, 그리고 그 지위가 작동하는 방식도 마귀처럼 지위와 권력 추구가 아니라 겸손한 섬김이 될 것이다. 하나님을 신뢰한다는 말은 하나님이 장엄한 구원을 이루시도록 강요하는 어리석은 행동을 한다는 뜻이 아니다. 예수님이 이미 지닌 능력, 특히 그의 치유 사역에서 곧 드러날 능력은 사람들을 생명과 능력으로 회복하는 데 사용되어야지, 값싼 묘기에 사용될 수는 없다. 하나님의 아들이라는 지위는 예수님을 화려한 명성의 길이 아니라 겸손과 섬김, 그리고 마침내 죽음이라는 낯선 길로 이끈다. 나중에 원수가 돌아와 이 결의를 다시 시험할 것이다. 그러나 지금은 첫 승리를 거두셨다. 앞으로 싸움이 계속되겠지만, 예수님은 아주 중요한 첫 전투에서 적을 이겼다는 확신을 가지고 공생애를 시작하실 수 있다.

우리가 예수님과 똑같은 방식으로 유혹받을 가능성은 거의 없다. 그러나 모든 그리스도인은 각자의 삶과 소명에서 가장 중요한 순간에 시험받을 것이다. 그리스도인의 소명에 있어서 아주 중요한 것은 매력적인 거짓말로 속삭이는 음성을 알아채고, 그것을 하나님의 음성과 구분하며, 성경이 주는 단순하지만 직접적인 무기를 사용해 그 거짓을 진리로 반박하는 법을 배우는 것이다.

그리스도인이 유혹과 싸우는 훈련은 자신을 혐오하거나 하나님이 주신 인간됨(humanity)의 일부를 거부하는 게 아니다. 그것은 하나님이 주신 온전한 인간됨이라는 선물을 기뻐하고, 마치 악기를 배우는 사람이 그 악기를 조율하며 가능한 최고의 연주법을 찾아가듯, 우리의 존재를 하나님이 의도하신 아름다움에 맞게 조율하는 것이다. 우리가 유혹에 저항할 때, 그 중심에는 하나님을 향한 사랑과 충성이 있다. 그분은 이미 우리를 그리스도 안에서 사랑하는 자

녀로 부르신 분이요, 참된 영광으로 이끄는 길을 따라오라고 우리
를 부르시는 분이다. 그 영광 안에 세상도, 육신도, 마귀도 흉내조
차 낼 수 없는 참된 행복과 참된 충만이 깃들어 있다.

- 유혹과 마주할 때, 예수님은 값싸고 손쉬운 묘기나 화려한 명
  성의 길을 거부하신다. 당신은 자기 이익을 위해 상황을 조작
  하거나 당장의 만족을 얻고자 하는 유혹을 물리치고 하나님의
  때와 인도하심을 신뢰하는 법을 어떻게 배울 수 있겠는가?

- 오늘 본문은 매력적인 거짓말로 속삭이는 음성을 알아채고, 그
  것을 하나님의 음성과 구분하는 것이 중요함을 강조한다. 오
  늘 우리의 문화에서 우리를 에워싸고 거짓말로 속이는 메시지
  를 알아채고, 그것을 거부하는 분별력과 지혜를 어떻게 기를
  수 있겠는가?

뱀과 하나님의 사랑

(요한복음 3:1-3, 14-21)

[1]그런데 바리새인 중에 니고데모라 하는 사람이 있으니 유대인의 지도자라 [2]그가 밤에 예수께 와서 이르되 랍비여 우리가 당신은 하나님께로부터 오신 선생인 줄 아나이다 하나님이 함께 하시지 아니하시면 당신이 행하시는 이 표적을 아무도 할 수 없음이니이다 [3]예수께서 대답하여 이르시되 진실로 진실로 네게 이르노니 사람이 거듭나지 아니하면 하나님의 나라를 볼 수 없느니라 … [14]모세가 광야에서 뱀을 든 것 같이 인자도 들려야 하리니 [15]이는 그를 믿는 자마다 영생을 얻게 하려 하심이니라 [16]하나님이 세상을 이처럼 사랑하사 독생자를 주셨으니 이는 그를 믿는 자마다 멸망하지 않고 영생을 얻게 하려 하심이라 [17]하나님이 그 아들을 세상에 보내신 것은 세상을 심판하려 하심이 아니요 그로 말미암아 세상이 구원을 받게 하려 하심이라 [18]그를 믿는 자는 심판을 받지 아니하는 것이요 믿지 아니하는 자는 하나님의 독생자의 이름을 믿지 아니하므로 벌써 심판을 받은 것이니라 [19]그 정죄는 이것이니 곧 빛이 세상에 왔으되 사람들이 자기 행위가 악하므로 빛보다 어둠을 더 사랑한 것이니라 [20]악을 행하는 자마다 빛을 미워하여 빛으로 오지 아니하나니 이는 그 행위가 드러날까 함이요 [21]진리를 따르는 자는 빛으로 오나니 이는 그 행위가 하나님 안에서 행한 것임을 나타내려 함이라 하시니라

"그리고 뱀 조심하세요!"

내가 야트막한 산으로 출발하기 전, 아내가 마지막으로 당부했다. 그동안 산책로가 광범위한 데다 전염성까지 있는 동물 질병 때문에 그 산은 여러 달 동안 폐쇄되어 있었다. 그래서 평소에는 산책로에서 멀찍이 떨어져 살던 동물들이 그해 봄에는 새롭게 찾은 자유를 한껏 누렸을 게 분명했다. 영국의 여러 섬에는 위험한 뱀이 많지 않지만, 살무사는 아주 위험하다. 솔직히 나는 살무사를 만나면 어떻게 해야 하는지 알지 못했다.

다행히 등산로에서 뱀을 보지는 못했다. 다만 그 일로 인해 수천 년 동안 숱한 문화에서 뱀의 상징이 사용되어 온 방식에 대해 생각해 보았다. 에덴동산의 뱀부터 힌두교 일부 종파의 아난타라는 뱀, 아즈텍 신화의 신비로운 뱀의 조상, 아프리카 일부 지역에 지금도 남아 있는 '자연의 옛 신(old god of nature)'에 이르기까지, 또한 시부터 예술과 의학, 특히 정신분석에 이르기까지, 까마득한 옛날부터 뱀의 형상은 인간의 상상력을 사로잡아 왔다.

많은 문화에서 뱀은 위험하지만 동시에 긍정적이고 강력한 존재로 인식되고 있다. 반면에 또 다른 문화들, 특히 유대교와 기독교 전통이 이어져 온 일부 지역에서 뱀은 강한 부정적 힘으로 인식되며, 세상과 우리 모두의 내면에 도사린 악을 상징한다. 뱀을 어떻게 다루어야 하는가 하는 물음은 악을 어떻게 다루어야 하는가, 혹은 다양한 문화에서 악으로 규정된 것을 어떻게 다루어야 하는가를 묻는 하나의 방식이다.

오늘 본문은 그 물음에 분명하고 확신에 찬 답을 제시하며, 그답은 이후의 사상과 문화에 강력한 영향을 미쳤다. 14절은 민수기 21장 5-8절에 기록된 사건을 가리킨다. 이스라엘은 광야를 헤맬 때 모세를 원망했고, 그 때문에 독사들이 이스라엘 진영에 들어와 많은 사람이 물려 죽는 벌을 받아야 했다. 하나님은 모세에게 치료책을 주셨다. 곧 놋뱀을 만들어 장대에 매달아 높이 세우고, 백성이 그것을 바라보게 하라는 것이었다. 장대에 달린 뱀을 보는 자는 누구든 살았다. 장대에 뱀이 감겨 있는 상징은 다른 문화들에서도 나타나며, 오늘날에도 여러 의료 기관에서 치료의 상징으로 사용된다.

그 후 놋뱀은 성막에 성물로 보관되었다. 그러나 훗날 히스기야 왕은 백성이 놋뱀을 숭배한다는 사실을 알고 그것을 부숴 버렸다 (왕하18:4). 예수님 시대의 한 유대인 저자는 이스라엘을 구원한 것이 놋뱀 자체가 아니라 구원하시는 하나님의 능력이었음을 강조해야 한다고 지적했다(지혜서 16:7). 이런 배경은 이 상징이 지닌 기이한 힘을 보여주며, 동시에 예수님이 무엇을 하러 오셨는지 이해하는 데 14절이 얼마나 중요한지를 더욱 분명하게 드러낸다.

사실 신약성경에서 놋뱀이 언급되는 곳은 이곳뿐이다. 여기서 놋뱀은 분명히 예수님의 죽음을 가리킨다. 모세는 놋뱀을 장대에 달아 백성이 볼 수 있도록 그것을 높이 들었다. 그와 같이 인자도 높이 들려야 하는데, 이는 그분을 믿는 자마다 영생을 얻게 하기 위해서다. 인류 전체가 치명적인 질병에 물들어 있는 상태다. 유일한 치료책은 십자가에 달려 죽어가는 인자를 바라보고 그를 믿음으로써 생명을 얻는 것이다.

이것은 매우 심오하고 신비로운 일이다. 그러나 우리는 이렇게 물어야 한다. 어떻게 예수님의 십자가 죽음이 뱀을 장대에 매달았던 사건과 같을 수 있는가? 뱀은 해결책이 아니라 문제이지 않았는가? 요한은 예수님이 사람들을 공격하는 독사들과 같다고 말하는 게 아니지 않는가?

분명 그렇다. 요한이 말하고자 하는 것은, 그리고 십자가 죽음의 이야기에 이르기까지 여러 방법으로 계속해서 말하려고 하는 것은, 이 세상에 있었고 지금도 있는 우리 안에 깊이 뿌리내린 악이 어떻게든 예수님에게 그 모든 힘을 발휘하도록 허용되었다는 것이다. 우리는 십자가에 달리신 예수님을 바라볼 때, 우리 모두를 옭아맨 악의 결과를 보고 있는 것이다. 그리고 동시에 하나님이 그 악을 어떻게 처리하셨는지를 보고 있는 것이다.

또한 우리는 특히 하나님의 사랑이 어떤 모습인지 보게 된다. 요한은 우리에게 1장 18절을, 더 나아가 그 배후에 있는 1장 1-2절을 상기시킨다. 이는 예수님이 십자가에서 죽으셨을 때, 하나님의 사랑이 가장 완전하고 극적으로 나타났다고 말하기 위해서다. 예수님의 십자가 죽음은 우연히 일어난 사고가 아니었다. 하나님이 다른 누군가에게 최악의 일을 떠넘기신 것도 아니었다. 요한은 하나님이 누구신지 놀랍도록 새롭게 그려내는데, 이 그림의 중심이 바로 십자가다. 이제 하나님은 아버지이자 동시에 아들이신 하나님으로 알려지게 된다. 그리고 그 아들은 세상의 죄를 지고 죽으실 때 드러난다, 또는 '들려 올려진다.' 십자가는 하늘과 땅을 잇는 궁극의 사다리다.

그러나 악은 저절로 치료되지 않는다. 악은 우리 각자의 내면

깊숙이 숨어있다. 그러므로 악이 치료되려면 우리 자신이 그 과정에 참여해야 한다. 우리가 선하게 되기 위해 더 열심히 노력해야 한다는 뜻이 아니다. 그러느니 차라리 뱀에게 노래를 가르치는 게 낫다. 우리가 할 수 있는 것은 바로 이스라엘 백성이 할 수 있었던 것과 동일한 것, 즉 바라보고 신뢰하는 것뿐이다. 예수님을 바라보고, 그분 안에서 온전히 드러나는 하나님의 구원하시는 사랑을 보며, 그분을 신뢰하는 것뿐이다.

여기서 큰 분기점이 열리는데, 요한은 이것을 어둠과 빛으로 설명한다(1:4-5을 보라). 예수님을 믿는다는 것은 빛으로, 하나님의 새 창조의 빛으로 나온다는 뜻이다. 반면에 예수님을 믿지 않는다는 것은 어둠에 그대로 머문다는 뜻이다. 어둠은 (그리고 어둠을 품는 자들은) 심판받아야 한다. 이는 어둠이 하나님이 재미로 만드신 어떤 임의의 법칙을 어겼기 때문이거나, 이른바 어둠이 '영적' 세계가 아니라 물질적이고 창조된 세계와 관련이 있기 때문이 아니다. 그보다 어둠이 심판받아야 하는 것은 악이 현재 세계를 무너뜨리고 훼손하며, 사람들이 하나님의 새로운 세상("영생"; 다시 말해, 오는 세상의 생명)에 들어가지 못하게 막기 때문이다.

그러나 전체 이야기의 핵심은 우리가 심판받지 않아도 된다는 것이다. 뱀에게 물려 죽을 필요도 없다. 예수님의 십자가 죽음에서 행하신 일을 통해, 하나님은 역사의 한가운데 표지판을 세우셨다. 그 표지판은 이렇게 말한다. 믿으라, 그러면 살리라.

- 광야에서 장대에 달린 놋뱀이라는 상징은 예수님의 십자가 죽음과 어떻게 연결되는가? 이 상징은 하나님의 구원하시는 사랑을 어떤 방식으로 드러내는가?

- 치료와 구원의 과정에서 믿음과 신뢰는 어떤 역할을 하는가?

톰 라이트의 사순절과 부활절

광야에서 영광으로

무리 가운데 계신 예수님

예수님이 제자들을 부르시다

(마태복음 4:18-25)

[18]갈릴리 해변에 다니시다가 두 형제 곧 베드로라 하는 시몬과 그의 형제 안드레가 바다에 그물 던지는 것을 보시니 그들은 어부라 [19]말씀하시되 나를 따라오라 내가 너희를 사람을 낚는 어부가 되게 하리라 하시니 [20]그들이 곧 그물을 버려두고 예수를 따르니라 [21]거기서 더 가시다가 다른 두 형제 곧 세베대의 아들 야고보와 그의 형제 요한이 그의 아버지 세베대와 함께 배에서 그물 깁는 것을 보시고 부르시니 [22]그들이 곧 배와 아버지를 버려두고 예수를 따르니라 [23]예수께서 온 갈릴리에 두루 다니사 그들의 회당에서 가르치시며 천국 복음을 전파하시며 백성 중의 모든 병과 모든 약한 것을 고치시니 [24]그의 소문이 온 수리아에 퍼진지라 사람들이 모든 앓는 자 곧 각종 병에 걸려서 고통당하는 자, 귀신 들린 자, 간질하는 자, 중풍병자들을 데려오니 그들을 고치시더라 [25]갈릴리와 데가볼리와 예루살렘과 유대와 요단강 건너편에서 수많은 무리가 따르니라

지금 갈릴리에 가면, 사람들이 안드레와 베드로의 소유였거나 아니면 세베대 가족의 소유였을지도 모른다고 말하는 배를 보여줄 것이다.

성지 어디서나 아주 놀라운 고고학적 발굴들이 이루어진다(사실

성지는 놀라운 고고학적 유물들로 넘쳐난다). 그 가운데서도 가장 주목할 만한 발견 중 하나가 갈릴리 호수에서 이루어졌다. 어느 여름, 건기가 한동안 계속되어 갈릴리 호수의 수위가 급격히 낮아졌을 때, 진흙 속에 묻혀 있던 배 한 척이 반쯤 드러난 채 발견되었다. 사람들은 호수 바닥에서 아주 조심스럽게 배를 들어 올려 깨끗이 씻은 후 잘 보존했다. 이제 특별 전시관에 수백만 명의 방문객들이 찾아와 예수님의 첫 제자들이 고기잡이에 사용했을 법한 종류의 배를 볼 수 있게 되었다. 탄소 연대 측정법으로 측정했더니, 그 배의 제작 시기가 예수님이 사셨던 시기와 정확히 일치했다.

이 배는 예수님의 제자들이 날마다 어떤 삶을 살았는지, 그리고 그들이 모든 것을 버리고 예수님을 따랐을 때 치른 대가가 무엇이 있는지 생생하게 보여준다. 지금으로 말하자면, 그들은 소규모 자영업자였다. 가족 단위로 일하면서 큰 이익을 얻기보다 식구가 하루 먹고살 만큼, 그리고선 조금 남겨둘 만큼만 벌었다. 물고기는 풍부했고, 시장도 괜찮았다. 지역 주민뿐 아니라 군인과 여행자, 순례자, 무역상까지 오가는 국제적인 지역에서 그들이 파는 상품은 늘 수요가 있었다. 그러나 고기잡이는 고된 일이었고 때로 위험하기도 했다. 그들의 삶은 호화로운 삶과는 거리가 있었지만, 나름대로 안정된 삶이었다.

그런데 왜 그들이 그 모든 것을 버리고 떠돌이 설교자를 따랐을까? 오늘날 우리도 똑같은 질문에 마주하게 된다. 왜 저 사람은 유망한 법조인 생활을 버리고 전도자가 되었으며, 고소득이 보장된 생활을 버리고 교회를 섬기고 가르치는 불안정하고 가난한 삶을 선택했을까? 왜 저 사람은 가수로서 훌륭한 재능을 버리고 신학을 공부해 목사 안수를 받기로 선택했을까? 왜 이 사람은 교사가 되었고, 저 사람은 교도소장이 되었으며, 또 왜 이 사람은 수도사가 되었고, 저 사람은 선교사가 되었을까? (이와 같은 더 분명한 부르심들은 그리스도인의 소명이라는 거대한 빙산의 일각일 뿐이다.) 그리고 왜 수백만 명의 그리스도인들이 매력적이고 수익성 있어 보이는 삶의 방식이나 관행들을 정기적으로 포기하면서까지 정직과 온전함, 믿음, 소망, 사랑을 지키려고 할까?

그 대답은 오직 예수님 그분에게, 그분의 임재와 인격의 놀라운 매력에 있을 수밖에 없다. 2천 년 전 첫 제자들이 예수님의 임재를 알고 느꼈던 것처럼, 오늘날 우리도 예수님에 관한 이야기를 묵상하고 그분을 더 잘 알기 위해 기도할 때, 그분의 임재를 알고 느낄 수 있다. 때로 예수님의 부르심은 천천히 다가와 어렴풋한 속삭임처럼 시작했다가, 점점 커져 마침내 더는 무시할 수 없을 단계에 이르기도 한다. 이와 달리 때로 예수님은 베드로와 안드레를 부르고 야고보와 요한을 부를 때처럼, 사람들을 아주 갑작스럽고 극적으로 부르시기도 한다. 어떤 방법으로든 어떤 속도로든, 그런 일이 우리에게 일어날 때, 우리는 그것을 알게 된다. 예수님은 우리에게 다가오시는 그분만의 방식이 있다. 우리가 무엇을 하고 있든, 어떤 그물을 깁고 있으며 어떤 물고기를 잡고 있든, 우리는 예수님이 우리에게 무엇을 하라고 요구하시는지 알 수 있을 만큼 그분의 임재와 부르심을 충분히 감지하게 된다.

적어도 우리는 예수님이 자신을 따라오라고 우리를 부르신다는

것은 알게 된다. 그러나 그 부르심이 우리를 어디로 이끌지 꼭 알
필요는 없다. 아마 그것을 미리 알았다면 그렇게까지 열심을 내려
하지 않았을 것이다. 예수님이 베드로와 안드레에게 하신 말씀은
이것뿐이었다. "이제 너희는 사람을 낚는 어부가 될 것이다!" 그들
은 이 말씀이 무슨 뜻이라고 생각했을까? 그들은 그 '사람들'이 어
떻게 반응할지 알고 있었을까? 그들 모두 스승처럼 자신들도 결국
십자가에 못 박히리라는 것을 짐작이라도 했을까? 요한의 형제 야
고보는 자신이 몇 년 후에 죽으리라는 것을, 그것도 헤롯의 명령으
로 죽게 되리라는 것을 조금이라도 알았을까?

아니다. 그들은 알지 못했다. 하나님은 그분의 자비 안에서 모
든 것을 조금씩 드러내신다. 베드로도 훗날 자신을 기념하는 거대
한 교회가 로마에 세워지리라는 것을 꿈에도 생각하지 못했다. 안
드레도 온 나라들(스코틀랜드, 그리스, 러시아)이 자신을 수호성인으로 삼
으리라는 것을 상상하지 못했다. 그들이 그날 본 것은 영광도, 고통
도 아니었다. 다만 갈릴리 호수 북쪽에 자리한 작은 마을 가버나움
의 해변을 거닐던 한 젊은 남자뿐이었다. 그들은 예수님을 보았을
뿐이다. 그러나 그것으로 충분했다. 바울이라면 이렇게 말했을 것
이다. 예수님 안에 영광과 고통의 모든 보화가 숨겨져 있다. 이것이
복음 이야기의 핵심이다.

그러나 예수님이 갈릴리 지역을 다니실 때, 사람들이 그분을 보
겠다고 수백 킬로미터 밖에서 몰려든 것은 단지 그분의 인격적 매
력 때문만은 아니었다. 그것은 그분의 놀라운 치유 사역 때문이었
다. 마태는 때가 되면 치유 사건을 더 많이 들려줄 것이다. 그러나

지금 그는 상황을 빠르게 요약하듯, 온갖 질병 때문에 삶이 피폐해

진(현대 의학이 등장하기 이전의 삶을 잠시만 생각해보더라도 이것이 무슨 뜻이었을지 알

수 있다) 사람들이 이 비범한 사람에게 나아가기만 하면 깨끗이 나을

수 있다는 소문이 어떻게 순식간에 퍼져 나갔는지 들려준다.

오늘날 역사가들은 그렇게 많은 무리가 예수님에게 끌린 현상을 이렇게밖에 설명할 수 없다는 데 동의한다. 예수님은 실제로 놀라운 치유 능력이 있으셨다. 그러나 치유가 예수님 사역에서 중요한 부분이기는 했지만, 예수님은 단순히 치료자로만 머무신 것이 아니었다. 예수님에게 치유는 하나님이 그를 통해 행하시는 새로운 일의 표징이었다. 하나님 나라, 곧 주권적이며 구원하시는 하나님의 통치가 예수님을 통해 마침내 이스라엘과 세상에서 이루어지고 있었다. 어떻게 여기에 치유가 동반되지 않을 수 있겠는가? 얼마 지나지 않아, 어부들은 호숫가에서 조용히 가업에 종사하는 대신 북적대는 무리의 중심에 서게 되었다. 예수님의 사명이 본격적으로 시작되었으며, 그들은 여기에 완전히 사로잡혔다.

오늘날 우리 시대에는 무엇에 이끌려 무리를 이루는가? 당연히 축구, 록 음악, 화려한 불꽃놀이 같은 오락이다. 대중이 사랑하던 왕세자비의 죽음이나 대형 재난 같은 국가적 비극들도 무리를 모이게 한다. 그러면 사람들이 새로운 일이 일어났다고, 모두 서둘러 와서 이것을 보라고 말하게 하려면 어떤 일이 일어나야 할까? 이를 위해 예수님의 제자들은 지금 무엇을 할 수 있고, 무엇을 해야 할까?

- 예수님의 임재와 인격은 오늘날 어떤 방식으로 계속해서 사람들을 끌어당기며, 그들에게 그분을 따르라고 요구하고 있는가?

- 오늘 본문은 예수님의 치유가 단지 연민과 회복의 행위만이 아니라, 하나님이 그분을 통해 행하시는 새로운 일, 곧 하나님 나라가 도래했음을 드러내는 표징이었다는 것을 암시한다. 오늘날 예수님의 제자들은 무언가 새롭고 변화를 일으키는 것이 도래했음을 상징하는 행동에 어떻게 참여할 수 있으며, 또한 그럼으로써 사람들이 그것을 보고 주목하며 믿음에 이끌리게 할 수 있겠는가?

중풍병자를 고치심

(마가복음 2:1-12)

1수 일 후에 예수께서 다시 가버나움에 들어가시니 집에 계시다는 소문이 들린지라 2많은 사람이 모여서 문 앞까지도 들어설 자리가 없게 되었는데 예수께서 그들에게 도를 말씀하시더니 3사람들이 한 중풍병자를 네 사람에게 메워 가지고 예수께로 올 새 4무리들 때문에 예수께 데려갈 수 없으므로 그 계신 곳의 지붕을 뜯어 구멍을 내고 중풍병자가 누운 상을 달아내리니 5예수께서 그들의 믿음을 보시고 중풍병자에게 이르시되 작은 자야 네 죄 사함을 받았느니라 하시니 6어떤 서기관들이 거기 앉아서 마음에 생각하기를 7이 사람이 어찌 이렇게 말하는가 신성모독이로다 오직 하나님 한 분 외에는 누가 능히 죄를 사하겠느냐 8그들이 속으로 이렇게 생각하는 줄을 예수께서 곧 중심에 아시고 이르시되 어찌하여 이것을 마음에 생각하느냐 9중풍병자에게 네 죄 사함을 받았느니라 하는 말과 일어나 네 상을 가지고 걸어가라 하는 말 중에서 어느 것이 쉽겠느냐 10그러나 인자가 땅에서 죄를 사하는 권세가 있는 줄을 너희로 알게 하려 하노라 하시고 중풍병자에게 말씀하시되 11내가 네게 이르노니 일어나 네 상을 가지고 집으로 가라 하시니 12그가 일어나 곧 상을 가지고 모든 사람 앞에서 나가거늘 그들이 다 놀라 하나님께 영광을 돌리며 이르되 우리가 이런 일을 도무지 보지 못하였다 하더라 대부분의 사람들은 이곳이 아마도 예수님 자신의 집이었을 거라는 사실을 알지 못한다. 예수님은 나사렛에서 가버나움으로 이주하셨다. 본문 첫 두 구절의 핵심은, 예수님이 주변 동네를 돌며 짧은 전도 여정을 끝내고 돌아오셨는데, 마치 그분이 유명 영화배우나 축구 선수라도 되는 듯 사람들이 그분의 집에 잔뜩 몰려들었고, 그로 인해 문 앞까지 발 디딜 틈이 없었다는 것이다. 그날 지붕이 뜯긴 불운한 집주인은 바로 예수님이셨다.

이 사실은 예수님이 중풍병자에게 하신 말씀을 이해하는 데 있어 새로운 가능성을 열어준다. 누군가 당신의 집 지붕에 커다란 구멍을 낸다면 기분이 어떻겠는가? 그러나 예수님은 중풍병자를 내려다보고 쓸쓸한 미소를 지으며 이렇게 말씀하신다. "괜찮다, 내가 너를 용서한다!" 하지만 그분의 목소리에서, 사람들은 모두 이번에는 뭔가 다르다는 것을 느꼈다. 그것은 단순히 지붕에 구멍을 낸 행위에 대한 용서가 아니었다. 그보다 훨씬 깊은 의미였다. 예수님은 조용하지만 권위 있게 말씀하셨고, 그분의 말씀은 중풍병자의 내면 가장 깊은 곳에 박혔다. 주변에 둘러선 사람들이 거북함을 느꼈다는 것은 놀랄 일이 아니다. 당시에는 제사장만 하나님의 이름으로 용서를 말하고 선언할 수 있었기 때문이다. 중풍병자에게 용서가 필요했다면, 그의 친구들은 그를 떠돌이 설교자가 아니라 예루살렘 성전으로 데려갔어야 했다.

마가가 이 이야기를 들려주는 방식에서 볼 수 있듯이, 이 이야기는 하나의 이정표로서, 복음 이야기의 숱한 우여곡절을 지나 예수님이 가야바 앞에서 재판을 받으시는 14장의 장면을 가리킨다.

이 이야기는 복음 전체의 축소판이다. 곧 가르치고 치료하시는 예수님, 신성모독으로 정죄되시는 예수님, 그리고 마침내 옳다고 인정되시는 예수님의 모습을 담고 있다. 중풍병자를 고치신 사건은 예수님 자신이 부활을 통해 갖게 될 새로운 생명을, 그리고 그 생명을 원하는 모든 사람에게 나누어 주실 것임을 미리 보여준다.

그러므로 핵심 문장은 10절에 나온다. "인자가 땅에서 죄를 사하는 권세가 있"다. 예수님의 언어에서 '인자'는 단지 '나' 또는 '나 같은 사람'을 의미할 수 있다. 그러나 마가복음 전체에서 '인자'를 이해하고자 한다면, 다니엘 7장이 더 깊은 의미에 이르는 데 좋은 실마리가 된다. 다니엘 7장에서 "인자 같은 이"는 참 하나님의 참된 백성을 대표하는 존재다. 악의 세력이 그를 대적하지만, 하나님이 그를 옹호하시고, 구원하시고, 그의 옳음을 증명하시며, 그에게 **권세**를 주신다. 다니엘서에서 그는 이 권세를 힙입어 하나님의 심판을 집행한다. 그런데 여기 마가복음에서 흥미로운 반전이 일어나는데, 그것은 그가 하나님의 용서를 집행할 권세를 가진다는 것이다. 이는 앞으로 예수님이 가야바에게 하실 답변을 미리 가리키는 것이기도 하다(14:62).

오늘날 많은 문화에서 용서는 약함의 표시로 여겨진다. 현대인들에게 복수는 도덕적 의무다. 때로는 집안 전체나 공동체 전체가 복수 때문에 갈가리 찢어진다. 사람들은 "복수만이 그들이 이해하는 유일한 언어다"라고 말하면서, 또 하나의 폭탄을 설치하거나 또 하나의 총구를 겨눈다. 때로는 나라와 정부 전체가 유치하지만 치명적인 보복을 서로 똑같이 주고받는다. 이런 식으로 사는 사람들은 하나님도 그런 식으로 사신다고 생각하기 쉽다.

그러니 예수님의 예상치 못한 용서의 선언이 그 집을 너머 그 마을, 그 나라, 그리고 마침내 온 세상에 충격을 던져주었다는 사실에 그리 놀랄 필요는 없다. 예수님은 단지 신학적 죄를 범한 것만이 아니었다. 예수님의 집 지붕에 뚫린 구멍은 그가 그들의 삶의 방식 전체에 뚫고 계셨던 구멍에 비하면 아무것도 아니었다. 용서는 세상에서 가장 강력한 것이다. 그러나 그 값이 너무 크기 때문에, 우리는 종종 차선책에 안주하길 좋아한다. 예수님은 이미 그 값을 온전히 치르기 위한 길을 걷고 계셨고, 그보다 값싼 용서는 어떤 것도 제시하지 않으셨다.

예수님의 사람들은 그분이 이스라엘에게 어떤 존재이셨는지 그 방식 그대로 세상을 향해 존재해야 한다. 우리는 우리 공동체에 치료와 용서를 가져오는 길을 찾아야 한다. 이는 가능한 일이다. 남아프리카 공화국의 '진실과 화해 위원회'를 생각해 보라. 그러나 여기에는 엄청난 대가가 따른다. 사람들이 반대할 것이다. 그러나 그 결과로 주어지는 새로운 삶은 그 자체로 충분한 신원이며, 살아계신 하나님이 일하신다는 충분한 증거가 된다.

물론 용서는 개개인도 변화시킬 수 있다. 이 경우에서처럼, 용서는 인격의 숨은 뿌리에까지 스며들어 오랫동안 곪아 있던 상처를 부드럽게 치료할 수 있다. 사람들은 흔히 치유와 용서가 불가능하다고 생각한다. 하나님이 멀리 계시거나 우리에게 관심이 없으시다고 생각하기 때문이다. 그러나 참된 믿음은 여기에 만족하지 않는다. 이 이야기는 기도가 무엇인지 보여주는 하나의 그림이기도 하다. 무리의 가장자리에 머물러 있지 말라. 하나님의 지붕을 뚫고 들어가 그분의 임재 앞에 서라.

그러면 기대보다 더 많이 얻게 될 것이다. 살아계시며 용서하시는 하나님을 예수님 안에서 만나는 순간, 당신은 다시 일어서서 하나님의 사랑의 능력으로 세상을 향해 걸어 나가게 될 것이다.

- 용서가 약함이 아니라 강함이라는 것은 어떤 방식으로 드러나는가?

- 예수님의 제자들이 그분을 본받아 세상에 치유와 용서를 가져온다는 것은 어떤 의미이며, 오늘날 이 일을 감당할 때 어떤 도전들이 있겠는가?

야이로의 딸과 혈루증을 앓는 여인

(누가복음 8:40-56)

40예수께서 돌아오시매 무리가 환영하니 이는 다 기다렸음이러라 41이에 회당장인 야이로라 하는 사람이 와서 예수의 발아래에 엎드려 자기 집에 오시기를 간구하니 42이는 자기에게 열두 살 된 외딸이 있어 죽어감이러라 예수께서 가실 때에 무리가 밀려들더라 43이에 열두 해를 혈루증으로 앓는 중에 아무에게도 고침을 받지 못하던 여자가 44예수의 뒤로 와서 그의 옷 가에 손을 대니 혈루증이 즉시 그쳤더라 45예수께서 이르시되 내게 손을 댄 자가 누구냐 하시니 다 아니라 할 때에 베드로가 이르되 주여 무리가 밀려들어 미나이다 46예수께서 이르시되 내게 손을 댄 자가 있도다 이는 내게서 능력이 나간 줄 앎이로다 하신대 47여자가 스스로 숨기지 못할 줄 알고 떨며 나아와 엎드리어 그 손 댄 이유와 곧 나은 것을 모든 사람 앞에서 말하니 48예수께서 이르시되 딸아 네 믿음이 너를 구원하였으니 평안히 가라 하시더라 49아직 말씀하실 때에 회당장의 집에서 사람이 와서 말하되 당신의 딸이 죽었나이다 선생님을 더 괴롭게 하지 마소서 하거늘 50예수께서 들으시고 이르시되 두려워하지 말고 믿기만 하라 그리하면 딸이 구원을 얻으리라 하시고 51그 집에 이르러 베드로와 요한과 야고보와 아이의 부모 외에는 함께 들어가기를 허락하지 아니하시니라 52모든 사람이 아이를 위하여 울며 통곡하매 예수께서 이르시되 울지 말라 죽은 것이 아니라 잔다 하시니 [53]그들이 그 죽은 것을 아는 고로 비웃더라 [54]예수께서 아이의 손을 잡고 불러 이르시되 아이야 일어나라 하시니 [55]그 영이 돌아와 아이가 곧 일어나거늘 예수께서 먹을 것을 주라 명하시니 [56]그 부모가 놀라는지라 예수께서 경고하사 이 일을 아무에게도 말하지 말라 하시니라

누가가 의사였는지 확실히 알 수는 없지만, 그의 저작에 나오는 여러 암시뿐 아니라 바울이 그를 "사랑을 받는 의사 누가"(골4:14)라고 언급한 점 등을 보면 그럴 가능성이 높다. 그러나 만일 누가가 의사였다면, 43절을 쓰면서 틀림없이 씁쓸한 미소를 지었을지도 모른다. 그는 이 여인처럼 가진 것을 모두 치료에 쏟아부었지만 전혀 호전되지 않은 환자들을 알고 있었을 것이기 때문이다. 현대 의학은 물론 국가가 관리하는 의료지원 제도나 민간 보험 제도 같은 것이 전혀 없던 세상에서, 건강은 소중하지만 잃기 쉬운 자산이었다. 건강을 잃으면 질병과 가난이 서로 꼬리를 물고 이어지는 내리막길로 떨어질 수 있었고, 거기서 돌아오지 못하는 경우도 많았다.

마가를 따라 누가도 열두 해를 혈루증으로 앓는 여인의 이야기를 야이로의 열두 살 난 딸의 이야기 속에 끼워 넣는다. 두 이야기는 여러 다른 방식으로 연결되어 있다. 특히 예수님이 야이로에게 믿음을 가지라고 명령하신 것에서 서로 연결되는데, 이 명령은 예수님이 여인에게 그녀의 믿음이 그녀를 구원했다고 말씀하신 직후에 하신 것이었다. 만일 야이로의 믿음이 딸의 치유에 도움이 되었다면, 그 믿음은 예수님이 누가 치유되었는지 알기도 전에 능력이

자신에게서 나갔다고 선언하시는 모습을 보았기에 더욱 굳건해졌을 것이다. ("내게서 능력이 나갔다"라는 표현 자체가 매우 인상적인데, 이는 예수님이 얼마나 많은 치유의 통로가 되고 있었는지를 말해준다.) 예수님을 만지는 것만으로 이런 효과가 있을 수 있었다면, 그분이 직접 와서 죽은 소녀를 만지신다면 어떤 일이 일어날지 누가 알겠는가?

물론 만짐 자체가 두 이야기 모두에서 매우 중요했다. 현대 위생학이 없던 세상에서(우리가 아는 비누는 중세가 되어서야 발명되었고, 오늘날 우리가 당연하게 여기는 수도와 제대로 된 하수 시설 같은 것들도 당시에는 거의 존재하지 않았다), 정결과 관련된 금기는 공중위생을 유지하는 데 꼭 필요했다. 유대 경전과 그 이후의 전통은 이러한 금기들을 거의 예술의 형태로까지 정교하게 다듬었다. 가장 분명한 오염의 두 근원은 시체와 내부 출혈이 있는 여자였다.

다시 말해, 1세기 독자들은 이 두 겹의 이야기를 읽으며 예수님이 두 겹의 오염을 감수하고 계신다는 사실을 즉시 알아차렸을 것이다. 첫 번째 이야기에서 예수님은 오염을 피하실 수 없었다. 여인이 다가와 예수님을 만졌고, 예수님은 그 여인이 무엇을 하는지, 어떤 고통을 겪고 있는지 알지 못하셨다. 그렇더라도 예수님은 공식적으로 '부정하게' 되셨다. 이것이 여인이 자신을 숨기려 했던 이유 중 하나며, 사람들 앞으로 나오길 부끄러워하다가 결국 앞으로 나와야 했을 때 몹시 당혹스러워했던 이유이기도 하다. 하지만 두 번째 이야기에서는 예수님이 의도적으로 가서 시체를 만지셨다.

여인의 이야기와 소녀의 이야기 둘 모두에서 누가가 여인들의 이야기에 특별히 주목하고 관심을 둔다는 사실이 다시 보인다. 잘 알려져 있듯이, 누가는 여인들의 역할을 다른 복음서들보다 더 두드러지게 드러낸다. 그러나 두 이야기 모두에서 앞으로 예수님에게서 일어날 일을 암시하는 전조들도 나타난다. 누가는 한 이야기에서 다른 이야기로 넘어가며 예수님이 실제로 누구신지 차근차근 밝혀 왔다. 동시에 그는 예수님이 무엇을 성취하기 위해 오셨는지 콕 집어 설명할 길을 열고 있다. 누가가 예수님의 예루살렘 입성과 체포와 죽음을 이야기할 때 그의 핵심 주제는, 십자가형을 받아야 할 어떤 이유도 없는 무죄하신 예수님이 오히려 그 운명을 줄곧 자초해 온 죄인들을 대신하신다는 것이다. 이미 이 두 사건에서도 동일한 패턴이 나타난다. 예수님은 질병과 죽음이 초래하는 오염을 함께 짊어지신다. 그러나 그분의 사랑이—이 이야기들에서 찬란하게 빛나는 것은 무엇보다도 사랑이다—그 오염을 온전함과 소망으로 바꿔놓는다.

누가가 오늘날 우리에게 거듭 전하려는 메시지는 이것이다. 우리가 어떤 문제나 고통을 겪고 있든, 세상의 문제 속으로 그분의 손을 더럽히며 들어오시는 예수님의 임재가 우리에게 필요하며, 복음이 바로 우리에게 그것을 약속한다는 것이다. 누가가 전개하는 이야기에 깊이 들어갈수록, 혼란과 두려움에 빠진 우리 곁으로 가만히 다가오시는 예수님을 보게 된다. 그분은 우리가 떨리는 손으로 그분을 만지는 것을 반기시며, 성경의 핵심 명령을 들려주신다. "두려워하지 말라."

- 누가는 여인이 예수님을 만지는 장면과 예수님이 죽은 소녀를 만지시는 장면을 함께 묘사한다. 이러한 누가의 묘사는 정결과 오염에 관한 1세기의 사회·종교적 규범에 어떤 식으로 도전하는가?

- 누가가 여인들의 이야기에 관심을 기울였다는 점과, 예수님이 부정하다거나 소외된 사람들과 기꺼이 관계하셨다는 사실을 생각해 볼 때, 이는 예수님의 사명과 관련해서 우리에게 무엇을 말해주는가?

오천 명을 먹이심

(마태복음 14:10, 12-21)

10사람을 보내어 옥에서 요한의 목을 베어… 12요한의 제자들이 와서 시체를 가져다가 장사하고 가서 예수께 아뢰니라 13예수께서 들으시고 배를 타고 떠나사 따로 빈들에 가시니 무리가 듣고 여러 고을로부터 걸어서 따라간지라 14예수께서 나오사 큰 무리를 보시고 불쌍히 여기사 그 중에 있는 병자를 고쳐 주시니라 15저녁이 되매 제자들이 나아와 이르되 이곳은 빈들이요 때도 이미 저물었으니 무리를 보내어 마을에 들어가 먹을 것을 사 먹게 하소서 16예수께서 이르시되 갈 것 없다 너희가 먹을 것을 주라 17제자들이 이르되 여기 우리에게 있는 것은 떡 다섯 개와 물고기 두 마리뿐이니이다 18이르시되 그것을 내게 가져오라 하시고 19무리를 명하여 잔디 위에 앉히시고 떡 다섯 개와 물고기 두 마리를 가지사 하늘을 우러러 축사하시고 떡을 떼어 제자들에게 주시매 제자들이 무리에게 주니 20다 배불리 먹고 남은 조각을 열두 바구니에 차게 거두었으며 21먹은 사람은 여자와 어린이 외에 오천 명이나 되었더라

이 이야기의 등장인물이 되어보라. 자리는 충분하고 배울 것도 많다.

먼저, 가장 최근에 정말 깊이 슬펐던 때를 떠올려 보라. 부모님이나 가까운 친구가 죽었을 때일 수도 있다. 마음에 두었던 직장에

들어가지 못했던 때일 수도 있다. 정들었던 집을 떠나 이사 가야 했던 때일 수도 있다. 그때 가장 원하고 필요했던 것은 어딘가 숨어 조용히 있고 싶다는 것이었을 수 있다. 잠잠히 되돌아보거나 기도하기 위해서 말이다. 아니 무엇보다 누구에게도 방해받지 않고 고요히 있고 싶었을 것이다.

그런데 당신이 선택한 조용한 곳에 갑자기 수백 명이 들이닥쳤다고 가정해 보라. 조용한 공간을 기대하고 들어섰던 교회는 이미 결혼식 하객들로 가득했다. 혼자만의 시간이 가능하리라 확신하며 찾아갔던 한적한 산에는 활기 넘치는 등산객들로 빼곡했다. 어떻게 반응했겠는가?

여기서 예수님이 보이신 반응은 더욱 놀랍다. 예수님은 요한을 잃으셨다. 그는 예수님의 친척이자 동료였다. 요한이 죽은 방식은 앞으로 예수님에게 닥칠 일에 대한 경고가 분명했다. 예수님은 슬그머니 조용한 곳을 찾아 혼자 있고 싶었지만, 무리가 그분을 찾아 몰려들었다. 그 순간 예수님의 반응은 분노도 좌절도 아닌, 연민이었다. 예수님은 요한을 향한 슬픔과 어쩌면 자신을 향한 슬픔을 그들을 향한 슬픔으로 바꾸신다. 예수님은 겉으로 드러나는 능력, 곧 병자들을 고치는 능력을 행하시기 전에 내적으로 보이지 않는 능력을 행하시며, 이로써 자신의 감정을 도움이 필요한 사람들을 향한 사랑으로 바꾸신다.

당신이 예수님의 이야기 속으로 들어온 것도 어쩌면 이러한 연민에 감동했기 때문일지도 모른다. 당신이 예수님의 제자 가운데 하나라고 상상해 보라. 리더가 아니라 열둘 가운데 하나이거나, 아니면 그들의 친구나 친척 가운데 하나로 주변을 서성이는 사람이라고 상상해 보라. 당신은 예수님이 사람들을 어떻게 돌보시는지 보면서 자신도 그들을 돌보고 싶어진다. 그래서 무엇이 그들에게 가장 좋을지 생각하고 예수님께 가서 제안한다. "이 사람들이 외진 곳에서 하나 같이 쫄쫄 굶게 내버려두는 것보다 지금 보내서 각자 음식을 사 먹게 하는 게 좋지 않을까요?" 예수님은 주위 사람들이 타인의 필요를 생각하는 마음으로 아이디어를 낼 때마다 기뻐하신다. 그러나 예수님은 종종 이러한 아이디어를 받아 전혀 예상치 못한 방식으로 일을 행하신다. 예수님은 이렇게 말씀하신다. "네가 정말로 그들을 생각한다면 **네가** 그들에게 먹을 것을 주어야 하지 않겠느냐?" 아마도 이것이 소명의 전형적인 음성일 것이다. 사람들을 돌보려는 우리의 작은 아이디어가 거대하고 불가능한 요청으로 되돌아온다. 당신은 항변한다. "저는 못해요! 시간이 없어요. 열정도 없어요. 능력도 없어요. 제게 있는 거라곤…."

그러나 이것이 바로 다음 단계이고, 이 역시 하나님의 부르심이 작동하는 전형적인 방식이다. 예수님의 주변을 서성이다 보면 어떤 생각이 떠오른다. 그것이 그렇게 명확하지는 않지만, 당신의 주된 의도는 명확하다―이 경우엔 사람들을 먹이는 것이다. 그런데 예수님은 그 목적을 전혀 다른 방식으로 이루자고 제안하신다. 당신은 그것이 불가능하다고 말한다. 그러나 **당신은 자신에게 있는 하찮은 것이 조금이라도 도움이 된다면 기꺼이 그것을 내어드리고자 한다.** 물론 그러면 당신 자신은 쫄쫄 굶게 된다는 뜻이지만…, 이미 너무 깊이 빠져서 벗어날 수가 없다. 예수님의 연민이라는 거센 물살에 휩싸이면 벗어날 방법이 없다.

예수님이 우리가 드린 것으로 행하시는 일은 너무나 신비롭고 강력해서 말로 표현하기가 어렵다. 상상해 보라. 수천 명에게 둘러싸인 자리에서 예수님이 무리는 고사하고 두 사람이 먹기에도 턱없이 모자란 보잘것없는 음식을 받아 들고 기도하신다. 이 음식을 주신 하나님께 감사하신다. 그리고 그것을 떼어 당신과 다른 제자들에게 나눠 주신다. 그러면 당신은 그것을 다른 한 사람에게, 또 한 사람에게, 또 한 사람에게… 나눠 준다. 무슨 일이 어떻게 일어나고 있는지 모른 채 말이다.

이 일이 어떻게 일어났는지 생각해 보라. 예수님 가까이에 있었더니, 당신에게 섬기고 싶은 생각이 들었다. 예수님은 그 생각을 취하시고, 그것을 거꾸로 뒤집어 (물론 더 큰 희생을 요구하시며) 도전으로 당신에게 되돌려 주신다. 당신은 그 도전에 당황하면서 자신이 가진 것을 예수님께 내어드린다. 그것이 매우 부족하다는 것을 (그러나 이것도 희생이다) 알면서도 말이다. 그러면 똑같은 일이 일어난다. 예수님은 그것을 취해 축복하고 떼어 (여기서도 또 한 번 희생이 따른다) 당신에게 주신다. 이제 당신의 일은 그것을 나머지 모두에게 주는 것이다.

예수님께 충분히 가까이 다가가 그분이 하시는 일을 흘끗 보고 자신이 어떻게 도울지 생각하는 사람이라면 누구에게나 이런 일이 일어난다. 우리는 우리 생각을 가지고 어설프게 끼어든다. 상황을 파악하지 못한 채, 우리가 가진 작은 것을 예수님께 드린다. 예수님은 우리의 생각, 떡과 물고기, 돈, 유머 감각, 시간, 에너지, 재능, 사랑, 예술적 기량, 말솜씨, 눈썰미나 손재주 등 우리가 드릴 수 있는 모든 것을 받으신다. 그분은 그것들을 기도와 축복과 함께 아버지 앞에 올리신다. 그리고 그것들을 깨뜨려 사용될 준비가 되게 하신 뒤, 다시 우리에게 돌려주시며 필요한 사람들에게 그것을 나눠 주라고 하신다.

그러고 나면 그것들은 우리의 것이기도 하고, 우리의 것이 아니기도 하다. 우리가 생각했던 것이기도 하고, 우리가 생각했던 것이 아니기도 하다. 그것들은 더 크고 다르며, 더 강력하고 신비롭지만, 여전히 우리의 것이다. 우리는 우리의 빈약한 자원에서 힘겹게 꺼내어 하나님께 드린 자투리와 조각들로 하나님이 이루시는 일을 보면서 놀란다. 그것이 어느 정도든 간에, 이런 일을 바라보는 것도 진정한 그리스도인의 섬김에 포함된다.

물론 마태복음의 이야기에는 그리스도인의 소명에 관한 놀라운 본보기만이 아니라, 그보다 훨씬 많은 것들도 담겨 있다. 남은 열두 바구니는 하나님의 백성, 곧 이스라엘 열두 지파를 회복하시려는 예수님의 의도를 가리킬 수 있다. 예수님이 광야에서 사람들을 먹이시는 장면은 예수님을 새로운 모세로 제시하는 마태복음의 주제와 아주 잘 어울린다(모세 당시에 이스라엘이 광야를 지날 때 하나님은 이들에게 하늘에서 내리는 특별한 떡인 만나를 주셨다). 마태가 우리에게 이를 보여주려 했다는 것은 분명하다.

아마도 이것이 예수님이 무리를 먹이시자마자 즉시 그들을 돌려 보내신 이유일 것이다. 예수님은 무리가 자기 주변에 머물며 자신의 능력을 찬양하길 원치 않으셨다. 예수님과 모세의 닮은꼴은 여기서 끝난다. 예수님은 큰 무리를 이끌고 그 땅을 누비거나 하나님의 원수들에게 군사적 승리를 거두려 하지 않으셨다. 오히려 오늘 본문의 첫머리에서 갈망하셨던 고독을 마침내 성취하실 것이다. 십자가에 외롭게 달리신 채로 말이다. 만약 당신이 예수님을 따르고, 그분의 연민에 동참하며, 그분을 섬기는 데 사용될 수 있도록 자신이 가진 것을 드리라는 부르심을 느낀다면, 예수님 역시 이 부르심에 응답해 모든 것을 희생하셨음을 기억해야 한다.

- 혼자 조용한 곳에서 위안을 찾고 싶었던 때를 떠올려 보라. 당신에게 무언가를 바라며 모여든 큰 무리의 사람들 때문에 그 고독이 방해받았다면 당신은 어떻게 반응했겠는가? 비슷한 상황에서 예수님이 보이신 연민의 반응은 섬김과 이타심에 대한 당신의 이해에 어떤 통찰을 제공하는가?

- 오늘 본문은 예수님과 가까워지고, 그분께 도전을 받으며, 우리가 가진 것을 그분께 드리고, 그 드린 것을 하나님이 변화시키고 배가시키시는 신비롭고 강력한 역사를 목격하는 과정을 어떻게 보여주는가?

하늘에서 내려온 떡

(요한복음 6:14-35)

14그 사람들이 예수께서 행하신 이 표적을 보고 말하되 이는 참으로 세상에 오실 그 선지자라 하더라 15그러므로 예수께서 그들이 와서 자기를 억지로 붙들어 임금으로 삼으려는 줄 아시고 다시 혼자 산으로 떠나가시니라 16저물매 제자들이 바다에 내려가서 17배를 타고 바다를 건너 가버나움으로 가는데 이미 어두웠고 예수는 아직 그들에게 오시지 아니하셨더니 18큰 바람이 불어 파도가 일어나더라 19제자들이 노를 저어 십여 리쯤 가다가 예수께서 바다 위로 걸어 배에 가까이 오심을 보고 두려워하거늘 20이르시되 내니 두려워하지 말라 하신대 21이에 기뻐서 배로 영접하니 배는 곧 그들이 가려던 땅에 이르렀더라 22이튿날 바다 건너편에 서 있던 무리가 배 한 척 외에 다른 배가 거기 없는 것과 또 어제 예수께서 제자들과 함께 그 배에 오르지 아니하시고 제자들만 가는 것을 보았더니 23(그러나 디베랴에서 배들이 주께서 축사하신 후 여럿이 떡 먹던 그 곳에 가까이 왔더라) 24무리가 거기에 예수도 안 계시고 제자들도 없음을 보고 곧 배들을 타고 예수를 찾으러 가버나움으로 가서 25바다 건너편에서 만나 랍비여 언제 여기 오셨나이까 하니 26예수께서 대답하여 이르시되 내가 진실로 진실로 너희에게 이르노니 너희가 나를 찾는 것은 표적을 본 까닭이 아니요 떡을 먹고 배부른 까닭이로다 27썩을 양식을 위하여 일하지 말고 영생하도록 있는 양식을 위하여 하라 이 양식은 인자가 너희에게 주리니 인자는 아버지 하나님께서 인치신 자니라 28그들이

묻되 우리가 어떻게 하여야 하나님의 일을 하오리이까 29예수께서
대답하여 이르시되 하나님께서 보내신 이를 믿는 것이 하나님의 일
이니라 하시니 30그들이 묻되 그러면 우리가 보고 당신을 믿도록 행
하시는 표적이 무엇이니이까, 하시는 일이 무엇이니이까 31기록된 바
하늘에서 그들에게 떡을 주어 먹게 하였다 함과 같이 우리 조상들은
광야에서 만나를 먹었나이다 32예수께서 이르시되 내가 진실로 진실
로 너희에게 이르노니 모세가 너희에게 하늘로부터 떡을 준 것이 아
니라 내 아버지께서 너희에게 하늘로부터 참 떡을 주시나니 33하나님
의 떡은 하늘에서 내려 세상에 생명을 주는 것이니라 34그들이 이르
되 주여 이 떡을 항상 우리에게 주소서 35예수께서 이르시되 나는 생
명의 떡이니 내게 오는 자는 결코 주리지 아니할 터이요 나를 믿는
자는 영원히 목마르지 아니하리라

어떤 역사학자가 박사학위를 마치려고 서둘렀다. 이제 논문도
한 장(章)만 남았고, 이 마지막 장에서 그는 자신이 연구한 시대의
중요한 그림들과 그 화가들이 당대의 사상과 문화에 미친 영향을
다루고자 했다.

그는 서둘러 여러 갤러리를 둘러보았다. 전시실마다 벽을 따라
걸으며 그림 아래 붙어있는 안내문을 깨알같이 노트에 옮겨 적었
다. 화가의 이름, 태어나고 죽은 연도, 살았던 지역, 주요 작품명, 친
구들 이름, 다른 사람들에게 받은 영향 등을 꼼꼼히 옮겨 적었다.
한 갤러리를 이런 식으로 훑어보기가 무섭게 다음 갤러리로 이동
했다.

그는 박사학위를 마쳤다. 그러나 그 모든 갤러리를 둘러보는 동
안, 단 한 번도 몇 걸음 물러나 그림 자체를 유심히 보거나, 그 그림

만의 고유한 언어로 말하는 것을 들으려 하지 않았다.

예수님은 확실히 떡과 물고기로 먹인 사람들이 마지막에 이 불행한 역사학자와 같이 될까 봐 염려하셨다. 안내문은 눈과 머리와 마음이 그림을 감상하도록 돕는 도구일 뿐, 기계적으로 정보를 전달하려는 것이 아니다. 예수님이 무리에게 나눠주신 떡과 물고기는 그들의 눈과 머리와 마음이 그때 거기서 하나님이 그분의 백성에게 주시는 참 선물을 향하도록 하기 위한 것이었다. 그것들은 새로운 유월절, 새로운 출애굽이 그들의 눈앞에서 펼쳐지고 있으며, 예수님이 그 일을 주도하고 계심을 깨닫도록 하기 위한 것이었다.

언뜻 보기에는 예수님의 경고가 너무 까다롭게 느껴질 수 있다. 예수님은 놀라운 일을 행하셨고, 사람들은 흥분해 더 많은 것을 원하며 그에게 다가온다. 그러자 예수님은 그들의 동기가 잘못되었다며 그들을 책망하신다. 그들에게서 달리 무엇을 기대할 수 있을까? 그러나 사실 26절과 27절에서 하신 예수님의 경고에는 또 다른 인식이 놓여 있다. 곧 예수님이 광야에서 무리를 먹이신 직후, 그들은 금방이라도 예수님을 왕으로 추대할 준비가 되어 있었던 것이다(15절). 물론 그들이 세우려 했던 왕은 세상의 여느 왕과 다를 바 없는 왕으로, 자신들을 인도해 세상적 목표를 성취하게 해 줄 강력한 인물이었다. 예수님은 실제로 왕이시다. 그러나 예수님의 왕권은 그 형태와 방식이 무리가 기대하거나 원했던 것과는 매우 다른 것이었다.

여기서 무리에 대한 예수님의 지적은 이렇다. 예수님이 무리를 먹이는 '표적'을 행하신 것은 그들을 참된 양식으로 인도하기 위해서다. 그 참된 양식은 인자가 줄 양식(27절), 곧 예수님 자신이다(35절). 중요한 것은 단순히 예수님이 당신을 위해 무엇을 하실 수 있느냐가 아니라, 예수님이 **누구신가** 하는 것이다. 이 예수님이 누구시냐는 것과 새롭게 마주할 준비가 되어 있을 때라야, 비로소 예수님이 진정으로 당신을 위해 무엇을 하실 수 있는지, 당신을 위해 무엇을 원하시는지 이해하기 시작할 수 있다. 열심히 메모만 하던 사람은 멈춰 서서 이 표적들이 무엇을 **위한** 것인지 물을 준비가 되어 있을 때만, 비로소 걸음을 멈추고 눈을 들어 서둘러 적는 학자 지망생의 세계에 머무르지 않고 화가가 펼쳐 놓은 실제 세계로 들어갈 수 있다.

이제 예수님이 참으로 누구신가 하는 질문이 전면에 등장한다. 첫째, 예수님은 아버지께서 인치신 분이다(27절). 세공업자가 각인을 새기거나 왕이 인장을 찍듯이, 하나님은 이 사람에게 인을 쳐 그가 어디서 왔는지 뿐만 아니라 그가 하나님의 권위를 수행한다고 선언하는 표식을 새기신다. 다시 말해, 예수님이 행하시는 일에는 "이스라엘 성경에서 하나님이 친히 행하시는 일"이라는 표식이 새겨 있다. 예수님이 광야에서 무리를 먹이시고 물 위를 걸으신 표적은 서로 꽤 다르지만, 둘 다 출애굽 이야기와 연결되어 있다는 사실을 말해준다.

둘째, 하나님은 그들에게 어떤 요구를 하신다. 무리는 예수님이 무슨 말씀을 하시는지 깨닫기 시작한다. 그들은 더 이상 떡을 기대하는 데 그쳐서는 안 된다. 만일 이 표적이 정말로 하늘에서 비롯된 갱신 운동이라면, 그들이 따라야 할 새 기준이 있을 것이다. 이것은 하나님이 그들에게 어떤 요구를 하신다는 뜻이며, 그 요구는 예수님을 믿으라는 것이다. 이것은 율법의 세세한 조항들에 대해 새롭게 설명하는 것이 아니다. 그보다 이 명령에 순종하기 위해서는 마음의 변화가 필요하다.

그러려면 특히 한 가지를 인식해야 한다. 출애굽 이야기에서 일하셨던 바로 그 하나님이 지금 예수님 안에서, 예수님이 하시는 모든 일 안에서 일하신다는 것이다. 예수님이 방금 무리에게 하나의 표적을 행하셨는데도, 그들이 또 다른 표적을 요구하는 것은 어딘가 이상해 보인다. 어쩌면 그들은 명확히 군사적이고 정치적인 표적을 바랐을지도 모른다. 또는 여호수아가 출애굽 말미에 여리고성을 무너뜨렸듯이, 예수님이 예루살렘으로 진격해 그 성벽을 무너뜨리시길 바랐을지도 모른다. 하지만 예수님은 또 다른 표적을 행하라는 요구에 응하지 않으신다. 대신에 그들의 질문에 대한 진정한 답이 그들 앞에 서 있다고 말씀하신다. 모세는 하나님의 대리자였을 뿐이다. 출애굽 내내 하나님은 하늘에서 떨어지는 육체적 양식만 공급하셨던 게 아니라(출16장), 그들의 믿음과 소망을 살아있게 하는 영적 양식도 공급하셨다. 이것이 하나님이 그때 행하셨던 일이고, 또한 지금 행하시고 있는 일이기도 했다.

본문은 마지막에 절정에 이르며, 요한복음에서 그 유명한 '나는 ~이다(I am)'라는 선언이 처음 등장하는 것으로 끝난다(35절). 이것은 요한복음의 서문에서 말했던 것, 곧 예수님은 말씀이시며 아버지의 뜻을 이루려고 아버지로부터 세상에 오신 분이라는 것을 또 다른 방식으로 표현한 것이다. 여기서 특히 강조되는 것은 양식(nourishment)이다. 예수님이 정말로 누구신지 알지 못한다면, 그들은 떡과 물고기로 배를 채울 수 있을지는 몰라도 내면의 깊은 굶주림은 절대로 채우지 못할 것이다. 34절은 지금도 그대로 사용할 수 있는 기도로서, 우리의 가장 깊은 필요를 채우고자 한다면 모두가 드려야만 하는 기도다.

- 무리는 예수님의 왕권에 대해 그들만의 동기와 기대를 품었다. 그들의 그런 동기와 기대에 대해 예수님이 주셨던 경고를 깊이 생각해 보라. 당신은 예수님의 참 정체와 목적에 순복하기보다 그분을 당신 자신이 만들어 놓은 이미지에 끼워 맞추려 하지는 않는가?

- 예수님은 생명의 떡이다. 이러한 예수님의 이미지가 당신의 가장 깊은 필요와 갈망을 향해 말하고 있는 것은 무엇인가? 어떻게 하면 예수님이 누구신지 진정으로 깨닫고, 그분이 당신 안에 있는 굶주림을 채우시게 할 수 있겠는가?

예수님이
맹인 거지를 고치시다

(마가복음 10:46-52)

46그들이 여리고에 이르렀더니 예수께서 제자들과 허다한 무리와 함께 여리고에서 나가실 때에 디매오의 아들인 맹인 거지 바디매오가 길 가에 앉았다가 47나사렛 예수시란 말을 듣고 소리 질러 이르되 다윗의 자손 예수여 나를 불쌍히 여기소서 하거늘 48많은 사람이 꾸짖어 잠잠하라 하되 그가 더욱 크게 소리 질러 이르되 다윗의 자손이여 나를 불쌍히 여기소서 하는지라 49예수께서 머물러 서서 그를 부르라 하시니 그들이 그 맹인을 부르며 이르되 안심하고 일어나라 그가 너를 부르신다 하매 50맹인이 겉옷을 내버리고 뛰어 일어나 예수께 나아오거늘 51예수께서 말씀하여 이르시되 네게 무엇을 하여 주기를 원하느냐 맹인이 이르되 선생님이여 보기를 원하나이다 52예수께서 이르시되 가라 네 믿음이 너를 구원하였느니라 하시니 그가 곧 보게 되어 예수를 길에서 따르니라

몇 주를 설득한 끝에, 두 사람이 나를 찾아왔다. 장성한 아들은 병약한 데다 우울증까지 앓는 어머니를 제대로 돌볼 수 있는 시설에 어떻게든 보내고 싶어 했다. 어머니와 함께 사는 동안, 아들은 자기 일을 할 수 없었고 사생활도 전혀 없었다. 어머니는 끝없는 도

움과 관심을 요구하며 아들을 궁지로 몰아넣고 있었다. 우리는 여러 선택지를 살펴보았다. 작은 공동체, 큰 공동체, 요양원, 보호시설 등이 있었다. 어느 곳이든 가능한 선택지였다. 그러나 어머니는 어느 곳이든 이런저런 단점을 찾아냈고, 그 단점은 그녀에게 치명적인 것이었다. 어머니는 어느 곳도 마음에 들어 하지 않았다. 한 시간 후, 어머니는 승리에 찬 눈빛으로 아들을 쏘아보며 말했다. "거봐라, 내가 뭐랬니. 저 사람은 우리를 위해 아무것도 해 줄 수 없다고 했잖니."

그러나 진실은 그녀가 누구에게든 어떤 도움도 받는 것을 **원하지** 않았다는 것이다. 그녀는 그저 피해자로 지내면서 아들을 (그리고 눈에 보이는 모든 사람을) 도덕적으로 압박해 자신을 불쌍하게 여기도록 만들고 싶었을 뿐이었다.

예수님이 바디매오에게 하신 질문은 정확히 이런 가능성을 다룬다. "네게 무엇을 하여 주기를 원하느냐?" 즉, "바디매오야, 구걸을 그만두길 원하느냐? 다르게 살고, 생계를 위해 일을 하며, 하루 종일 길가에 앉아 지나가는 사람들에게 애걸할 이유가 없길 원하느냐?"라는 것이다. 이것은 꽤 도전적인 질문이고, 바디매오는 이 도전에 훌륭하게 맞선다. 그는 새로운 삶을 원한다. 단지 보길 원하는 것이 아니라, 예수님을 따를 기회를 원한다. 당신이 수십 년 만에 눈을 떠 세상을 본다고 생각해 보라. 게다가 처음 본 대상이 예루살렘으로 향하는 예수님이라고 상상해 보라.

마가는 아주 분명하게 말한다. 바디매오는 본받아야 할 모범이다. 예수님이 무엇을 하시는지 제대로 이해하지 못했던 제자들과 달리, 바디매오는 믿음과 용기와 참 제자도를 이미 갖춘 사람이었다. 바디매오는 예수님이 누구신지 알아보고("다윗의 자손"), 예수님이 자신을 도우실 수 있다고 확실하게 믿으며("네 믿음이 너를 구원하였느니라"), 구걸을 뒤로 한 채(겉옷은 돈을 받기 위해 땅에 펼쳐 놓는 것이었다. 여리고는 낮에 겉옷을 입어야 할 만큼 쌀쌀하지 않았다), 길에서 예수님을 따른다('길'은 지금의 '기독교'를 가리키는 초기 그리스도인들의 용어였다).

바디매오는 제자들과 뚜렷이 대비된다. 예수님이 야고보와 요한을 향해 "너희에게 무엇을 하여 주기를 원하느냐?"라고 물으셨을 때, 그들은 오로지 권력과 특권과 영광을 구했다. 8장에 나오는 맹인의 경우와 마찬가지로, 바디매오의 치유는 예수님이 제자들의 눈을 열어 주고자 하시는 표적이다. 특히 이번에는 예수님을 단지 메시아로서가 아니라 모든 사람을 구원하시기 위해 자기 생명을 버리실 분으로 보게 하려는 것이다.

예수님은 바디매오에게 "네 믿음이 너를 구원하였느니라"고 말씀하셨다. 여기서 '구원하였다(saved)'라는 말은 육신의 치유를 가리킨다(5:34과 비교해 보라). 하지만 초기 그리스도인들에게 이 단어는 더 넓고 깊은 의미를 함께 담고 있었다. 예수님은 물론이고 복음서 저자들도 구원의 다양한 차원을 명확하게 구분하지 않았다. 하나님이 사람들을 육체의 질병에서 구해내시는 일과 영적 위험에서 구해내시는 일을 동일한 사건의 서로 다른 측면이라 생각했다. 그러나 어떤 구원이든 간에 구원의 열쇠는 믿음이다. 그러므로 누구라도, 심지어 순수하고 정결한 사회에서 평소에 배제된 사람이라도 구원받을 수 있다. 믿음은 모두에게 열려 있다. 그리고 종종 예상치 못한 사람들이 가장 강한 믿음을 지닌 것처럼 보이곤 한다. 믿음이란 무엇보다 예수님이 누구신지 알아보고, 그분에게 구원의 능력이 있음을 믿는 것이다.

이런 종류의 이야기는 특히 천천히 인내심을 가지고 묵상하기에 아주 적합하다. 당신이 그날 여리고에서 무리 틈에 있다고 잠시 상상해 보라. 날씨는 덥고 메마르며 먼지가 자욱하다(여리고는 거의 늘 그렇다). 당신은 잔뜩 들떠 있다. 예수님과 함께 예루살렘으로 올라가고 있다. 그때 길가에서 누군가 소리친다. 성가시다. 심지어 위험할 수도 있다(적지 않은 사람들이 그분을 "다윗의 자손"이라 부른다면, 권력을 가진 자가 바짝 경계할 것이다). 당신의 느낌을 살펴보라. 당신이 이렇게 느꼈던 다른 순간들을 떠올려 보라. 그런 다음 예수님을 주목하라. 그분은 제자들을 짜증나게 하는 소리에 전혀 개의치 않고 고개를 돌려 맹인에게 말을 거신다. 이 장면에서 어떤 느낌이 드는가? 이 거지가 일행에 끼는 것을 원하는가? 예수님이 거지에게 따뜻하고 살갑게 말씀하실 때 어떤 느낌이 드는가? 예수님이 당신에게 이런 식으로 말씀하신 적이 있는가? 예수님과 함께 예루살렘을 향해 언덕을 오르기 시작할 때 어떤 느낌이 드는가?

이제 당신이 그 맹인이라고 상상해 보라. 우리 모두에게는 꼭 육체의 질병이 아니더라도, 하나님이 원하시고 그렇게 지으셨다고 믿는 본연의 모습이 되는 것을 방해하는 무언가가 있다. 길가에 앉아서 무리의 소리를 들어보라. 예수님이 당신 앞을 지나가신다는 사실을 알게 되었을 때, 어떤 느낌이겠는가? 예수님을 향해 외쳐라. 예수님이 당신을 부르시면, 모든 것을 버려두고 그분께 나아가

라. 예수님이 무엇을 해 주길 원하느냐고 물으시면, 솔직하게 말하라. 피해자 역할이 주는 작고 이기적인 안락함을 돌아보지 말라. 자유를 구하라. 구원을 구하라. 그리고 그것을 얻었으면, 예수님이 어디로 가시든 그분을 따를 준비를 하라.

- 이 이야기에서 당신이 무리 가운데 한 사람이거나 맹인 바디매오라고 상상해 보라. 예수님이 바디매오와 대화하시는 장면을 볼 때, 어떤 느낌이 드는가? 이 장면은 당신의 편견과 선입견과 바람에 대해 어떤 식으로 도전하는가?

- 하나님이 창조하신 모습대로 자신을 온전히 받아들이지 못하도록 막는 한계나 방해물을 생각해 보라. 예수님을 소리쳐 부르고, 그분께 자유와 구원을 구하며, 그분이 인도하시는 곳이면 어디든 따라갈 준비를 하기 위해서는 어떻게 해야 하겠는가?

톰 라이트의
사순절과 부활절

광야에서 영광으로

기도하시는 예수님

주기도문

(마태복음 5:1-2; 6:5-15)

¹예수께서 무리를 보시고 산에 올라가 앉으시니 제자들이 나아온지라 ²입을 열어 가르쳐 이르시되… ⁵또 너희는 기도할 때에 외식하는 자와 같이 하지 말라 그들은 사람에게 보이려고 회당과 큰 거리 어귀에 서서 기도하기를 좋아하느니라 내가 진실로 너희에게 이르노니 그들은 자기 상을 이미 받았느니라 ⁶너는 기도할 때에 네 골방에 들어가 문을 닫고 은밀한 중에 계신 네 아버지께 기도하라 은밀한 중에 보시는 네 아버지께서 갚으시리라 ⁷또 기도할 때에 이방인과 같이 중언부언하지 말라 그들은 말을 많이 하여야 들으실 줄 생각하느니라 ⁸그러므로 그들을 본받지 말라 구하기 전에 너희에게 있어야 할 것을 하나님 너희 아버지께서 아시느니라 ⁹그러므로 너희는 이렇게 기도하라 하늘에 계신 우리 아버지여 이름이 거룩히 여김을 받으시오며 ¹⁰나라가 임하시오며 뜻이 하늘에서 이루어진 것 같이 땅에서도 이루어지이다 ¹¹오늘 우리에게 일용할 양식을 주시옵고 ¹²우리가 우리에게 죄 지은 자를 사하여 준 것 같이 우리 죄를 사하여 주시옵고 ¹³우리를 시험에 들게 하지 마시옵고 다만 악에서 구하시옵소서 (나라와 권세와 영광이 아버지께 영원히 있사옵나이다 아멘) ¹⁴너희가 사람의 잘못을 용서하면 너희 하늘 아버지께서도 너희 잘못을 용서하시려니와 ¹⁵너희가 사람의 잘못을 용서하지 아니하면 너희 아버지께서도 너희 잘못을 용서하지 아니하시리라

나는 한때 그 지역에서 최고의 설교자 가운데 하나로 명성이 높았던 친구와 이야기를 나눈 적이 있다. 그에게 설교를 어떻게 준비하느냐고 물었는데, 그는 특별한 비법은 없고, 다만 설교의 틀이 떠오를 때까지 성경 본문을 집중해서 읽고 또 읽다가, 일단 틀이 잡히면 그것을 글로 옮겨 쓰기만 하면 된다고 했다.

물론 믿을 수 없을 만큼 단순한 대답이었다. 아마도 그 짧고 겸손한 대답 이면에는 셀 수 없이 많은 시간의 분투와 기도가 숨겨져 있었을 것이다. 그러나 이는 삶의 많은 부분에서 흔히 일어나는 일이다. 우리는 어둠 속을 더듬듯 헤매다가 마침내 무언가를 세울 수 있는 견고한 틀을 발견하곤 한다. 기도의 경우도 거의 언제나 그렇다.

예수님은 자신이 생각하는 기도와 비유대인 세계에서 흔히 행해지는 기도를 대비하신다. 많은 저작과 비문(碑文)을 통해 알고 있듯이, 비유대인들은 실제로 다양한 형식을 이용해 기도했다. 어떤 신이나 여신을 어떻게라도 설득해 자신들에게 호의적이 되게 하려고 길고 복잡한 주문을 끊임없이 되풀이했다. 그런 기도에는 종종 불확실함이 배어 있다. 고대 이교도 세계에는 숱한 신들이 있었고, 그래서 다음에는 어느 신을 어떤 형식의 기도로 달래야 하는지 아무도 확신할 수 없었다.

놀랄 일이 아니다. 기도는 삶의 위대한 신비다. 사람들은 대부분 아주 가끔이라도 기도를 한다. 그리고 아주 다양한 종교 전통에서 어떤 사람들은 아주 많이 기도한다. 가장 낮은 차원에서 기도는 누군가 듣고 있을지도 모른다고 기대하며 허공에 소리치는 것이다.

가장 높은 차원에서 기도는 사랑으로 수렴되며, 하나님의 임재가 너무나 생생해서 할 말을 잊고 그분의 실재와 너그러움과 기쁨과 은혜 속에 잠기는 것이다. 대부분의 그리스도인에게 기도는 이러한 두 극단 사이 어딘가에 자리한다. 솔직히 말해, 많은 사람에게 기도는 신비일 뿐만 아니라 하나의 난제이기도 하다. 그들은 기도해야 한다는 것은 알지만, 어떻게 해야 하는지는 잘 모른다.

그런데 여기 산상수훈의 한가운데 주어진 주기도문이 하나의 **틀**을 제시한다. 예수님은 우리가 늘 똑같은 말로 기도해야 한다고 말씀하시지 않는다. 실제로 누가복음의 주기도문은 마태복음의 주기도문과 작지만 흥미로운 차이가 있다(눅11:2-4). 물론 지금도 수많은 그리스도인이 매일 주기도문 그대로 기도하지만, 예수님은 이러한 기도의 순서가 완성된 건물이라기보다 기초를 세우는 뼈대처럼 작동하도록 의도하신 것 같다. 이미 예수님 당시에 유대인들에게는 기도의 패턴이 잘 확립되어 있었으며, 하루에 세 번 짧지만 강력한 기도를 드렸다. 아마도 예수님은 주기도문 역시 그렇게 사용되도록 의도하셨을 것이다.

그렇다면 주기도문은 평소 우리가 하나님께 나아가는 방식에 대해 무엇을 말해주는가? 첫째, 너무 당연해서 놓치기 쉽지만, 주기도문은 깊은 **의미**를 지니고 있다. 그것은 은밀한 힘을 작동시키는 '수리수리 마수리' 같은 주문이 아니다. 입술로만 말하는 것이 아니라 마음으로도 뜻을 담아 드릴 수 있다(그렇더라도 그것은 우리의 사고를 크게 확장시킬 것이다). 주기도문은 우리 인간이 우주의 창조자에게 말할 때 우리의 일상 언어를 사용해야 하며, 하나님도 우리가 그렇게 하길 원하고 의도하신다는 것을 강하게 암시한다. 다시 말해, 우리가 한 분이신 참 하나님과 의미의 세계를 공유하고 있으며, 하나님은 우리가 그 세계를 탐구하길 원하신다는 것이다.

둘째, 우리가 하나님을 '아버지'라고 부른다는 사실에 모든 것이 담겨 있다. 예수님 당시의 유대인들에게 이러한 하나님 칭호는 하나님이 출애굽에서 행하신 일, 곧 이스라엘을 애굽에서 구해내고 "이스라엘은 내 아들 내 장자"라고 천명하신 일로 거슬러 올라간다 (출4:22).

셋째, 이 하나님은 사람이 만든 우상이 아니다. 그분은 살아계신 하나님이시며, '하늘'에 거하시고, 그분의 주권적이고 구원하시는 통치가 '땅'에서 이루어지는 모습을 보고 싶어 하신다. 사실 이것은 하나님 나라가 온전히 임하길 바라는 기도다. 하나님의 백성이 땅에서 하늘로 끌려 올라가길 구하는 기도가 아니라, 하늘의 영광과 아름다움이 땅에서도 실현되길 구하는 기도다. 이 기도가 이루어질 때, 하나님의 이름—하나님의 성품과 명성과 임재하심—이 모든 곳에서 높임을 받게 될 것이다. 따라서 주기도문의 전반부는 모두 하나님에 관한 것이다. 여기서 시작하지 않는 기도는 언제나 우리 자신에게 집중될 위험이 있으며, 금세 기도가 아니라 우리 자신의 두서없는 생각과 두려움과 바람으로 전락하고 만다.

넷째, 그러나 이 하나님은 창조자이시며 이 세상과 인간 피조물을 사랑하시기에 우리는 우리의 모든 필요를 담대하게 구할 수 있다. 하나님은 우리 자신보다 우리의 삶에 훨씬 더 관심을 두고 계신다. 이어지는 본문이 이를 상세히 보여준다. 그러나 우리가 하나님의 영광을 위해 진심으로 기도하는 것이라면, 절대로 자신만의 양식을 위해 기도할 수 없다. 우리는 온 세상의 필요를 위해 기도해야 한다. 수많은 사람이 굶주리며, 심지어 죽어가기 때문이다. 그리고 이미 감지하겠지만, 우리는 이 기도 속에서 한 가지 깨달음을 얻는다. 그것은 우리가 이 기도를 진심으로 드린다면, 그 기도에 대해 무언가 행동해야 한다는 것, 곧 우리 자신이 우리의 기도에 대한 하나님의 응답의 일부가 되어야 한다는 것이다.

다섯째, 우리는 용서를 위해 기도한다. 어떤 종교에서는 행위마다 모두 영원하고 돌이킬 수 없는 결과가 따른다. 하지만 그와 달리 유대교와 기독교의 중심에는 인간의 행동이 매우 중요함에도 불구하고, 용서가 가능하며 하나님의 사랑을 통해 그것이 실현될 수 있다는 믿음이 자리한다. 예수님은 우리가 드물게 한두 번 용서를 구하는 게 아니라, 거의 정기적으로 자주 용서를 구해야 한다는 취지로 말씀하신다. 이는 정신이 번쩍 들게 하는 생각이지만, 동시에 우리가 필요로 할 때마다 용서가 거저 주어진다는 위로의 소식에 의해 균형을 이룬다.

그러나 놀랍게도 한 가지 조건이 있는데, 이는 주기도문 안에 포함되어 있다. 곧 우리 자신이 먼저 용서하는 사람이 되어야 한다는 것이다. 예수님은 이어지는 말에서 그 이유를 설명하신다. 다른 사람을 용서하는 데 닫힌 마음은 하나님의 용서를 받을 때도 닫힌 채로 있을 것이다.

주기도문은 마지막에 침울하지만 현실적인 어조를 띤다. 예수님은 큰 시험의 때가 세상에 닥치고 있으며, 자신이 홀로 그 어둠 속으로 들어가야 한다고 믿으셨다. 예수님의 제자들은 이 시험을 면하게 해 달라고 기도해야 한다. 지금 부활절의 빛 안에서 성령의 인도와 능력 가운데 있더라도, 이 기도는 여전히 필요하다. 위기의 때, 곧 세상과 교회와 우리의 마음과 삶에서 모든 것이 캄캄해 보이는 때가 더 많이 닥칠 것이다. 십자가에 못 박히신 메시아를 따르고 있다면, 이 어둠을 면하리라 기대해서는 안 된다. 그럼에도 이 시험이 남길 최악의 황폐함을 면하고 악—추상적 형태의 악뿐만 아니라 인격화된 형태의 악한 자—에서 구해주시길 기도해야 하며, 또 그렇게 기도할 수 있다.

예수님은 우리가 기도의 틀이 필요하다는 것을 아셨다. 주기도문이 바로 그 틀이다. 하늘에 계신 아버지는 우리가 날마다 그 틀을 사용해 기도하면서 그분을 더 알고, 더 사랑하며, 더 섬기길 기다리고 바라신다. 그런데도 주기도문이 우리의 기도가 되지 못하는 것은 무엇 때문인가?

- 주기도문은 하나님께 나아가기 위한 틀을 어떻게 제시하는가? 이 기도에서 어떤 부분들이 당신과 하나님의 관계, 그리고 당신과 다른 사람들의 관계에 대한 당신의 책임을 강조하는가?

- 주기도문은 용서의 중요성, 곧 하나님께 용서를 구하고 다른 사람들을 용서하는 것이 중요함을 강조한다. 당신은 왜 주기도문에서 용서가 강조된다고 생각하는가? 용서가 당신의 영적 안녕 및 하나님의 용서를 경험하는 능력과 어떻게 연결되는가?

하나님 앞에서

(마태복음 11:25-30)

25그 때에 예수께서 대답하여 이르시되 천지의 주재이신 아버지여 이 것을 지혜롭고 슬기 있는 자들에게는 숨기시고 어린 아이들에게는 나타내심을 감사하나이다 26옳소이다 이렇게 된 것이 아버지의 뜻이 니이다 27내 아버지께서 모든 것을 내게 주셨으니 아버지 외에는 아 들을 아는 자가 없고 아들과 또 아들의 소원대로 계시를 받는 자 외 에는 아버지를 아는 자가 없느니라 28수고하고 무거운 짐 진 자들아 다 내게로 오라 내가 너희를 쉬게 하리라 29나는 마음이 온유하고 겸 손하니 나의 멍에를 메고 내게 배우라 그리하면 너희 마음이 쉼을 얻 으리니 30이는 내 멍에는 쉽고 내 짐은 가벼움이라 하시니라

나는 세계 최고의 스포츠맨 가운데 하나로 꼽히는 사람의 장례 식에 참석한 적이 있다. 콜린 코드리(Colin Cowdrey, 1932-2000)는 역사 상 가장 위대한 크리켓 선수 가운데 하나였다. 그는 크리켓의 베이 브 루스라고 말할 만큼은 아니더라도 그에 못지않은 선수였다. 그 는 인도, 호주, 파키스탄, 서인도 제도 등 전 세계에서 유명했고 사 랑받았으며, 크리켓 선수들은 그의 특별한 능력을 두려워하며 존중 했고, 팬들도 그를 선수로서만이 아니라 한 인간으로서 사랑했다.

그의 장례식은 훌륭했다. 전 세계에서 조의가 쏟아졌다. 전직 총

리가 메인 추도사를 했으며, 그를 위해 특별한 노래까지 제작되었다. 그러나 내게 가장 큰 감동을 준 것은 코드리의 아들 가운데 하나가 앞으로 나와 마음에 간직했던 아버지에 관한 이야기를 꺼낼 때였다. 인생 후반에 모든 선한 일에 몸을 아끼지 않고 헌신했던 이 위대한 공적 인물은 그의 자녀들과 손주들을 향해서도 세심하고 다정한 사랑을 조금도 잃지 않았다. 아들만 알 수 있고 말할 수 있는 멋진 이야기들이 많았다. 정말로 마음이 따뜻해지고 힘이 되는 시간이었다.

마태복음의 이 놀라운 본문에서도 예수님이 스스로 "아버지"라 부르는 분에 대해 똑같이 인식하고 있었음을 알 수 있다. 어떤 이유에서인지 아버지에 관해 오직 예수님만이 알고, 오직 예수님만이 말씀하실 수 있는 것들이 있었다.

여기에 예수님이 누구셨는지 그 핵심을 보여주는 깊은 신비가 있다. 예수님은 하나님 나라를 선포하셨고, 사람들을 치유하고 용서하며 새 생명을 주심으로써 하나님의 놀라운 사랑을 행하셨다. 그 과정에서 예수님은 자신이 만난 사람들, 곧 종교 지도자들이든 자신의 제자들이든 평범한 사람들이든, 그 누구도 아버지에 관해 자신과 같은 식으로 인식하지 않는다는 것을 분명히 아셨다.

어떤 뛰어난 음악가가 간신히 곡조에 맞춰 노래하는 사람들 곁을 지나간다고 상상해 보라. 예수님의 경우가 틀림없이 그와 같았을 것이다. 예수님은 일찍부터 자신이 뭔가 다르다는 것을, 이스라엘의 하나님이 참으로 누구시며 그분의 백성에게 무엇을 원하시는지를 누구보다 깊이 아는 특별한 감각이 자신에게 있음을 아셨던 게 틀림없다.

그렇기에 동시대 사람들 대다수가 자신의 말을 듣기 싫어한다는 것을 아셨을 때 한층 더 답답함을 느끼셨을 것이다. 그들은 예수님이 던지시는 직접적인 도전에 놀라 노골적으로 반대하거나 온갖 핑계를 대면서 그를 믿지 않고 따르려 하지 않았다. 반대는 점점 거세졌다. 그런데 이상하게도 그런 상황에서 예수님은 오히려 아버지께서 일하시는 방식에 대해 새로운 깨달음을 얻게 되셨다. 그리고 곧 하나님이 일하시는 매우 낯설고 예상치 못한 방식을 보면서 찬양을 쏟아내셨다.

유대교의 저작들은 천년이 넘게 지혜자의 지혜에 관해 따뜻하게 이야기해 왔다. 하나님은 그분을 경외하는 자들에게 지혜를 주셨다. 토라 연구와 경건의 오랜 전통에 따르면, 율법을 배우고 그 세밀한 뜻을 알아내는 데 전념하는 사람들은 지혜로워지고 마침내 하나님을 알게 된다. 예수님 당시의 평범한 유대인에게 '지혜'를 얻는다는 것은 오늘날 대다수 사람들에게 뇌 전문의가 되거나 시험 비행 조종사가 되는 것만큼이나 먼 이야기였다. 지혜로워지려면 언어와 문학 분야에서 훈련을 받고, 무겁고 복잡한 문제를 숙고하며 토론할 여유가 있는 학자가 되어야 했다.

그러나 예수님은 이 모든 생각을 한 방에 산산조각 내셨다. 그런 게 아니라고, 그저 어린아이가 되면 된다고 선언하셨다. 예수님은 아들이 아버지를 아는 방식으로 자신의 아버지를 알아 오셨다. 곧 책을 공부해서 아버지를 아는 게 아니라, 아버지 앞에서 살고 아버지의 음성을 들으며, 제자가 스승에게 배우듯 아버지에게 배우고 아버지를 지켜보며 본받음으로써 아버지를 알게 되신 것이다. 그런데 예수님의 눈앞에 이상한 일이 벌어지고 있었다. 지혜롭고 배웠다는 사람들은 아무것도 알지 못하고, 오히려 "어린 아이들(little people)", 곧 가난한 사람들과 죄인들과 세리들과 평범한 사람들이 그저 예수님을 따름으로써, 소위 배웠다는 전문가들이나 예수님이 자신들의 복잡한 이론에 맞지 않는다고 외쳐대는 자들보다 하나님을 더 많이 알아가고 있었다.

그 결과 예수님은 자신이 살아계신 하나님을 들여다보는 창문 역할을 하고 있음을 아셨다. 예수님이 계시는 곳에서, 예수님의 말씀을 통해 사람들은 '아버지'가 실제로 어떤 분인지 알아가고 있었다. 예수님은 마치 휘장을 걷어내고 하나님에 관한 진실을 '계시하는' 은사와 임무를 지닌 사람처럼 보였다. 여기서 '계시하다'에 해당하는 단어 '아포칼립스'는 지금도 극적이고 갑작스러우며 땅을 뒤흔들 만한 사건을 가리킨다.

그렇다면 예수님의 제자들에게는 꽤 부담스럽지 않았을까? 오직 예수님을 통해서만 참 하나님을 알 수 있다는 선언이 꽤 위압적으로 느껴지지 않았을까? 아니다. 그 대상이 다른 누군가였다면 그럴 수도 있었겠지만, 예수님이라면 모든 것이 달랐다. 예수님은 오히려 그런 깨달음에 근거해 지금까지도 가장 반갑고 위로가 되는 초대를 건네셨다. 곧 "내게로 오라 내가 너희를 쉬게 하리라"는 말씀이다. 이는 휘장을 걷어 젖혀 '아버지'가 참으로 누구신지 우리에게 보여줄 뿐 아니라, 우리를 사랑하며 반겨 맞으시는 아버지께 나아오라고 우리를 격려하는 초대다.

- 오늘 본문은 학자들과 전문가들의 지혜와 배움이 반드시 하나님을 더 깊이 아는 지식으로 이어지지 않을 수 있음을 암시한다. 당신의 선입견이나 지적 추구나 종교 전통이 오히려 하나님을 진정으로 마주하는 데 어떤 방식으로 방해가 될 수 있는가? 하나님을 알고 따르기 위해 어린아이와 같이 열려 있고 받아들이는 마음을 어떻게 기를 수 있겠는가?

- 예수님은 "내게로 오라"며 사람들을 초대하시는데, 이 초대는 쉼을 얻으라는 따뜻하고 격려가 되는 제안이다. 예수님을 통해 하나님을 알고 이해하는 데서 쉼을 얻는다는 게 무슨 뜻이겠는가?

아들을 영화롭게 하옵소서

(요한복음 17:1-8)

1예수께서 이 말씀을 하시고 눈을 들어 하늘을 우러러 이르시되 아버지여 때가 이르렀사오니 아들을 영화롭게 하사 아들로 아버지를 영화롭게 하게 하옵소서 2아버지께서 아들에게 주신 모든 사람에게 영생을 주게 하시려고 만민을 다스리는 권세를 아들에게 주셨음이로소이다 3영생은 곧 유일하신 참 하나님과 그가 보내신 자 예수 그리스도를 아는 것이니이다 4아버지께서 내게 하라고 주신 일을 내가 이루어 아버지를 이 세상에서 영화롭게 하였사오니 5아버지여 창세 전에 내가 아버지와 함께 가졌던 영화로써 지금도 아버지와 함께 나를 영화롭게 하옵소서 6세상 중에서 내게 주신 사람들에게 내가 아버지의 이름을 나타내었나이다 그들은 아버지의 것이었는데 내게 주셨으며 그들은 아버지의 말씀을 지키었나이다 7지금 그들은 아버지께서 내게 주신 것이 다 아버지로부터 온 것인 줄 알았나이다 8나는 아버지께서 내게 주신 말씀들을 그들에게 주었사오며 그들은 이것을 받고 내가 아버지께로부터 나온 줄을 참으로 아오며 아버지께서 나를 보내신 줄도 믿었사옵나이다

셰익스피어의 희곡 <햄릿>은 온통 액션으로 가득하다. 유령, 살인, 사랑 이야기, 음모, 우발적 살해, 배신, 보복, 그리고 더 많은 음모들이 줄을 잇는다. 이 희곡은 주인공이 큰 문제에 직면할 때 보이

는 우유부단함을 강조하는데, 그런 이유로 이야기는 여기저기서 멈추게 된다. 그러나 특히 한 지점에서 움직임이 오싹하게 멈추는 순간이 있다. 햄릿은 계부 클라우디우스에게 복수할 기회를 찾는다. 클라우디우스가 햄릿의 친아버지를 죽이고 덴마크 왕위를 찬탈했기 때문이다. 그때 햄릿에게 둘도 없는 기회가 찾아온다. 클라우디우스가 자신의 방에서 조용히 무릎을 꿇고 있는 것이다. 그러나 햄릿은 멈춰 생각한다. '클라우디우스가 기도하고 있다! 그런데 지금 복수하면, 클라우디우스는 아마 회개했을 테고 구원받게 될 거야.' 결국 햄릿은 더 좋은 기회를 기다리기로 결정한다. 그리고 안타까운 이야기는 계속된다.

그가 기도하고 있다! 기도에는 기도하는 사람 외에 그 누구도 이를 수 없는 신비가 있다. 당신이 보는 빨간색이 내가 보는 빨간색과 정확히 일치하는지 나로서는 확신할 수 없다. 마찬가지로 당신이 무릎 꿇고 기도할 때 당신과 하나님 사이에 무엇이 오가는지 나로서는 확신할 수 없다. 햄릿은 클라우디우스가 무엇을 기도하는지 알 수 없었으나, 잠시 멈춰 서서 기다려야 한다는 것은 알았다. 그리고 여기 전혀 다른 왕, 똑같이 신비와 계략과 음모에 둘러싸였으나 전혀 무죄한 왕 앞에서, 우리도 멈춰 서서 기다려야 하고, 어쩌면 조용히 동참해야 한다.

예수님이 기도하고 계신다! 물론 우리는 예수님이 기도하셨다는 사실을 알고 있다. 복음서가 이 사실을 자주 들려준다. 그러나 복음서는 예수님이 무슨 기도를 어떻게 하셨는지 거의 말하지 않는다. 이와 관련해 우리에게 전해진 것이라곤 몇 문장에 지나지 않는다. 이를테면 마태복음의 놀라운 구절(11:25-27)과 나사로의 무덤 앞에서 터져 나온 찬양이다(요11:41-42). 흥미롭게도 두 구절 모두 요한복음의 이 뛰어나고 황홀한 장에 기록된 내용을 짧게 축약한 버전처럼 보인다. 언젠가 한 배우가 요한복음 전체를 낭독하는 것을 들은 적이 있었다. 그는 17장에 이르자 무릎을 꿇고 기도하듯이 이 장을 읽었다. 그것은 실제로 기도처럼 들렸고, 기도처럼 **느껴졌다**. 이는 단순히 신학 논문이 아니며, 요한이 생각의 파편을 짜맞추어 예수님의 입술에 올린 것도 아니다.

또한 요한이 이 기도를 그냥 기억해 낸 것이라고 볼 수도 없다. 요한은 직접 이 기도를 끊임없이 반복하며 실천했을 것이다. 3절의 "예수 그리스도"라는 표현은 예수님이 직접 사용하셨다고 보기에는 매우 낯설다. 아마도 여기서, 그리고 어쩌면 다른 곳에서도 요한은 기도하는 선생으로서, 이것을 자신의 기도로 삼았을 뿐 아니라 자신의 제자들에게도 전해주기 위해 문구들을 다듬었을 것이다. 말하자면, 이후의 신앙 공동체가 계속해서 기도할 수 있는 형태로 변형한 것이다. 그러나 본질적으로 이 기도는 지금까지 복음 이야기가 말해온 모든 것을 하나로 집약하고 있다.

어린 시절 음악을 할 때, 학교 오케스트라 가운데 앉아 라디오나 레코드플레이어의 스피커에서 나오는 음악이 아니라 **내 주변 사방에서 들리는** 음악에 맞춰 내가 맡은 작은 부분을 처음으로 연주했던 기억이 난다. 이 기도를 당신의 기도로 삼을 때, 그리고 이 장(요17장) 속으로 들어가 무슨 일이 일어나는지 지켜볼 때, 당신은 예수님과 아버지의 친밀한 관계의 중심으로 들어가게 된다. 말하자면, 그 관계가 당신의 주변 사방에서 들리는 자리로 초대받는 것이다. 이것이 이 기도가 구현하는 것이자 핵심 주제다.

예수님의 기도 중에서 첫 번째 단락에 해당하는 이 부분은 축하와 요청이다. 이 두 요소는 밀접하게 연결된다. 예수님은 자신의 사역이 완수되었다는 사실을 축하하신다. 물론 다음날 예수님을 기다리는 거대하고 두려운 과제가 있다. 그러나 예수님은 아버지께서 맡기신 행위와 말씀을 모두 완수하셨다. (예수님을 단지 훌륭한 선생으로 보거나 그분의 일이 가능한 많은 사람을 치유하는 것이라고 생각하는 사람들은 당연히 이것이 당혹스러울 것이다.) 예수님은 아버지께서 주신 모든 것을 택함 받은 제자들 앞에 펼쳐 보이셨다. 이것이 축하의 이유이며, 지금 그가 구하고 있는 요청의 근거다.

예수님의 요청은 이제 자신이 높아지고 영화롭게 되며, 들려 올라가 아버지 곁에 앉게 해 달라는 것이다. 이것은 유대 전통에서 왕, 메시아, 인자에게 주어지는 자리다. 시편은 메시아가 바다에서 바다까지 이르고 "강"에서 "땅끝"까지 이르는 나라를 다스릴 것이라고 말한다(시72:8). 다시 말해, 메시아가 온 세상을 다스리게 된다는 것이다. "인자 같은 이"가 높아져 하나님의 보좌에 함께 앉게 될 것이다(단7장).

메시아가 자기 자리에 앉아 온 세계 위에 높아지실 때, 비로소 '장차 올 세대(the age to come)'가 시작될 것이다. 즉 유대 선지자들이 갈망했고 유대의 현자들이 가르쳤던 '오는 세대(the coming age)'가 '현재 시대(the present age)'의 끝에 나타날 것이다. 그것은 새 생명의 때, (단지 양적으로만 영원히 계속되는 게 아니라) 질적으로 새로운 생명의 때일 것이다. 우리가 사용하는 부적절한 용어로 말하자면, '영생'의 때다.

이 '영생', 곧 오는 세대의 생명은 단순히 사람들이 죽은 후에 얻을 수 있는 것이 아니다. 또한 미래의 어떤 시점에서 세상이 영원히 계속되고 우리가 그 세계의 일부가 되는 것도 아니다. 오히려 핵심은 이 새로운 종류의 생명이 예수님 안에서 예수님을 통해 세상에 태어났다는 것이다. 예수님이 죽음 자체에 최종적으로 승리하셨기 때문에, 그분을 따르는 모든 사람이, 또는 그분을 신뢰하고 그분이 참으로 아버지로부터 오셨고 아버지의 성품과 목적을 진정으로 드러내셨다고 믿는 모든 사람이 바로 지금 여기서 '영생'을 얻을 수 있으며, 실제로 얻게 될 것이다. 이것 또한 요한복음의 큰 주제 중 하나다(예를 들면, 3:16; 5:24).

지금까지는 이 기도가 너무 숭고해 우리가 참여할 수 없는 것처럼 보일 수 있다. 그러나 이어지는 다음 두 단락에서 보듯이, 예수님과 아버지의 관계가 비록 지극히 가깝고 신뢰가 넘치는 관계처럼 보일지라도, 결코 폐쇄적인 것이 아니다. 오히려 우리도 그 관계에 참여하라고 초대받는다.

- 당신의 삶에서 하나님과 친밀한 관계를 누리고 교제하는 감각을 어떻게 기를 수 있겠는가? "우리 주변 사방에서 들리는" 하나님의 임재를 경험하는 데 어떤 행동이나 태도가 도움이 될 수 있겠는가?

- 요한복음이 말하는 영생은 죽음 이후의 삶에 대한 일반적인 개념과 어떻게 다른가? 이러한 이해가 현재라는 순간에 관한, 그리고 하나님과의 관계에 관한 당신의 생각에 어떤 영향을 미치는가?

예수님이 자신의 사람들을 위해 기도하시다

(요한복음 17:9-19)

9내가 그들을 위하여 비옵나니 내가 비옵는 것은 세상을 위함이 아니요 내게 주신 자들을 위함이니이다 그들은 아버지의 것이로소이다 10내 것은 다 아버지의 것이요 아버지의 것은 내 것이온데 내가 그들로 말미암아 영광을 받았나이다 11나는 세상에 더 있지 아니하오나 그들은 세상에 있사옵고 나는 아버지께로 가옵나니 거룩하신 아버지여 내게 주신 아버지의 이름으로 그들을 보전하사 우리와 같이 그들도 하나가 되게 하옵소서 12내가 그들과 함께 있을 때에 내게 주신 아버지의 이름으로 그들을 보전하고 지키었나이다 그 중의 하나도 멸망하지 않고 다만 멸망의 자식뿐이오니 이는 성경을 응하게 함이니이다 13지금 내가 아버지께로 가오니 내가 세상에서 이 말을 하옵는 것은 그들로 내 기쁨을 그들 안에 충만히 가지게 하려 함이니이다 14내가 아버지의 말씀을 그들에게 주었사오매 세상이 그들을 미워하였사오니 이는 내가 세상에 속하지 아니함 같이 그들도 세상에 속하지 아니함으로 인함이니이다 15내가 비옵는 것은 그들을 세상에서 데려가시기를 위함이 아니요 다만 악에 빠지지 않게 보전하시기를 위함이니이다 16내가 세상에 속하지 아니함 같이 그들도 세상에 속하지 아니하였사옵나이다 17그들을 진리로 거룩하게 하옵소서 아버지의 말씀은 진리니이다 18아버지께서 나를 세상에 보내신 것 같이 나도 그

들을 세상에 보내었고 [19]또 그들을 위하여 내가 나를 거룩하게 하오
니 이는 그들도 진리로 거룩함을 얻게 하려 함이니이다

최근 신문에 한 엄마가 법정에서 처벌을 받은 사건이 보도되었
다. 그 엄마는 어린 두 아이만 집에 남겨두고 새로운 남자친구와 함
께 해외로 휴가를 떠났다. (아빠는 어디서도 찾을 수 없었던 것으로 보인다.) 엄마
가 이런 일을 할 수 있었다는 게 믿기지 않는다. 그녀가 집에 돌아
왔을 때 과연 어떤 광경이 펼쳐질 거라고 생각했을지 궁금하다. 안
타깝게도 이런 일이 오늘날 우리가 사는 세상에서 실제로 일어난다.

그러나 만약 그녀에게 사랑이 넘치는 부모, 그녀가 없는 동안 아
이들을 기꺼이 돌봐줄 부모가 있었다면, 상황이 완전히 달라졌을 것
이다. 그녀는 부모가 어린 아이들을 자신만큼이나 잘 돌봐주리라는
것을 알고 있기에 안심하고 부모에게 맡길 수 있었을 것이다. 이런
상황에 놓인 엄마는 부모에게 각 아이를 어떻게 돌봐야 하는지 세
세하게 알려줄 것이다. 그러나 이는 부모가 아이들을 잘 돌볼지 신
뢰하지 못해서가 아니라, 오히려 신뢰하기 때문에 그런 것이다.

예수님이 지금 기도하시는 내용은 그분이 곧 떠나신다는 사실
에서 비롯된다. 예수님은 이 땅에서 사는 동안 평생 알고 사랑한 아
버지께 제자들을 맡기신다. 아버지는 예수님이 그러셨던 것처럼 그
들을 돌봐주실 것이다. 예수님은 제자들이 위험에 처해 있음을 아
주 잘 알고 계신다. 세상은 예수님을 미워했듯이 제자들을 미워하
며 위협하고 학대할 것이다. 제자들은 세상에 속하지 않지만 세상
으로 보냄을 받을 것이다. 그래서 그들에겐 보호가 필요하다. 이것

이 그 기도의 내용이다.

오늘 본문은 첫머리에서 예수님의 제자들이 누구인지 설명한다. 그들은 아버지께서 예수님에게 주신 자들이다. 그들은 이미 아버지께 속해 있으며, 예수님은 이제 다시 그들을 아버지의 안전한 보호 아래 맡기려 하신다. 그들은 '세상'과 구별된 이들이다. 예수님의 부르심과 가르침을 통해 새롭고 깨끗한 백성이 되었기 때문에 "세상에 속하지" 않는다.

이 말은 다소 혼란스러울 수 있어 조금 더 설명이 필요하다. 예수님은 자신의 제자들이 인간적 조상도 없고, 가족도 없으며, 어느 날 죽어서 썩을 육체적 몸도 없다고 말씀하시는 것이 아니다. 요한복음에서 '세상'은 우리가 아는 물리적 우주를 의미하지 않는다. '세상'은 하나님께 줄곧 반역하고 빛 대신 어둠을 선택하며 창조자에게 조직적으로 맞서 온 세계를 의미한다. 이러한 '세상'이 볼 때, 예수님은 다른 세상에 속한 분이다. 놀랍게도 제자들 역시 다른 세상에 속한다. 다시 말해, 이런 어두운 의미에서의 '세상'은 제자들의 참된 정체성을 규정하는 장소도, 권세도, 영역도 아니다.

그러므로 지금 이들에게 필요한 것은 온갖 악과 반역이 넘쳐나는 '세상'에 다시 끌려 들어가지 않도록 보호받는 것이다. 공생애 동안 예수님은 이들을 가르치고 이끌면서 목자가 양을 돌보듯 돌보셨다. 이제 예수님은 아버지께 돌아가실 것이므로 이들을 아버지께 맡기신다. 이제 아버지께서 이들을 안전하게 지키는 일을 계속하실 것이다.

그러므로 예수님은 아버지를 "거룩하신(holy)" 아버지라 부르시면서(11절), 제자들도 "구별되게(set apart)" 하시려고* "스스로를 구별한다(setting myself apart)"고** 선언하신다(19절). 여기서 '구별하다'로 번역된 단어는 기본적으로 '거룩하다'와 어원이 같다. 그러나 우리가 '거룩하다'라는 말을 사람에게 적용할 때면 종종 지나치게 경건한 종교성이란 의미로 사용하는데, 이는 신약성경이 말하는 거룩과는 거리가 멀다. 그렇다면 예수님 시대에서 '거룩'이란 무엇인가?

1세기 유대교에서 '거룩'은 특히 성전을 떠올리게 했다. 성전은 거룩한 곳, 거룩하신 하나님이 거하시겠다고 약속하신 곳이었다. 특히 그중에서도 가장 안쪽에 자리한 공간인 지성소를 가리켰는데, 대제사장은 백성의 죄를 속하기 위해 일 년에 한 번 이곳에 들어갔다. 대제사장은 특별한 '성별' 의식을 통해 '구별되어야'만 거룩하신 하나님의 임재 안으로 들어가 거기서 백성을 위해 기도할 수 있었다. 이와 똑같은 방식으로 예수님은 자신이 오직 하나님만을 섬기기 위해 항상 '구별되며' '성별되었다'고 선언하신다. 그리고 이제 대제사장처럼 예수님은 자기 사람들을 '세상'의 악과 계략과 덫에 빠지지 않도록 보전해 주시길 아버지께 간구하신다. 예수님은 이들이 가장 좋고, 그리고 가장 풍성한 의미에서 자신의 거룩한 백성이 되길 원하신다.

예수님이 이들을 위해 이미 하신 일이 있는데, 그것은 이들을 아버지의 이름으로 "지키는" 것과(12절) 이들에게 아버지의 말씀을 주는 것이었다(14절). 다시 말해, 예수님이 지금 이들을 아버지께 맡

기실 때, 이는 마치 엄마가 자녀를 생전 들어본 적도 없고 집안을 전혀 다르게 운영하는 사람에게 맡기는 것과 같은 갑작스러운 변화를 의미하는 것이 아니라는 것이다. 말하자면, 예수님은 이들에게 아버지 집에 걸맞은 식탁 예절을 이미 가르치셨다. 예수님이 지금 이들을 위해 기도하시는 것은 자신이 시작한 일을 아버지께서 영광스럽게 완성해 주시길 바라는 것이다.

오랫동안 목회자와 교사를 비롯해 수많은 기독교 지도자들이 자신들이 돌보는 사람들을 위해 이 기도를 사용해 왔다. 그런데 사실 표현만 조금 수정한다면, 모든 부류의 그리스도인들이 자신을 위해 이 기도를 사용할 수 있다. 이 기도에서 '나'를 '예수님'으로 바꾸고, '그들'을 '나'로 바꿔 보라. 그러면 무슨 말인지 알게 될 것이다. 그러나 주의해야 한다. 이것은 매우 진지한 기도다. 예수님이 말씀하신 것들 중에서도 가장 진지한 말씀이다. 그렇기에 깊은 차원에서 이 기도는 또한 기쁨과 소망이 더없이 넘치는 기도이기도 하다. 경외함과 기쁨으로 이 기도를 드려라.

- 당신은 "세상에 있지만 세상에 속하지 않는다"라는 개념을 어떤 방식으로 실천하고 있는가? 당신은 부서진 세상에 속한 것과 예수님을 따르는 자로 살도록 부르심을 받은 것 사이의 긴장을 어떻게 헤쳐 나가는가?

- 오늘 본문에 묘사된 '구별되다' 또는 '거룩하다'의 개념을 생각해 보라. 이러한 이해가 거룩에 대한 일반적인 인식과 어떻게 다른가? 당신의 일상에서 하나님을 섬기도록 구별되었다는 감각을 어떻게 기를 수 있겠는가?

그들도 하나가 되게 하옵소서

(요한복음 17:20-26)

[20]내가 비옵는 것은 이 사람들만 위함이 아니요 또 그들의 말로 말미암아 나를 믿는 사람들도 위함이니 [21]아버지여, 아버지께서 내 안에, 내가 아버지 안에 있는 것 같이 그들도 다 하나가 되어 우리 안에 있게 하사 세상으로 아버지께서 나를 보내신 것을 믿게 하옵소서 [22]내게 주신 영광을 내가 그들에게 주었사오니 이는 우리가 하나가 된 것 같이 그들도 하나가 되게 하려 함이니이다 [23]곧 내가 그들 안에 있고 아버지께서 내 안에 계시어 그들로 온전함을 이루어 하나가 되게 하려 함은 아버지께서 나를 보내신 것과 또 나를 사랑하심 같이 그들도 사랑하신 것을 세상으로 알게 하려 함이로소이다 [24]아버지여 내게 주신 자도 나 있는 곳에 나와 함께 있어 아버지께서 창세 전부터 나를 사랑하시므로 내게 주신 나의 영광을 그들로 보게 하시기를 원하옵나이다 [25]의로우신 아버지여 세상이 아버지를 알지 못하여도 나는 아버지를 알았사옵고 그들도 아버지께서 나를 보내신 줄 알았사옵나이다 [26]내가 아버지의 이름을 그들에게 알게 하였고 또 알게 하리니 이는 나를 사랑하신 사랑이 그들 안에 있고 나도 그들 안에 있게 하려 함이니이다

과거의 위대한 인물을 떠올려보라. 셰익스피어일 수도 있고, 조지 워싱턴이나 소크라테스일 수도 있다. 아니면 당신이 존경하고

칭송하는 다른 누군가일 수도 있다. 생각했으면 이제 역사가들이 오래된 기록에서 그 위대한 인물의 편지를 발견했다고 가정해 보라. 그런데 놀랍게도 그 편지가 바로… 당신에 관해 말하고 있다는 사실을 알게 되었다면, 어떤 느낌이 들겠는가?

오늘 본문 20절을 읽을 때 당신은 그런 느낌이 들 수 있다. 예수님이 **당신**에 관해, 그리고 나에 관해 말씀하신다. "그들의 말로 말미암아 나를 믿는 사람들"은 제자들의 말을 통해 그분을 믿게 된 자들을 뜻한다. 제자들은 그 메시지를 온 세상에 전했다. 그리고 그 말을 들은 사람들은 그것을 다시 다른 사람들에게 전했다. 이런 과정이 계속 되풀이되었다. 교회는 한 세대만이라도 전해 들은 말을 다시 전하지 않는다면, 언제든 사라질 수 있는 존재다. 그러나 그런 일은 한 번도 일어나지 않았다. 사람들은 항상 다른 사람들에게 전해 왔다. 그 결과로 내가 이 책을 쓰고 있고, 당신이 이 책을 읽고 있는 것이다. 이는 생각할수록 경이로운 일이다.

그러면 예수님은 당신과 나, 그리고 지금까지의 모든 세대에서 자신을 따르는 사람들을 생각하며 어떤 기도를 하실까? 그는 오래된 신앙고백에 나오듯이 우리가 "하나요, 거룩하며, 보편적인" 교회가 되길 기도하신다. 곧 예수님을 따르며 그와 함께했던 사람들인 "사도들"의 가르침 위에 선 교회가 되기를 바라신다. 특히 예수님은 우리가 모두 하나가 되고 연합하길 간절히 바라신다.

우리의 연합은 단순한 형식적 합의가 아니다. 단지 외적으로만 그렇게 보이는 것이 아니다. 그보다는 아버지와 아들의 연합에 기초하고 있으며, 그 연합을 반영하는 것이어야 한다. 아버지께서 아들 안에 계시고 아들이 아버지 안에 계시듯이, 우리도 그 연합 안에서 살아야 한다. 즉, 우리도 서로 연합해야 한다는 뜻이다. 그리고 혹시라도 우리가 핵심을 놓칠까 봐, 예수님은 우리가 연합한 결과에 대해서도 말씀하신다. 우리가 연합할 때 세상은, 인종이나 관습이나 성별이나 계층 등과 같이 전통적으로 사람들을 갈라놓아 왔던 장애물들을 모두 뛰어넘어 연합하는 이러한 인간 공동체는 오직 창조자 하나님의 행위에서만 비롯될 수 있음을 보고 또 알게 될 것이다. "세상으로… 믿게 하옵소서."

이 말씀은 13장 35절에서 예수님이 "너희가 서로 사랑하면 이로써 모든 사람이 너희가 내 제자인 줄 알리라"고 하신 말씀을 다시 떠올리게 한다. 연합은 필수적이다. 물론 우리는 때때로 연합을 느끼기도 한다. 마치 스스로 세운 칸막이 너머로 들리는 감미로운 음악처럼 말이다. 또 때로는 연합을 경험하기도 한다. 예를 들면, 배경이 전혀 다른 그리스도인들을 만났을 때, 많은 차이와 서로를 갈라놓는 전통에도 불구하고, 깨질 수 없는 사랑과 헌신으로 연합하고 있음을 안다. 그러나 안타깝게도 우리는 예수님이 우리를 위해 하신 이 기도가 아직 완전히 이루어지지 않았음을 마찬가지로 자주 느끼며 경험한다.

모든 인간관계가 그렇듯이, 연합은 강요해서 이룰 수 있는 게 아니다. 몰아붙이거나 조종해서 이룰 수 있는 것도 아니다. 그러나 분열된 세상에서, 특히 그 분열이 대개 '종교'의 진영에 따라 일어나는 세상에서, 어느 세대의 그리스도인이라도 예수님이 기도하신 연합을 위해 새롭게 나아가지 못할 이유는 없다. 우리가 믿음에서 본질적으로 하나라면, 삶과 예배에서도 하나가 되지 못할 이유가 전혀 없다.

한편, 예수님은 이전 주제로 다시 돌아오신다(12:26과 14:3을 보라). 예수님의 제자들은 그와 함께 있으며, 그의 영광을 보게 될 것이다. 아버지께서 그를 세상의 주권자로 높이셨다는 사실을 알고 경험하게 될 것이다. 창조자 하나님이 예수님께 주신 사랑이 그를 사랑이 넘치는 모두의 주님으로 세웠다는 사실을 알게 될 것이다.

그런데 오늘날 많은 그리스도인이 이런 선언을 주저한다. 그렇게 선언하는 것이 오만하게 들릴 수 있겠다거나, 마치 그것이 자신들에게 특별한 지위를 부여하는 것처럼 보일 수 있겠다고 염려하기 때문이다. 그러나 이것은 복음의 메시지 전체를 오해하는 것이다. 예수님이 높임을 받으신 것은 오로지 사랑 때문이다. 예수님의 이 주권은 자신을 다른 사람보다 우월하게 여기게 하는 것이 아니다. 그보다 예수님처럼 사랑으로 섬기게 하는 것이다.

결국 이 모든 기도는 마지막에 다음과 같은 지점으로 귀결된다(26절). 곧 아버지의 사랑이 예수님을 둘러싸고 있는 것처럼, 그 동일한 사랑이 하나의 띠와 표식으로서 예수님의 사람들 전체를 에워싸고 있으며, 그 사랑을 통해 예수님이 그들에게, 또한 그들을 통해 세상에 임재하시게 된다는 것이다. 예수님은 11절에서 아버지를 "거룩하신" 아버지라 부르셨으나, 이제는 "의로우신" 아버지라 부르신다(25절). 아버지는 온 땅의 심판자시다. 세상이 예수님의 제자들에게 격분하더라도, 아버지께서 결국 의가 승리하게 하실 것이다.

그러나 신약성경에서 늘 그렇듯이, 우리가 기도하는 정의, 곧 아버지께서 세상에 자신을 드러내시는 의로운 심판은 우리 앞에 사랑의 모습으로 나타난다. 왜냐하면 그것은 궁극적으로 예수라는 한 인물 안에서, 곧 당신과 나를 위해 기도하는 이 사람, 이 예수 안에서, 그리고 아버지를 기쁘게 섬기려고 자신을 구별하신 대제사장 안에서 우리 앞에 나타나기 때문이다.

- 예수님은 당신을 비롯해 어느 시대나 자신의 제자들을 위해 기도하셨다. 이 사실을 알게 될 때 어떤 느낌이 드는가? 그리고 이 사실은 예수님의 제자들이 전해준 메시지가 미친 영향에 관해 무엇을 드러내 주는가?

- 사랑에 뿌리박은 예수님의 주권은 일반적인 힘과 권위의 개념에 어떤 도전을 주는가? 사랑으로 섬기신 예수님의 본을 당신의 삶에서 어떤 방식으로 따를 수 있겠는가?

겟세마네

(마태복음 26:36-46)

36이에 예수께서 제자들과 함께 겟세마네라 하는 곳에 이르러 제자들에게 이르시되 내가 저기 가서 기도할 동안에 너희는 여기 앉아 있으라 하시고 37베드로와 세베대의 두 아들을 데리고 가실 새 고민하고 슬퍼하사 38이에 말씀하시되 내 마음이 매우 고민하여 죽게 되었으니 너희는 여기 머물러 나와 함께 깨어 있으라 하시고 39조금 나아가사 얼굴을 땅에 대시고 엎드려 기도하여 이르시되 내 아버지여 만일 할 만하시거든 이 잔을 내게서 지나가게 하옵소서 그러나 나의 원대로 마시옵고 아버지의 원대로 하옵소서 하시고 40제자들에게 오사 그 자는 것을 보시고 베드로에게 말씀하시되 너희가 나와 함께 한 시간도 이렇게 깨어 있을 수 없더냐 41시험에 들지 않게 깨어 기도하라 마음에는 원이로되 육신이 약하도다 하시고 42다시 두 번째 나아가 기도하여 이르시되 내 아버지여 만일 내가 마시지 않고는 이 잔이 내게서 지나갈 수 없거든 아버지의 원대로 되기를 원하나이다 하시고 43다시 오사 보신즉 그들이 자니 이는 그들의 눈이 피곤함일러라 44또 그들을 두시고 나아가 세 번째 같은 말씀으로 기도하신 후 45이에 제자들에게 오사 이르시되 이제는 자고 쉬라 보라 때가 가까이 왔으니 인자가 죄인의 손에 팔리느니라 46일어나라 함께 가자 보라 나를 파는 자가 가까이 왔느니라 옛날에 한 작은 소녀가 있었다. 그녀가 본 아빠는 늘 밝았다. 그녀가 기억하는 한 아빠는 늘 자신에게 미소를 지어 주었다. 그토록 바라던 딸이 태어났을 때, 아빠는 미소를 지었다. 딸을 품에 안은 채 그녀에게 먹고 마시는 법을 가르칠 때도 미소를 지었다. 딸과 놀면서 환히 웃었고, 딸이 걸음마를 배울 때 놀이와 장난감으로 용기를 북돋았다. 딸을 학교에 데려갈 때도 밝은 표정으로 이야기를 나누었다. 딸이 다치면, 미소와 부드러운 입맞춤으로 안심시키고 잘 이겨내도록 도왔다. 딸이 어려움이나 문제에 빠지면 아빠의 얼굴에 잠시 그림자가 드리웠으나, 그것은 태양을 가릴 수 없는 작은 구름에 불과했다. 곧 아빠의 얼굴에 미소가 다시 나타났고, 새로운 계획이나 또는 딸의 시선을 돌려 새로운 세계로 나아가게 하는 어떤 일에 열띤 관심을 보이곤 했다.

그런데 어느 날, 일이 일어났다. 처음에는 이유를 알지 못했다. 집에 돌아온 아빠는 소녀가 한 번도 본 적 없는 표정으로 곧장 자기 방으로 들어갔다. 나중에 소녀는 그때 들었던 소리를 평생 잊을 수 없게 되었다. 그런 소리를 들을 거라곤 전혀 생각하지 못했다. 그것은 건장한 서른아홉 살 남자가 죽은 누이 때문에 우는 소리였다. 물론 누구든 자라면서 반드시 겪게 되는 일이었다. 대다수 가정에서는 더 일찍 슬픔이 찾아왔을 것이다. 돌이켜보면, 그녀는 미소와 웃음만 기억할 수 있었던 시절을 여전히 감사하게 생각하고 있었다. 그러나 갑자기 아빠의 약한 모습을 보고 그로부터 받았던 충격은 고모가 죽었다는 사실과 그 모든 의미를 뛰어넘어 그녀에게 가장 깊은 인상을 남겼다.

나는 겟세마네가 제자들에게 이와 같은 순간이었다고 생각한다. 물론 예수님은 이전에도 여러 차례 슬퍼하신 적이 있었다. 제자들이 그분의 말을 이해하지 못했을 때는 실망하기도 하셨다. 그분을 오해하고 공격하며 온갖 터무니없는 것으로 고소하는 사람들과 충돌하기까지 하셨다. 심지어 그분의 가족과도 갈등이 있었다. 그러나 기본적으로 예수님은 언제나 강한 분이셨다. 언제나 새로운 이야기를 들려줄 준비가 되어 있으셨고, 따지는 질문자들에게 판을 뒤집어 버리는 날카로운 한 마디를 던질 줄 아셨으며, 하나님과 그분의 나라에 관한 또 다른 원대한 비전을 제시하곤 하셨다. 문제를 가진 쪽은 언제나 그들이었고, 해답을 가진 분은 언제나 예수님이셨다.

그런데 지금은 달랐다. 예수님은 깨어있는 채로 악몽을 꾸는 사람 같으셨다. 마치 눈앞에 있는 것처럼 그 잔을 보고 계셨다. 그것은 예수님이 한 시간쯤 전 마지막 만찬의 강렬하고 고조된 분위기에서 제자들에게 주며 마시라고 말씀하셨던 그 잔이 아니었다. 그보다 예수님이 야고보와 요한에게 언급하셨던 잔(20:22-23)이요, 선지자들이 말했던 잔이었다. 곧 하나님의 진노의 잔이었다.

예수님은 그 잔을 마시고 싶지 않으셨다. 정말로 피하고 싶으셨다. 그 순간만큼 예수님은 다가오는 운명을 향해 당당하게 전진하는 영웅이 아니셨다. 독배를 마시면서 친구들에게 훨씬 나은 삶으로 가는 것이니 울지 말라고 했던 소크라테스 같은 인물이 아니셨다. 오히려 말하자면, 무너져 내리는 한 인간의 모습 그대로였다. 그분은 어둠을 주시하셨고, 거기서 세상 모든 귀신이 자신을 쏘아보며 웃고 있는 얼굴을 보셨다. 그리고 이 일을 겪지 않게 해달라고 아버지께 간청하고 또 간청하셨다. 그분이 제자들에게 가르쳐준 그대로 기도하셨다. "시험에 들지 말게 하시고, 깊은 시련에 빠지지 않게 하소서!"

그런데 대답은 거절이었다. 사실 우리는 그 대답이 절박하고 다급한 첫 번째 기도가 두 번째와 세 번째 기도로 바뀌는 과정에서 미묘하게 드러나고 있음을 본다. 처음에 예수님은 단도직입적으로 요청하신다("이 잔을 내게서 지나가게 하옵소서"). 하지만 반드시 그렇게 되어야만 한다면, '안 돼!'라고 말씀하실 권한이 하나님께 있다는 사실을 슬프지만 인정하신다. 그런 뒤 예수님은 주기도문의 또 다른 어구를 반영하는 기도를 하신다. 그래야만 한다면 "[아버지의] 뜻이 이루어지이다." 예수님이 주기도문을 가르쳐주실 때(6:9-13), 제자들은 주기도문의 많은 부분이 예수님에게 이렇게 직접적으로 적용되리라곤 생각하지 못했을 것이다. 예수님은 자신이 가르친 것을 몸소 살아내야 하셨다. 실제로 산상수훈 전체가 예수님에게서 실현되고 있었다. 그분은 뺨을 맞고, 자신을 향한 저주에 축복으로 응답하며, 자신이 말한 고난과 슬픔을 직접 마주하고 계셨다. 여기 마태복음에서 두 번째(첫 번째는 4:1-11에 나오는 유혹 이야기)로, 우리는 예수님이 사적인 자리에서 영적 전투를 치르고 계심을 본다. 이 전투에서 승리해야 그분은 공적인 자리에서 하나님 나라를 위해 말하고, 살고, 죽을 수 있으셨다.

물론 제자들이 받은 이 충격적인 교훈을 우리는 유익하게 활용할 수 있다. 기도할 때 우리는 제자들과 함께 기다리는 법을 배우고, 예수님과 함께 깨어 지켜보는 법을 배워야 한다. 어느 때라도 우리가 아는 사람들 중 누군가는 어둠과 두려움―질병, 죽음, 사별, 고민, 파국, 상실―을 마주하게 된다. 그들은 우리에게 곁에 있어 달라고, 함께 깨어 기도해 달라고 어쩌면 말없이 요청하고 있을지 모른다.

거리는 문제가 되지 않는다. 언제라도 우리는 겟세마네에서, 나이로비 병원에서 죽어가는 사람 곁에서, 미얀마에서 신앙 때문에 고통당하는 사람 곁에서, 뉴욕에서 직장을 잃은 사람 곁에서, 에든버러에서 의사의 진단을 초조하게 기다리는 사람 곁에서 무릎을 꿇어달라고 요청받을 수 있다. 우리의 친구, 이웃과 가족, 심지어 우리가 의지해 온 사람들까지 모두 연약하며 우리의 지원이 필요하다는 사실을 알았을 때 받은 충격을 극복했다면(예수님이 친구들의 지원을 바라셨다면, 우리는 더더욱 그래야 하지 않겠는가!), 우리는 있는 힘을 다해 도울 준비가 되어 있어야 한다.

언제라도 우리가 딛고 선 땅이 무너질 때, 우리가 가야 할 곳은 바로 겟세마네다. 그곳에서 우리는 세상의 주님이자 모든 권세를 가지신 분이(28:18) 우리보다 먼저 그 길을 지나가셨다는 사실을 알게 된다.

- 예수님이 겟세마네에서 하신 기도의 의미를 주기도문과 연결해서 생각해 보라. 예수님이 겟세마네에서 하신 개인적 경험이 그분이 제자들에게 가르쳐주신 기도와 어떻게 일치하는가? 주기도문의 원리를 당신의 삶에, 특히 어둠과 시련의 때에 어떤 방식으로 적용할 수 있겠는가?

- 공감의 의미와 어둠과 두려움을 마주하는 사람들을 도와야 할 필요성에 대해 생각해 보라. 질병이나 상실이나 박해를 겪는 사람들을 향한 연대와 온정을 실제적으로 어떻게 보여줄 수 있겠는가? 기도와 정서적 유대는 다른 사람들이 어려움을 극복하도록 돕는 데 어떤 역할을 하는가?

톰 라이트의

사순절과 부활절

광야에서 영광으로

친구들 가운데 계신 예수님

Lent and Easter for Everyone

From wilderness to glory

나사로의 죽음

(요한복음 11:1-16)

1어떤 병자가 있으니 이는 마리아와 그 자매 마르다의 마을 베다니에 사는 나사로라 2이 마리아는 향유를 주께 붓고 머리털로 주의 발을 닦던 자요 병든 나사로는 그의 오라버니더라 3이에 그 누이들이 예수께 사람을 보내어 이르되 주여 보시옵소서 사랑하시는 자가 병들었나이다 하니 4예수께서 들으시고 이르시되 이 병은 죽을병이 아니라 하나님의 영광을 위함이요 하나님의 아들이 이로 말미암아 영광을 받게 하려 함이라 하시더라 5예수께서 본래 마르다와 그 동생과 나사로를 사랑하시더니 6나사로가 병들었다 함을 들으시고 그 계시던 곳에 이틀을 더 유하시고 7그 후에 제자들에게 이르시되 유대로 다시 가자 하시니 8제자들이 말하되 랍비여 방금도 유대인들이 돌로 치려 하였는데 또 그리로 가시려 하나이까 9예수께서 대답하시되 낮이 열두 시간이 아니냐 사람이 낮에 다니면 이 세상의 빛을 보므로 실족하지 아니하고 10밤에 다니면 빛이 그 사람 안에 없는 고로 실족하느니라 11이 말씀을 하신 후에 또 이르시되 우리 친구 나사로가 잠들었도다 그러나 내가 깨우러 가노라 12제자들이 이르되 주여 잠들었으면 낫겠나이다 하더라 13예수는 그의 죽음을 가리켜 말씀하신 것이나 그들은 잠들어 쉬는 것을 가리켜 말씀하심인 줄 생각하는지라 14이에 예수께서 밝히 이르시되 나사로가 죽었느니라 15내가 거기 있지 아니한 것을 너희를 위하여 기뻐하노니 이는 너희로 믿게 하려 함이라 그러나 그에게로 가자 하시니 16디두모라고도 하는 도마가 다른 제자들에게 말하되 우리도 주와 함께 죽으러 가자 하니라 왜 그들은 아무것도 **하지** 않았을까?

내 친구가 활기차고 성장하는 교회로부터 청빙을 받았다. 그는 가족과 함께 이 새로운 도전에 나설 생각에 들떠 있었다. 그러나 교회는 그의 거처를 결정하지 못하고 꾸물거리는 것 같았다. 현재의 사택은 도무지 적합하지 않았다. 새집을 지어야 하는가? 기존 교회 건물을 개조해야 하는가? 아니면 당분간 교회에서 조금 떨어진 곳에서 살게 하고 상황을 지켜보아야 하는가?

그동안 교회 근처에 적합한 집들이 계속 시장에 나왔으나 교회는 아무것도 하지 않았다. 내 친구와 가족은 이 문제를 두고 기도했지만, 여전히 아무 일도 일어나지 않았다. 나를 비롯해 많은 사람이 이 문제를 두고 기도하고 편지를 쓰며 전화까지 했지만, 그래도 아무 변화가 없었다. 그가 교회에 부임할 때가 다가왔다. 경사스러운 날이었지만, 여전히 아무 결정도 이루어지지 않았다. 마침내 온 교회가 어떻게 할지를 두고 기도하던 중에 겨우 막힌 곳이 뚫렸다. 결정이 내려졌다. 그들이 처음부터 찾고 있었던, 가장 적합한 집 가운데 하나가 가격을 내려서 나왔기 때문이다. 교회는 그 집을 샀고, 친구와 가족은 그 집으로 이사했으며, 새로운 사역을 시작했다.

그러나 나는 몇 달간의 좌절을 잊을 수 없었다. 그 기간에 정말로 아무 일도 일어나지 않는 것처럼 보였다. 마치 적절한 해결책을 구하는 우리의 기도를 하나님이 무시하시는 것 같았다. 우리는 모두 지쳐갔다. 사람들은 안달했고, 우리가 어딘가에서 실수한 건 아닌지 의심했다. 나는 좋은 결말을 전혀 보지 못했거나, 아직 보지 못하고 있는 이런 이야기가 많다는 것을 잘 안다. 많은 경우 세상

이야기도 이와 비슷하다. 우리는 정의와 평화를 위해 기도하고, 나라와 인종 간의 번영과 조화를 위해 기도한다. 그러나 정의와 평화, 번영과 조화는 아직 실현되지 않았다.

하나님은 우리와 게임을 하지 않으신다. 나는 그렇다고 강하게 확신한다. 그러나 하나님의 길은 우리의 길과 다르다. 하나님의 때는 우리의 때와 다르다. 오늘 본문의 6절이 이것을 아주 뚜렷하게 상기시킨다. 예수님은 두 자매로부터 긴급하게 도움을 요청받으셨지만, 오히려 **계시던 곳에서 이틀을 더 머무셨다.** 그 사실을 제자들에게 알리지도 않으셨다. 갈 준비도 하지 않으셨다. "가고 있다"라는 답신도 하지 않으셨다. 그저 계시던 곳에 그대로 머무셨다. 그 사이 베다니에서 마리아와 마르다는 사랑하는 오라버니의 죽음을 지켜봐야만 했다.

예수님은 무엇을 하고 계셨던 걸까? 본문의 나머지 이야기에서 답을 얻을 수 있다. 예수님은 기도하고 계셨다. 아버지의 뜻과 씨름하고 계셨다. 제자들이 한 말은 정확했다(8절). 그들은 전에 유대인들이 예수님을 돌로 치려 했었기에, 예수님이 다시 그곳으로 가실 거라고는 전혀 생각하지 않았다. 베다니는 예루살렘에서 3㎞ 정도 떨어진 감람산 동쪽 기슭에 자리한 조그마한 동네였다. 따라서 일단 그곳에 가게 되면, 거룩한 도성에서 매우 가까운 곳에 있게 된다. 그럴 경우 이번에는 무슨 일이 일어날지 누가 알겠는가?

이 나사로 이야기는 성경 전체에서 가장 강력하고 감동적인 이야기 가운데 하나다. 그런데 이 놀라운 이야기는 단순히 나사로에 관한 것만이 아니다. 그것은 예수님에 관한 이야기이기도 하다. 요한복음 11장은 제자들이 예수님에게 유대 지역으로 돌아가지 말라고 경고하는 장면으로 시작해서, 대제사장이 백성을 위해 한 사람이 죽어야 한다고 선언하는 장면으로 끝난다(50절). 예수님이 자신의 기도를 들으신 아버지께 감사한다고 하셨을 때(41-42절), 그것은 요단강 건너편 광야에서 이틀 동안 기이하고 고요한 시간을 보내며 드렸던 기도를 가리키는 거라고 할 수 있다(10:40). 예수님은 나사로를 위해 기도하고 계셨을 뿐 아니라, 그분의 계획과 이동에 관한 지혜와 인도하심을 위해서도 기도하고 계셨다. 어떤 면에서 이 두 가지는 서로 연결되어 있었다. 예수님이 나사로를 위해 행하실 일은 한편으로 당국자들이 그분을 제거하려는 결정적인 이유가 될 터였다(45-53절). 그러나 다른 한편으로 그것은 예수님의 삶과 사역이 무엇에 관한 것인지, 특히 그분의 삶과 사역이 어떻게 절정에 이르게 될지를 보여주는 가장 강력한 표적이 될 터이기도 했다.

그러므로 기다림의 시간이 매우 중요했다. 종종 그러셨듯이, 지금 예수님에게는 그분이 자주 말씀하신 친밀함과 연합 안에서 아버지의 뜻을 탐구하기 위해 기도의 시간이 필요하셨다. 그 후에야 비로소 행동하실 터였다. 마리아와 마르다가 원했던 방식이 아니라, 그들이 꿈에도 생각하지 못했던 방식으로 말이다.

'베다니'는 문자적으로 '가난한 자들의 집'이란 뜻이다. 실제로 베다니가 그런 곳이었다는 증거도 있다. 베다니는 가난한 곳, 궁핍하고 병든 사람들이 보살핌을 받을 수 있는 곳으로, 예루살렘에서 멀지 않은 요양소 같은 곳이었다. 예수님은 전에도 이곳에 오신 적이 있다. 아니 아마도 여러 번 오셨을 것이다. 예수님은 여러 차례에 걸쳐 도움이 필요한 자들을 직접 돌보셨으며, 가난한 자들이 기뻐하고 병든 자들이 치유되는 나라를 그들에게 약속하셨다. 이런 점에서 예수님은 베다니에 특별한 애정이 있었고, 베다니 또한 예수님에게 그러했을 것이다. 요한은 2절에서 그가 나중에 기록하게 될 한 사건(12:1-8)으로 우리의 시선을 이끌어 간다. 곧 마리아가 값비싼 향유를 예수님의 발에 부었을 때 왜 그 향유를 팔아 가난한 자들에게 주지 않았냐며 한바탕 소동이 일어났던 그 순간이다. 가난한 사람을 돌보는 집에서 이런 사치가 좋게 보였을 리 없다.

그러나 이 이야기는 예수님이 어떤 식으로 사람들을 놀라게 하며, 그들의 기대를 뒤엎는지를 보여주는 것이다. 예수님은 두 자매가 다급히 오시라고 요청했을 때 곧바로 가지 않으셨다. 반면, 제자들이 가시지 말라고 말렸을 때는 오히려 가셨다. 예수님이 '잠들었다'고 말씀하실 때 그 뜻은 죽음을 의미했지만, 제자들은 말 그대로 잠자는 것으로 이해했다. 가는 도중에(9절) 예수님은 제자들에게 낮에 다니면 넘어지지 않지만 밤에 다니면 넘어진다는 조금 이상한 말씀을 하셨다. 예수님은 무슨 뜻으로 이렇게 말씀하신 것일까?

예수님은 우리가 어디로 가고 있는지 아는 유일한 길은 그분을 따르는 것뿐이라는 뜻으로 말씀하신 듯하다. 우리가 자기 생각을 따라 길을 가려 한다면 곧 어둠에 빠져 넘어질 것이다. 그러나 예수님 곁에 바싹 붙어 그분의 시선으로 상황을 바라본다면, 설령 왜 아무 일도 일어나지 않는 것처럼 보이는지 의아해하며 며칠 어쩌면 몇 년을 답답하게 지낸다 하더라도, 결국 올바른 곳에 이르게 될 것이다.

요한은 오늘 본문 말미에서 훌륭한 조연 한 사람을 소개한다. 도마는 충직하고 꾸준하며 깨닫는 게 느리지만, 예수님의 명령에 따라 뚜벅뚜벅 나아가고자 하는 사람이다. 이제 그는 앞으로 일어날 일을 내다보며 결의에 차서 이렇게 말한다. "우리도 주와 함께 죽으러 가자." 물론 그들은 예수님과 함께 죽지 않는다. 아직은 아니다. 그러나 이는 분명히 올바른 반응이다. 우리가 이해하지 못하는 일들이 많고, 우리의 바람과 계획이 좌절될 때도 많다. 그러나 예수님과 함께 간다면, 설령 그것이 죽음의 아가리로 들어가는 길일지라도, 우리는 빛 가운데서 걷게 될 것이다. 반면, 자신의 계획과 야망을 따라 오만하게 나아간다면, 반드시 넘어지게 될 것이다.

- 마리아와 마르다가 다급하게 도움을 구할 때, 왜 예수님은 곧바로 답하지 않고 지체하셨는가? 하나님의 때가 당신이 기도하는 바람이나 기대와 맞지 않음을 발견한 적이 있는가? 하나님의 계획이 지체되거나 당신의 바람과 달라 보일 때, 당신은 어떻게 인내하며 그분의 계획을 신뢰할 수 있겠는가?

- 당신은 삶의 어느 영역에서 자신의 통제권을 내려놓고 예수님의 인도하심을 신뢰하려고 애쓰는가? 빛 가운데 다니면서 당신의 계획을 하나님의 뜻에 내어 맡기는 마음가짐을 어떻게 기를 수 있겠는가?

부활이요 생명

(요한복음 11:17-27)

17예수께서 와서 보시니 나사로가 무덤에 있은 지 이미 나흘이라 18베다니는 예루살렘에서 가깝기가 한 오 리쯤 되매 19많은 유대인이 마르다와 마리아에게 그 오라비의 일로 위문하러 왔더니 20마르다는 예수께서 오신다는 말을 듣고 곧 나가 맞이하되 마리아는 집에 앉았더라 21마르다가 예수께 여짜오되 주께서 여기 계셨더라면 내 오라버니가 죽지 아니하였겠나이다 22그러나 나는 이제라도 주께서 무엇이든지 하나님께 구하시는 것을 하나님이 주실 줄을 아나이다 23예수께서 이르시되 네 오라비가 다시 살아나리라 24 마르다가 이르되 마지막 날 부활 때에는 다시 살아날 줄을 내가 아나이다 25예수께서 이르시되 나는 부활이요 생명이니 나를 믿는 자는 죽어도 살겠고 26 무릇 살아서 나를 믿는 자는 영원히 죽지 아니하리니 이것을 네가 믿느냐 27이르되 주여 그러하외다 주는 그리스도시요 세상에 오시는 하나님의 아들이신 줄 내가 믿나이다

마지막으로 "만약 …했더라면"이라고 말했던 게 언제인가?

만약 그 사람이 자동차 앞으로 튀어 나가지 않았더라면…

만약 그 여자가 조금 더 열심히 공부해서 시험에 떨어지지 않았더라면…

만약 지난 선거에서 다른 대통령이 당선되었더라면…

만약 바로 그 주간에 휴가를 가기로 결정하지 않았더라면…

그게 무슨 일이었든 당신은 시계를 되돌리고 싶은 끔찍한 기분을 알 것이다. 이 때문에 <백 투 더 퓨처> 시리즈 같은 영화도 제작되는 것이다. 이런 영화에서는 사람들이 긴 역사 속의 시간을 오가며 이전의 어느 시대에서 작은 변화를 일으키는데, 그 결과 현재와 미래가 완전히 달라진다. 물론 이것은 아련한 꿈일 뿐이다. 일종의 향수와 같은 것이다. 과거 그 자체가 아니라, 과거가 조금만 **달랐더라면** 지금 우리가 맞이했을지도 모를 현재에 대한 향수 말이다. 모든 향수가 그러하듯이, 이것은 모든 것이 환상임을 알면서도 혹시나 가능했을지도 모를 순간을 애틋하게 쓰다듬는 달콤하면서도 씁쓸한 느낌이다.

이 모든 것을 포함해 더 많은 것들이 마르다가 예수님께 "만약 …했더라면"이라고 말한 것에 담겨 있다(21절). 마르다는 예수님이 계셨더라면 병든 나사로를 고치셨으리라는 것을 안다. 그리고 아마도 예수님이 그녀가 기대한 것보다 적어도 이틀이나 더 늦게 오셨다는 사실도 알고 있었을 것이다. 나중에 알게 되겠지만, 나사로는 죽은 지 이미 나흘이나 되었다. 하지만 만약 …했더라면, 어쩌면… 그는 살아 있었을지도….

예수님이 마르다에게 하신 대답과 이어지는 대화에서 보듯이, '백 투 더 퓨처'는 순전히 영화 제작자만의 판타지가 아니다. 예수님은 마르다에게 과거를 돌아보며 그럴 수도 있었을 (그러나 지금은 그럴 수 없는) 무언가를 꿈꾸는 대신에, 미래를 바라보라고 초대하신다.

그리고 미래를 본 뒤에는 그 미래가 갑자기 현재로 앞당겨져 들어오는 것처럼 상상해 보라고 요구하신다. 사실 이것이야말로 예수님에 대한 모든 초기 기독교 신앙의 핵심이며, 오늘 본문은 신약성경 어느 곳에서보다 이것을 더욱 분명하고 생생하게 보여준다.

먼저 예수님은 마르다의 시선을 미래로 옮기신다. "네 오라비가 다시 살아나리라." 예수님만큼이나 마르다도 이것을 잘 안다. 이는 유대교의 표준적인 가르침이었다. (일부 유대인들, 특히 사두개인들은 미래의 부활을 믿지 않았다. 그러나 이 시기의 대다수 유대인들은 다니엘 12장 3절을 비롯해 구약성경의 핵심 구절을 토대로 미래의 부활을 믿었다.) 그들은 이사야 65, 66장의 비전을 공유했다. 그것은 새 하늘과 새 땅, 완전히 새로운 하나님의 세계, 곧 우리 세계와 닮았지만 아름다움과 능력은 강화되고 아픔과 추함과 슬픔은 사라진 세계에 관한 비전이었다. 그들은 이 새로운 세계에서 과거부터 현재에 이르는 하나님의 모든 백성이 새 몸을 입고 새 창조의 생명을 얻어 누리게 될 것이라 믿었다.

마르다도 이것을 믿지만, 24절에 나오는 마르다의 건조한 대답에서 볼 수 있듯이, 지금 이 순간에는 그것이 그녀에게 큰 위로가 되지 못한다. 마르다는 이어지는 예수님의 대답을 들을 준비가 되어 있지 않다. 미래가 현재로 들이닥쳤다. 새 창조, 그리고 그와 함께 부활이 시간의 끝에서 시간의 한가운데로 앞당겨져 들어왔다. 우리가 종종 말하거나 노래하듯이, 예수님은 단순히 '하늘에서 땅으로' 오셨던 것만이 아니다. 동시에 그분은 하나님의 미래에서 현재로, 우리가 아는 엉망진창인 세상 속으로 오셨다. 예수님은 "나는 부활이요 생명"이라고 말씀하신다. '부활'은 단순히 교리나 미래의 사실이 아니다. 그보다 부활은 한 **인격체**(person)다. 그 인격체가 지금 마르다 앞에 서서 그녀가 신뢰와 소망의 큰 도약을 이루도록 다독이고 계신다.

예수님은 마르다에게 그녀의 "만약 …했더라면"을 "만약 예수님이 …이라면"으로 바꾸라고 도전하신다.

만약 예수님이 그녀가 믿기 시작한 그분이라면…

만약 예수님이 메시아, 곧 선지자들이 약속한 그분, 세상에 오기로 되어 있는 그분이라면…

만약 예수님이 하나님의 아들, 그 안에 살아계신 하나님이 기이하고 새롭게 현존하시는 분이라면…

만약 예수님이 부활 그 자체요 생명 그 자체라면…

이야기는 여기서 잠시 멈춘다. 마르다가 마리아를 데리러 가는 동안, 우리는 마음을 졸인다. 그러나 이러한 긴장감은(어쨌든 요한은 대단한 이야기꾼이다) 똑같은 질문을 우리 스스로에게 던져 보도록 여유를 주기 위해서다. 이것은 우리 자신을 등장인물 중 누군가에게 자연스럽게 투사할 수 있는 이야기다.

마르다는 활동적이고 분주한(눅10:38-42을 보라) 반면, 마리아는 차분하다. 마리아의 반응도 곧 보게 될 것이다. 마르다는 예수님을 맞으러 쏜살같이 뛰어나가 직접 그분께 따져 물었다. 우리 가운데 많은 사람이 이와 비슷하다. 우리는 기다리지 못하며, 예수님과 그분의 이상한 방식에 대해 우리 생각을 그분께 털어놓아야만 직성이 풀리곤 한다. 만약 당신이 이와 같다면, 지금 당신의 마음과 생각에 "만약 …했더라면"이 있다면, 마르다가 되어보라. 예수님을 맞으러 쏜살같이 달려 나가라. 그분에게 문제를 말하라. 그분에게 왜 좀 더 일찍 오지 않으셨냐고, 왜 이렇게 끔찍한 일이 일어나게 두셨느냐고 물어보라.

그런 다음 깜짝 놀랄 대답을 들을 준비를 하라. 그 대답이 무엇일지는 전혀 예측할 수 없다. 그 대답은 언제나 항상 놀라운 것으로 나타나기 때문이다. 그러나 그 대답이 어떤 형태일지는 안다. 예수님은 하나님이 준비하신 미래의 새로운 것으로 당신의 문제에 대응하실 것이다. 그 미래는 당신의 현재로, 혼란과 슬픔 속으로 들이닥쳐 좋은 소식과 소망, 새로운 가능성을 가져다줄 것이다.

그때나 지금이나 그 모든 것의 열쇠는 믿음이다. 예수님은 새로운 하나님의 세계를 태동시키신다. 그러나 그것은 저절로 되지 않는다. 그것은 모든 사람을, 그가 원하든 원하지 않든 무작정 휩쓸고 가지 않는다. 새로운 세계의 열쇠는 믿음이다. 예수님을 믿는 것, 그분이 하나님의 메시아이심을, 곧 세상 속으로, 우리의 세상 속으로, 우리의 아픔과 슬픔과 죽음 속으로 들어오시는 분임을 믿는 것이다.

- 예수님은 어떤 의미에서 "나는 부활이요 생명이다"라고 선언하셨는가? 예수님은 어떻게 하나님의 미래를 현재로 가져오시는가? 예수님을 이런 식으로 이해할 때, 기존의 시간 개념과 우리가 처한 상황의 한계는 어떤 도전을 받는가?

- 당신이 시련과 실망에 어떻게 반응하는지 생각해 보라. 당신은 곧바로 행동하고 직접 부딪치는 마르다를 닮았는가, 아니면 좀 더 차분하게 생각하며 접근하는 마리아를 닮았는가? 당신이 자신의 관심사와 문제를 가지고 예수님께 나아가는 전형적인 방식을 생각해 보라. 어떻게 하면 당신이 마음을 열어 예수님의 뜻밖의 응답이 주는 놀라움을 받아들이며, 그분이 당신의 삶에 새로운 가능성과 희망을 가져다 주시게 할 수 있겠는가?

예수님이 무덤에 가시다

(요한복음 11:28-37)

28이 말을 하고 돌아가서 가만히 그 자매 마리아를 불러 말하되 선생님이 오셔서 너를 부르신다 하니 29마리아가 이 말을 듣고 급히 일어나 예수께 나아가매 30예수는 아직 마을로 들어오지 아니하시고 마르다가 맞이했던 곳에 그대로 계시더라 31마리아와 함께 집에 있어 위로하던 유대인들은 그가 급히 일어나 나가는 것을 보고 곡하러 무덤에 가는 줄로 생각하고 따라가더니 32마리아가 예수 계신 곳에 가서 뵈옵고 그 발 앞에 엎드리어 이르되 주께서 여기 계셨더라면 내 오라버니가 죽지 아니하였겠나이다 하더라 33예수께서 그가 우는 것과 또 함께 온 유대인들이 우는 것을 보시고 심령에 비통히 여기시고 불쌍히 여기사 34이르시되 그를 어디 두었느냐 이르되 주여 와서 보옵소서 하니 35예수께서 눈물을 흘리시더라 36이에 유대인들이 말하되 보라 그를 얼마나 사랑하셨는가 하며 37그 중 어떤 이는 말하되 맹인의 눈을 뜨게 한 이 사람이 그 사람은 죽지 않게 할 수 없었더냐 하더라

오늘날 세계에서 문화마다 가장 큰 차이를 보이는 것 중 하나는 장례를 치르는 방식이다.

세계의 많은 지역에서는 여전히 사람들이 예수님 당시와 아주 비슷한 방식으로 고인을 애도한다. 관을 앞세우고 거리를 지나 장

지나 화장터로 향하는 행렬이 있다. 모든 사람이, 특히 여자들이 소리 내어 운다. 투박하고 슬픈 음악이 울린다. 슬픔의 과정이 본격적으로 시작된다. 한 사람의 슬픔이 다른 사람에게 전이된다. 매우 슬픈 사람들과 함께 있을 때, 그들의 특정한 슬픔을 공유하지 않더라도, 그들의 슬픔이 우리에게 전이되곤 한다. 이는 인간이 지닌 이상한 본성 가운데 하나다. (심리학자들은 우리 모두가 이런저런 깊은 슬픔을 안고 있는데, 지금 당장 슬퍼할 이유가 있는 사람들과 함께 있을 때면 그러한 슬픔이 표면으로 떠오른다고 말할 것이다.)

반면, 다른 문화들에서는, 특히 현대 서구의 세속화된 사회에서는 감정을 숨기라고 가르쳐 왔다. 결혼하고 함께 산 지 40여 년 만에 남편을 잃은 노부인을 찾아갔던 일이 생생하게 기억난다. 부인은 여기저기 전화하고 옷을 정리하며 장례식 때 무엇을 입어야 할지 생각하느라 정신없이 바빴다. 장례식 날, 부인은 밝고 활발했으며, 가족과 친구들 앞에서 의연했다. 장례식 후에도 부인은 우리와 함께 차를 마시며 밝게 대화를 나누었고, 아무도 걱정시키고 싶어 하지 않았다. 나는 옛 방식—세상 거의 모든 곳에서 지금도 사용되는 방식—이 더 인간적이라는 생각을 지울 수 없었다. 슬픔을 숨기거나 슬퍼하지 않는 척하는 것은 아무 유익이 되지 못한다.

바울이 우리가 소망 없는 사람들처럼 슬퍼하길 원하지 않는다고 말할 때(살전4:13), 그것은 우리가 조금도 슬퍼하길 원치 않는다는 뜻이 아니다. 그보다는 두 종류의 슬픔이 있다는 뜻이다. 곧 소망 없는 슬픔과 소망 있는 슬픔이다. 소망 있는 슬픔이라 해도 여전히 슬픔이다. 이 슬픔 역시 아주 쓰디쓸 수 있다.

마치 이를 강조하려는 듯이, 오늘 본문에서 예수님은 눈물을 흘리신다(35절). 이는 복음서 전체에서 가장 놀라운 장면 중 하나다. 이것이 역사적 사실이라는 데는 의심의 여지가 없다. 예수님을 예배하고 그분의 죽음에 대한 승리를 찬양했던 초기 교회에서 누군가 이러한 이야기를 애써 지어냈을 리 없다. 그러나 우리는 여기서 요한이 우리에게 보여주고자 했던 여러 층위의 의미들을 놓치지 말아야 한다.

먼저, 몇몇 옛 저자들이 그랬던 것처럼, 예수님의 눈물을 그분이 단지 사람인 척 흉내 내는 신이 아니라 실제 사람이었다는 증거로 보는 데서 만족해서는 안 된다. 그것이 의심의 여지가 없는 사실이긴 하지만, 예수님 당시에는 누구나 예수님을 다른 사람들처럼 감정을 느끼고 살과 피를 가진 실제 사람이라고 생각했다.

오히려 요한은 복음서 전체에서 훨씬 더 놀라운 것에 관해 말한다. 그것은 우리가 예수님을 볼 때, **특히 눈물을 흘리시는 예수님을 볼 때**, 우리는 단지 살과 피를 가진 사람을 보는 게 아니라 육신이 되신 말씀을 본다는 것이다(1:1-14). 온 세상을 창조하신 그 말씀이 지금 친구의 무덤 앞에서 아기처럼 우신다. 이 부분을 깊이 생각해야만 비로소 요한복음의 온전한 신비를 이해할 수 있다. 하나님이 누구신지에 대한 고상하고 메마른 우리의 그림을 치워버리고, 하나님이신 말씀이 세상의 울음과 함께 우실 수 있는 그림으로 대체해야만, '하나님'이란 단어가 실제로 무엇을 의미하는지 알 수 있다.

예수님은 마리아와 그녀와 함께 있는 모든 유대인이 우는 모습을 보자마자 눈물을 흘리셨다. 선지자는 이렇게 말했다. "그는 실로 우리의 질고를 지고 우리의 슬픔을 당하였거늘"(사53:4). 예수님은 갑자기 이 장면에 불쑥 들어와 (우리가 그렇게 상상했을 법한 모습으로, 또한 후 대 그리스도인들이 이런 이야기를 지어냈다면 거의 틀림없이 그렇게 말했을 법한 방식으로) 눈물은 중요하지 않으며 나사로는 죽은 게 아니라 자고 있을 뿐이 라고 선언하지 않으신다(막5:39을 보라). 그분의 행동과 말씀에서 곧바 로 분명하게 드러나듯이, 예수님은 자신이 할 일과 아버지께서 자 신을 통해 하실 일을 전혀 의심하지 않으신다. 그렇다고 여기서 의 기양양함이나, 자신이 얼마나 영리한지 보여줄 비장의 무기를 들고 우쭐대며 등장하는 인물도 찾아볼 수 없다. 오히려 우리의 슬픔과 아픔을 알고 눈물을 흘릴 만큼 그것에 공감하고 함께 짊어지는 슬 픔의 사람만이 있을 뿐이다.

예수님이 마리아와 무리의 눈물을 보실 때, 그 마음에 어떤 슬 픔이 일어났을까? 우리는 그저 추측만 할 수 있을 뿐이다. 하지만 그 추측에 반드시 포함되어야 하는 것이 있다. 그것은 과거의 다른 죽음들에 대한 슬픔이 아니라 아직 다가오지 않은 죽음, 곧 예수님 자신의 죽음에 대한 슬픔이다. 오늘 본문은 예수님의 죽음에서 제 기될 질문으로 우리의 시선을 이끈다. 그토록 많은 표적을 행한 사 람이 정작 자신은 죽지 않게 만들 수 없었을까? 그토록 많은 사람 을 구원한 자가 마지막에 자신은 구원할 수 없었을까? 요한은 복음 서 전체에서 수많은 암시와 이미지로 이 질문에 대답한다. 오직 예 수님의 죽음을 **통해서만**, 오직 예수님이 인간의 공통된 운명에 참 여하심을 **통해서만**, 세상은 구원받을 수 있다. 예수님이 35절에서 흘리신 눈물은, 그가 세상의 슬픔만이 아니라 그 파멸의 운명까지 함께 짊어지게 될 죽음으로 곧장 이어진다.

그러나 여기에는 죽음 이후에 일어날 일에 관한 암시도 있다. 예수님은 마리아와 사람들에게 "그를 어디에 두었느냐?"라고 물으신다. 그런데 막달라 마리아는 불과 한두 주 후에 이렇게 말한다. "사람들이 내 주님을 옮겨다가 어디 두었는지 내가 알지 못함이니이다"(20:13). 나사로 이야기와 예수님 이야기 사이에서 울리는 메아리에 귀를 기울여 보라. 이것이 요한이 이 이야기를 굳이 들려준 이유 중 하나다. (다른 복음서들은 이 이야기를 들려주지 않는다. 어떤 사람들은 다른 복음서 저자들이 12장 9-11절에 언급된 달갑지 않은 관심으로부터 나사로를 보호하려 했다고 주장한다. 아마도 요한이 복음서를 쓸 무렵에는 이러한 위험이 사라졌을 것이다.)

"와서 보십시오"라고 그들은 대답한다. 초기 제자들이 예수님께 어디에 머무시느냐고 물었을 때, 예수님이 그들에게 대답하셨던 것처럼 똑같이 말이다(1:39). 이는 가장 단순한 초대 같지만, 사실 기독교 신앙의 핵심이다. 우리는 하염없이 눈물을 흘리시는 예수님을 우리의 가장 깊은 슬픔의 자리로 안내하며 말한다. "와서 보십시오." 그러면 예수님은 슬픔을 지나 이제 빛과 사랑과 부활의 영광 가운데 거하시는 곳으로 우리를 인도하며 말씀하신다. "와서 보라."

- 예수님이 나사로의 무덤 앞에서 눈물을 흘리셨다는 것이 무슨 의미인지 생각해 보라. 이 장면에서 예수님의 인성과 사람의 고통을 깊이 체감하시는 그분의 마음이 어떻게 드러나는가?

- 말씀이 육신이 되신 예수님이 우리의 슬픔과 아픔을 경험하고 나누시는 것이 왜 중요했는가? 이것은 슬픔의 때에 하나님의 성품과 임재를 이해하는 데 어떤 영향을 미치는가?

나사로를 살리심

(요한복음 11:38-46)

38이에 예수께서 다시 속으로 비통히 여기시며 무덤에 가시니 무덤이 굴이라 돌로 막았거늘 39예수께서 이르시되 돌을 옮겨 놓으라 하시니 그 죽은 자의 누이 마르다가 이르되 주여 죽은 지가 나흘이 되었으매 벌써 냄새가 나나이다 40예수께서 이르시되 내 말이 네가 믿으면 하나님의 영광을 보리라 하지 아니하였느냐 하시니 41돌을 옮겨 놓으니 예수께서 눈을 들어 우러러 보시고 이르시되 아버지여 내 말을 들으신 것을 감사하나이다 42항상 내 말을 들으시는 줄을 내가 알았나이다 그러나 이 말씀 하옵는 것은 둘러선 무리를 위함이니 곧 아버지께서 나를 보내신 것을 그들로 믿게 하려 함이니이다 43이 말씀을 하시고 큰 소리로 나사로야 나오라 부르시니 44죽은 자가 수족을 베로 동인 채로 나오는데 그 얼굴은 수건에 싸였더라 예수께서 이르시되 풀어 놓아 다니게 하라 하시니라 45마리아에게 와서 예수께서 하신 일을 본 많은 유대인이 그를 믿었으나 46그 중에 어떤 자는 바리새인들에게 가서 예수께서 하신 일을 알리니라

지난밤 텔레비전에서 화석화된 유해를 다룬 프로그램을 보았다. 그것은 고대 생명체의 것으로 보였는데, 인간과 비슷한 점이 있지만 키가 훨씬 컸다. 우리가 아는 원숭이나 유인원과도 크게 달라 보였다. 고고학자들과 탐험가들이 팀을 꾸려 이 고대 생명체가 현존하는

지 확인하고 있다(이 모든 작업이 중국의 아주 외진 산악지대에서 진행되고 있다).

흥미진진한 이야기이고 어떻게 전개될지 기대된다. 그러나 내가 특히 매료된 것은 고고학자들이 찾아낸 조각들을 한 데 끼워 맞추는 방식이다. 여기 어떤 동물의 일부로 보이는 화석이 하나 있다. 저기에는 같은 동물의 일부일지도 모를 뼈가 또 하나 있다. 그리고 높은 산, 어느 깊은 동굴의 바위에 붙어 있는 털 한 가닥이 있다. 이 모든 것들이 하나로 맞춰질 수 있을까? 이 퍼즐 조각들 가운데 하나가 다른 것들을 설명해 줄 수 있을까?

오늘 본문은 예수님 이야기 전체에서 가장 극적인 순간에 속한다. 예수님은 죽은 야이로의 딸을 되살리실 때, 거의 모든 사람을 방에서 내보내셨고, 일이 다 끝난 후에는 아무에게도 말하지 말라고 하셨다. 그런데 지금 예수님은 큰 무리 앞에 서서 자신의 이름을 걸고 나사로에게 나오라고 외치신다. (당시의 무덤이 흔히 그랬듯이, 나사로의 무덤도 동굴이었고 입구는 큰 돌로 막혀 있었다.)

그러자 죽은 사람이 걸어 나왔다. 심장이 멎을 듯한 순간이다. 오싹한 공포와 벅찬 기쁨이 교차하고 어둠과 빛이 뒤섞인다. 이 모든 것이 매우 중요하다. 만약 이 장면에서 어떤 힘을 느끼지 못하고 경외와 감사와 소망으로 마음이 흔들리지 않는다면, 아직 읽는 법을 배우지 못했거나 마음이 돌같이 굳어 있는 것이다.

물론 이제 갓 장례를 치른 시신이 많았을 테지만, 예수님은 그들 모두를 살리려고 시도하지 않으셨다. 여기에 예수님이 하시는 사역의 신비가 있다. 예수님은 하나님의 사랑과 능력을 한 작은 장소에서 명확하고 선명하게 드러내셨으며, 그 후에야 그것이 나머지 세상으로 퍼져 나가게 될 것이었다. 오늘 본문은 우리에게 이러한 문제를 아주 예리하게 제시한다.

그러나 오늘 본문의 가장 놀라운 부분은 예수님이 나사로를 살리신 것 자체가 아니다. 가장 놀라운 것은 여기서 말해지지 않은 어떤 것인데, 그것은 우리가 별개로 마주할 두 퍼즐을 하나로 이어주는 역할을 한다. 마치 고고학자가 화석과 뼈를 끼워 맞추려고 애쓰는 것처럼 말이다.

우선 본문에는 대답 없이 남아 있는 마르다의 말이 하나 있다. 우리는 흔히 마르다를 착하고 나이 든 사람으로 생각한다. 그녀는 늘 부산스럽고 걱정이 많으며, 이런 순간에도 최선을 다하려고 한다. 그래서 예수님께 "주님, 돌을 옮겨 놓다니, 안 될 말입니다! 냄새가 진동할 겁니다!"라고 말한다. 그녀는 특히 더운 기후에서는 사람이 죽은 지 사흘만 지나도 시신이 썩기 시작한다는 것을 잘 알고 있었다. 그래서 세계 많은 곳에서 사람이 죽으면 당일에 장례를 치르는 것이다.

요한은 예수님의 대답을 기록하지 않는다. 다만 에둘러 하시는 한 마디만 기록할 뿐이다. 곧 그녀가 믿으면 하나님의 영광을 보게 될 것이라는 말이다. 분명 이제 곧 예수님이 하실 일에서 하나님의 영광이 드러날 것이다. 그러나 의문은 남는다. 나사로의 시신은 어떻게 되었을까? 썩기 시작했을까?

설명되지 않은 또 다른 증거 조각은 돌을 옮겨 놓았을 때 예수님이 하신 말씀이다. 예수님은 나사로를 살릴 능력을 달라고 기도하지 않으신다. 그보다 아버지께서 자신의 말을 들으신 것에 감사하신다. 그리고 둘러선 사람들이 자신을 믿어야 한다는 것을 보여주고자 하신다는 이상하고 짧은 문장을 덧붙이신다.

두 개의 증거 조각을 어떻게 연결하고 이해해야 할까?

요한은 이에 대해 말하지 않았지만, 아마도 우리가 스스로 이해하고 추론함으로써 더 강하게 충격받길 바랐던 게 분명하다. 그것은 곧 무덤을 막은 돌을 옮겨 놓았을 때 **아무 냄새도 나지 않았다**는 것이다. 그 순간 예수님은 나사로가 죽지 않았거나 더는 죽은 상태가 아니라는 것을 아셨다. 나사로의 시신은 부패가 시작되지 않았다. 이제 필요한 것은 한 마디의 명령뿐이었다. 그 명령으로 나사로는 눈을 가린 채 뒤뚱대며 나올 테고, 온몸을 두른 천을 풀어주면 생명과 빛의 세계로 돌아올 터였다. 그러나 우리는 예수님이 어떻게 이같이 확신하게 되셨는지 궁금하다.

우리가 이를 수 있는 결론은 하나뿐이며, 그것은 매우 충격적이다. 예수님은 요단강 건너편에서 조용히 보낸 그 이틀 동안(11:6), 나사로 문제를 제자들에게 알리기도 전에 기도하고 계셨다. 나사로가 죽더라도 그의 몸이 썩지 않도록 기도하셨고, 마침내 제자들과 함께 베다니에 도착하셨을 때 무덤에 안치된 시신이 온전한 상태로 있어 다시 생명으로 불려 나올 준비가 되어 있도록 기도하셨다. 그리고 사람들이 돌을 옮겨 놓는 순간, 예수님은 자신의 기도가 이미 응답되었다는 것을 아셨다.

물론 이 이야기는 또 다른 질문을 불러일으킨다. 제자들은 예수님께 유대 지역으로 돌아가는 것은 자살 행위라고 경고했다(11:8). 도마는 어두운 표정으로 이것을 피할 수 없는 운명으로 받아들이면서 예수님과 함께 죽으러 가자고 말한다(11:16). 그런데 예수님은 사랑하는 죽은 친구를 위해, 그가 죽어 장사된 지 며칠 후에도 썩지 않고 오히려 생명으로 돌아올 준비가 되어 있게 해달라고 기도하고 계셨다. 우리는 여기서 나사로의 운명과 예수님의 운명을 연결하지 않을 수 없다. 즉, 나사로를 위해 기도하고 그를 되살리실 때, 예수님은 자신이 죽음을 향해 나아가고 있음을 아셨으며, 이후에 일어날 일들에서 아버지의 뜻이 이루어지도록 기도하고 계셨다고 생각하지 않을 수 없다.

물론 차이점도 있다. 나사로는 다시 평범한 인간의 생명으로 되돌아왔다. 그에게는 죽음의 과정이 되돌려진 것일 뿐이다. 나사로는 다시 병들 수 있었고, 언젠가 다시 죽을 것이다(12장 10절이 말하듯이, 어떤 사람들은 나사로의 죽음을 앞당기려 했다.) 그러나 예수님이 가실 여정은 죽음의 터널을 **통과해** 새로운 종류의 생명으로 나오는 것이었다.

잠시 멈춰 하나님의 능력만이 아니라 예수님의 믿음과 기도에 관해 생각해 보자. 우리는 삶의 두세 가지 영역에서 오늘 본문의 것과 똑같은 종류의 퍼즐 조각을, 서로 연결해야 하지만 방법을 도무지 알 수 없는 퍼즐 조작을 마주하기 일쑤다. 이 이야기에서 모든 퍼즐 조각을 푸는 말해지지 않은 열쇠는 바로 기도와 믿음이었다는 사실을 기억해야 한다. 예수님에게 기도하고 기다리는 시간이 필요하셨다면, 우리에겐 그런 시간이 더더욱 필요하지 않겠는가?

- 죽은 나사로가 되살아나는 극적인 장면을 떠올려 보라. 이 사건을 접할 때, 당신의 내면에서는 어떤 감정이 일어나는가? 이 순간에 두려움과 기쁨이 혼재하는데, 이는 우리 삶과 신앙의 복잡함을 어떻게 반영하는가?

- 오늘 본문에서 믿음이 어떤 역할을 하는지 생각해 보라. 예수님이 나사로를 살리시기 전에 기도하며 조용히 이틀을 보내셨다는 것과 자신의 죽음이 임박했음을 아셨다는 것을 생각해 보라. 당신이 마주하는 퍼즐 조각들과 복잡한 문제를 헤쳐 나가는데 기도가 어떻게 도움이 되는가?

서로 사랑하라

(요한복음 13:31-38)

³¹그가 나간 후에 예수께서 이르시되 지금 인자가 영광을 받았고 하나님도 인자로 말미암아 영광을 받으셨도다 ³²만일 하나님이 그로 말미암아 영광을 받으셨으면 하나님도 자기로 말미암아 그에게 영광을 주시리니 곧 주시리라 ³³작은 자들아 내가 아직 잠시 너희와 함께 있겠노라 너희가 나를 찾을 것이나 일찍이 내가 유대인들에게 너희는 내가 가는 곳에 올 수 없다고 말한 것과 같이 지금 너희에게도 이르노라 ³⁴새 계명을 너희에게 주노니 서로 사랑하라 내가 너희를 사랑한 것 같이 너희도 서로 사랑하라 ³⁵너희가 서로 사랑하면 이로써 모든 사람이 너희가 내 제자인 줄 알리라 ³⁶시몬 베드로가 이르되 주여 어디로 가시나이까 예수께서 대답하시되 내가 가는 곳에 네가 지금은 따라올 수 없으나 후에는 따라오리라 ³⁷베드로가 이르되 주여 내가 지금은 어찌하여 따라갈 수 없나이까 주를 위하여 내 목숨을 버리겠나이다 ³⁸예수께서 대답하시되 네가 나를 위하여 네 목숨을 버리겠느냐 내가 진실로 진실로 네게 이르노니 닭 울기 전에 네가 세 번 나를 부인하리라

여기서 흔히 '고별 강화'로 불리는 부분(요13-17장)이 시작된다. 제자들이 이따금 질문을 던지긴 하지만, 여기서부터 16장 끝까지 예수님은 제자들에게 자신이 '떠나간다'는 사실과 그들이 아직은 자

신을 따라올 수 없다는 사실을 설명하신다.

고별 강화는 신약성경에서 당연히 가장 귀중하고 친밀한 부분으로 여겨져 왔다. 그도 그럴 것이 이 장들은 위로와 도전과 소망으로 가득 차 있고, 예수님이 제자들 한 사람 한 사람과 맺길 원하시는 깊고도 신비한 인격적 관계들로 넘쳐난다. 그러니 이 장들에 아주 풍성한 신학적 통찰과, 참 하나님이 누구시며 그분이 세상과 우리 안에서 무엇을 하시는지 발견하게 되는 깨달음으로 가득하다는 사실은 놀라운 일이 아니다. 참 헌신이 있는 곳에 풍성한 신학이 있을 때가 많고, 풍성한 신학이 있는 곳에 참 헌신이 있을 때가 많다. 얕은 생각과 얕은 사랑은 흔히 붙어 다닌다.

예수님이 인자가 '영광을 받는다'고 말씀하신 것은 이번이 고작 두 번째다(첫 번째는 12:23). 이전까지 예수님은 하나님이 영광을 받으신다고 말씀하셨고, 또 '인자'가 '들림'을 받을 것이라고 말씀하셨다. 그런데 이제 이 둘을 연결하신다. 다니엘 7장에서처럼, "인자 같은 이"가 높임을 받으며 구름을 타고 와서 "옛적부터 항상 계신 이"에게 나아간다. 이 장면 전체가 하나님이 영광을 받으시는 순간이다. 하나님에게 저항하며 그분을 예배하는 자들을 짓밟아 온 세상의 어두운 세력에 맞서 참 하나님이 누구신지가 분명하게 드러나게 될 것이다. 이러한 흥분을 31-32절에서 느낄 수 있다. 영광, 영광, 영광, 영광! 예수님은 영광으로 압도되신다. 장차 하나님의 영광을 드러낼 사건들을 바라보시며, 절정을 향해 달려가고 하나님께 영광을 돌리는 자신의 사명에 온통 휩싸이신다.

예수님은 또한 제자들을 남겨두고 떠나야 한다는 사실에 대해서도 온 신경을 집중하신다. 제자들과 함께한 시간이 길지 않았는데, 이제 그들을 떠나야 한다. 아마 대부분의 선생이 이러한 순간을 차분히 맞이하기 힘들 것이다. 제자들은 그들의 놀라운 스승이 지금껏 그들 가운데서 행하신 일을 거의 배우지 못했다. 이해한 것이 거의 없었으며, 제대로 파악하지도 못했다. 그런 그들이 예수님 없이 어떻게 세상에서 대처해 갈 수 있겠는가?

이어지는 세 장에서 이 질문에 대한 답이 나온다. 예수님은 제자들에게 엄숙히 약속하실 것이다. 곧 자신이 떠나면, 성령께서 오셔서 제자들을 자신이 그러했듯이 계속해서 인도하실 거라는 약속이다. 그러나 이 약속을 하시기 전에 예수님은 제자들에게 다른 것을 말씀하신다. 가장 단순하면서도 가장 분명하며, 가장 어려운 명령이다. "서로 사랑하라!"

예수님은 이것을 '새 계명'이라고 표현하신다. 물론 구약성경 곳곳에서도 사랑은 중심에 자리한다. 예를 들어, 레위기는 이스라엘 백성에게 이웃을 자신처럼 사랑하라고 명령한다(19:18). 그러나 예수님이 말씀하신 새로움은 그것이 이전에 전혀 들어본 적이 없다는 데 있지 않다. 그보다는 이 사랑의 방식, 곧 이 사랑의 깊이와 형태에 관한 문제다. 다시 말해, **내가 너희를 사랑한 것같이** 너희도 서로 사랑하라는 것이다.

이것이야말로 세상이 지켜보는 앞에서 그리스도인 공동체가 지닌 확실한 증표여야 한다. 그런 점에서 우리는 35절을 읽으면서 그리스도인이라 자처했던 사람들이 오랜 세월 서로를 어떻게 대해왔는지를 떠올리며 부끄러움에 고개를 들 수 없어야 한다. 우리는 복음을 우리 각자의 다양한 문화적 무기로 바꾸어 그것으로 서로의 머리를 내리쳤고, 심지어 서로를 화형에 처했다. 우리가 '서로'라는 말을 아주 좁게 정의했기에, 서로 사랑하라는 계명이 "너의 정체성을 강화해 주는 사람들만 사랑하라"는 뜻이 되어 버렸다.

대화의 주제가 바뀌었는데도 원래 묻고 싶었던 질문으로 다시 돌아가는 아이처럼, 34절과 35절에 가장 아름답고 도전적인 말씀이 있는데도 베드로는 예수님이 33절에서 하신 말씀으로 다시 돌아간다. 결국 다시 한번 베드로와 예수님 사이에 주고받듯 대화가 오가는데, 베드로는 여기서 허세를 부리며 생각나는 대로 내뱉는다. 하지만 이번에는 대화가 갑자기 벽에 부딪혀 멈춰 선다. 베드로는 자신이 무슨 말을 하는지 알지 못한다. "주님, 어디로 가십니까? 주님을 따르겠습니다! 주님을 따르고 **싶습니다**! 주님을 위해 제 생명을 바치겠습니다."

이에 예수님이 답하신다. "베드로야, 정말 그러겠느냐?" 이렇게 말씀하시는 예수님의 얼굴에서 부드러우면서도 슬픈 미소를 볼 수 있다. "**네가** 정말로 **나를** 위해 **네** 생명을 바칠 것 같으냐? 베드로야, 이런 말 하기는 싫지만, **너는** 사뭇 다른 일을 할 거란다…."

우리가 베드로를 사랑하는 것은 그가 우리와 매우 닮았기 때문이다. 우리가 예수님을 사랑하는 것은 슬픔과 도전과 영광이 눈앞에 닥친 그 순간에도 베드로에게 더 없는 인자와 사랑을 베푸시기 때문이다.

- 예수님이 제자들을 사랑하신 것처럼 우리가 다른 사람들을 사랑해야 한다는 것은 무엇을 뜻하는가? 그리스도인들이 서로 사랑하는 데 실패했던 사례들을 생각해 보고, 오늘날 교회 안에서 참되고 포용적인 사랑을 더욱 키울 수 있는 방법을 탐구해 보라.

- 베드로의 열정과 허세에서 인간의 성향이 어떻게 드러나는가? 당신이 약속을 지키지 못했는데도 예수님이 당신의 불완전함에 인자와 사랑으로 반응하셨던 때를 떠올려보라. 이러한 소통 안에서 무엇을 배울 수 있으며, 그것을 통해 어떻게 믿음과 제자도에서 성장할 수 있겠는가?

순종과 사랑

(요한복음 15:9-17)

9아버지께서 나를 사랑하신 것 같이 나도 너희를 사랑하였으니 나의 사랑 안에 거하라 10내가 아버지의 계명을 지켜 그의 사랑 안에 거하는 것 같이 너희도 내 계명을 지키면 내 사랑 안에 거하리라 11내가 이것을 너희에게 이름은 내 기쁨이 너희 안에 있어 너희 기쁨을 충만하게 하려 함이라 12내 계명은 곧 내가 너희를 사랑한 것 같이 너희도 서로 사랑하라 하는 이것이니라 13사람이 친구를 위하여 자기 목숨을 버리면 이보다 더 큰 사랑이 없나니 14너희는 내가 명하는 대로 행하면 곧 나의 친구라 15이제부터는 너희를 종이라 하지 아니하리니 종은 주인이 하는 것을 알지 못함이라 너희를 친구라 하였노니 내가 내 아버지께 들은 것을 다 너희에게 알게 하였음이라 16너희가 나를 택한 것이 아니요 내가 너희를 택하여 세웠나니 이는 너희로 가서 열매를 맺게 하고 또 너희 열매가 항상 있게 하여 내 이름으로 아버지께 무엇을 구하든지 다 받게 하려 함이라 17내가 이것을 너희에게 명함은 너희로 서로 사랑하게 하려 함이라

천진난만한 아이가 혼자 부엌에 들어가 스위치를 마구 누르다가 집에 불을 내는 것처럼, 어떤 성경 본문들은 문맥에서 분리되어 원래 말하거나 기록한 사람이 경악할 방식으로 사용되어 오곤 했다. 오늘 본문이 바로 그런 역사를 가진 본문이다.

예수님은 "사람이 친구를 위하여 자기 목숨을 버리면 이보다 더 큰 사랑이 없나니"라고 말씀하셨다(13절). 이것은 분명 진리다. 그 야말로 눈부시게 아름다운 진리다. 실제로 예수님은 이 말씀의 가장 극적인 본보기로서 처형장을 향해 가고 계셨다(10:11과 13:1을 보라). 예수님은 친구를 위해 목숨을 버리는 것이 가장 큰 사랑이라고 말씀하시고서 곧이어 "물론 너희는 내 친구들이다"라고 말씀하실 때(14절), 분명 십자가를 염두에 두고 계셨음이 틀림없다. 그러나 제1차 세계 대전 때(1914-1918), 설교와 강연에서 이 본문이 자주 사용되었으며 심지어 노래로도 만들어져 대형 합창단들이 불렀는데, 그때 그 의미는 단 하나였다. 그러므로 **너희** 젊은이들은(대부분 젊은이였다) 전선에 나가 명령대로 행하고 필요하면 조국을 위해 죽어야 한다는 것이었다.

실제로 수만 명의 젊은이가 그렇게 했다. 나는, 진심으로 그리고 경건하게 자신의 의무를 수행하고 있다고 생각하는 사람들의 자기 희생과 헌신을 하나님이 귀하게 여기신다고 믿는다. 그러나 또한 나는, 이와 같은 본문을 편리한 수사학적 속임수로 사용해 사람들을 도덕적으로 압박하는 자들을 하나님이 심판하신다고도 믿는다. 사실 그들에게 필요했던 것은 다른 사람이 아니라 자기 자신에게 다음과 같은 질문으로 도덕적 압박을 가하는 것이었다. 우리는 도대체 이 전쟁을 왜 하고 있는가? 전쟁을 해야만 한다면, 이것이 정말로 최선의 싸움 방식인가 이러한 '희생'이('희생'은 또 하나의 편리한 '종교' 용어다. 사람들은 '궁극적 희생'이라고 말하지만, 성경이 인간 희생을 거듭 정죄한다는 사실은 잊어버린다) 전쟁에서 이기는 최선의 방법이자, 전쟁이 끝난 후

재건이 필요한 세상을 준비하는 최선의 방법인가?

'우리' 편과 하나님의 편을 쉽게 동일시하는 것은 4세기에 기독교가 로마의 공식 종교가 되면서부터 큰 문제가 되었다. 역설적이게도 서구 유럽이 신앙의 실천 면에서 점점 기독교와 더 멀어져 왔는데도, 오히려 지도자들은 이러한 동일시를 점점 더 강화해 온 것 같다. 그 결과 이미 말했듯이, 20세기의 두 차례 세계 대전 때, 양 진영 모두가 승리를 위해 기도하는 군목들을 두고 있었다.

이러한 모습은 전쟁이 아니라 사랑을 말하는 오늘 본문과 어울리지 않는다. 물론 위험과 악이 가득한 세상에서, 마치 (전쟁과 같은) 어려운 결정을 내려야 할 일이 전혀 없는 것처럼 행동해서는 안 된다. 그러나 세상에 존재하는 가장 큰 위험이자 악 가운데 하나는 싸움은 좋은 것이며 전쟁은 분쟁을 해결하는 유용한 방식이라는, 좀 더 거칠게 말하자면, 힘이 곧 정의라는 매우 일반적인 믿음이다. 인류 문명이 정의를 증진하는 데 어려움을 겪어 온 한 가지 이유는 상황이 그렇게 단순하지 않다는 것을 깨달았기 때문이다. 정의는 가장 잘 구현될 때조차 단지 소극적 기능만을 할 뿐이다. 즉, 장애물을 제거함으로써 사람들이 서로 사랑하도록 세상을 열어주는 것이다.

사랑을 법으로 강제할 수는 없다. 그러나 하나님은 예수님을 통해 우리에게 사랑하라 명하실 수 있다. 법이 할 수 없는 일이 있고, 하나님만이 하실 수 있으며, 실제로 하시는 일이 있다. 이 둘 사이의 차이를 발견하는 것은 인간이 되는 것에서나 그리스도인이 되는 것에서 꼭 필요한 위대한 삶의 기술 중 하나다. 오늘 본문은 이 모든 것의 비밀을 알게 해준다.

사랑하라는 '계명'은 사랑이 할 수 있는 모든 것을 몸소 행하신 분에 의해 주어진 것이다. 어머니가 자녀를 사랑할 때, 자녀가 그 사랑에 반응해 어머니를 자유롭게 사랑할 수 있는 환경이 조성된다. 통치자가 백성을 진정으로 사랑하고, 그 사랑이 자비롭고 따뜻한 마음의 행동으로 분명하게 나타날 때, 백성이 그 사랑에 반응해 통치자를 사랑할 수 있고, 또 실제로 사랑하는 환경이 조성된다. 이에 관한 패러디가 조지 오웰의 유명한 소설, 『1984』에서 놀랄 만큼 분명하게 드러난다. 그 소설에서 전체주의 통치자 '빅 브라더'는 백성을 억압하고 공포에 떨게 하는 일만 하면서도 자신을 사랑하라고 명령한다. 그리고 초기에는 저항하던 백성마저 세뇌가 된 뒤에는 그 명령이 실제로 효과를 발휘하는 참담한 절정에 이른다. 소설 말미에서 주인공은 어떤 의미에서는 행복해 보인다. "그는 빅 브라더를 사랑했다." 독자는 이 순간 주인공이 참 인간이길 멈췄다는 것을 알게 된다.

하지만 예수님은 우리에게 서로 사랑하며, 그분의 사랑 안에 거하라고 명하신다. 사랑이 할 수 있는 가장 큰 일을 예수님이 직접 행하셨고, 또 실제로 행하실 것이기 때문이다. 예수님은 우리를 덜 사람답게 하기 위해서가 아니라 더 사람답게 하기 위해 오셨다. 우리에게 노예 상태나 반쪽짜리 인간의 흐리멍덩함이 아니라, 자유와 기쁨을 주기 위해 오셨다(11절). 예수님은 우리가 지속될 열매를 맺도록 하기 위해 오셨다(16절). 그 열매는 예수님이 우리를 사랑하셨듯이, 우리가 누군가를 사랑함으로 말미암아 한 생명이 변화되는 것일 수도 있고, 혹은 우리가 내려야 했던 단 한 번의 결정이나 수행해야 했던 단 하나의 일이 될 수도 있다. 그것들을 통해, 비록 그 순간에는 볼 수 없을지 몰라도, 세상은 점점 다른 곳이 되어 간다. 사랑은 사랑하는 사람과 사랑받는 사람 모두를 참으로 더 사람답게 만든다.

이 모든 것의 중심에는 주권자가 누구인지를 아는 데서 오는 겸손함이 있다. "너희가 나를 택한 것이 아니요 내가 너희를 택하여 세웠나니"(16절). 언젠가 나는 라디오 방송 중에 종교를 선택할 수 있다면 어느 종교를 선택하겠느냐는 질문을 받은 적이 있다. 그때 나는 '종교를 선택한다'는 생각 자체가 애초에 잘못되었다고 지적했다. 종교는 슈퍼마켓에 진열되어 선택할 수 있는 상품이 아니다. 비록 오늘날 많은 사람이 그런 방식으로 살아가려고 하지만 말이다. 혹은 만약 종교가 선택 가능한 상품이라면, 예수님을 따르는 일은 그런 '종교'가 아니라고 말해야 한다. 예수님을 따르는 일은 상상할 수 없을 정도로 우리를 사랑하신 분을 향한 사랑과 충성에 기초한 인격적 관계다. 이 사랑과 충성을 가늠하는 시험대는 여전히 단순하면서도 심오하며, 위험하고도 어려운 명령이다. 곧, **서로 사랑하라**는 것이다.

- 위험과 악으로 가득한 세상의 현실 속에서 그리스도인들은 사랑에 관한 예수님의 가르침을 어떻게 적용할 수 있겠는가? 폭력보다 사랑과 연민에 우선순위를 두면서 갈등을 해소하고 정의를 추구하는 방식에 관해 생각해 보라.

- 종교를 선택한다는 것과 사랑과 충성에 기초해 예수님과 인격적 관계를 맺는다는 것 사이에는 어떤 차이가 있는가? 이러한 이해는 현대 사회에 만연한 종교를 대하는 소비주의적 방식에 어떤 도전을 주는가?

원수들 가운데 계신 예수님

원수 사랑

<누가복음 6:27-36>

²⁷그러나 너희 듣는 자에게 내가 이르노니 너희 원수를 사랑하며 너희를 미워하는 자를 선대하며 ²⁸너희를 저주하는 자를 위하여 축복하며 너희를 모욕하는 자를 위하여 기도하라 ²⁹너의 이 뺨을 치는 자에게 저 뺨도 돌려대며 네 겉옷을 빼앗는 자에게 속옷도 거절하지 말라 ³⁰네게 구하는 자에게 주며 네 것을 가져가는 자에게 다시 달라 하지 말며 ³¹남에게 대접을 받고자 하는 대로 너희도 남을 대접하라 ³²너희가 만일 너희를 사랑하는 자만을 사랑하면 칭찬 받을 것이 무엇이냐 죄인들도 사랑하는 자는 사랑하느니라 ³³너희가 만일 선대하는 자만을 선대하면 칭찬 받을 것이 무엇이냐 죄인들도 이렇게 하느니라 ³⁴너희가 받기를 바라고 사람들에게 꾸어 주면 칭찬 받을 것이 무엇이냐 죄인들도 그만큼 받고자 하여 죄인에게 꾸어 주느니라 ³⁵오직 너희는 원수를 사랑하고 선대하며 아무 것도 바라지 말고 꾸어 주라 그리하면 너희 상이 클 것이요 또 지극히 높으신 이의 아들이 되리니 그는 은혜를 모르는 자와 악한 자에게도 인자하시니라 ³⁶너희 아버지의 자비로우심 같이 너희도 자비로운 자가 되라

현대에 예수님에 관해 글을 쓴 유대인 학자들 가운데 가장 위대한 인물 중 하나는 예루살렘 히브리 대학교에서 오랫동안 가르친 데이비드 플루서(David Flusser, 1919-2000)다. 그러나 모든 사람이 그

의 학문을 인정한 것은 아니었다. 언젠가 플루서의 가장 뛰어난 제자 하나가 다른 대학에서 어느 교수에게 수업을 들었는데, 단지 플루서 교수의 제자라는 이유만으로 낮은 학점을 받았다고 한다. 얼마 후, 이번에는 그 교수의 제자 하나가 플루서에게 와서 수업을 들었다. 그가 제출한 과제물은 그리 뛰어나지 않았지만, 플루서는 그에게 'A' 학점을 주려고 했다. 이에 조교가 항의했다. 그 교수가 한 짓이 있는데, 어떻게 그럴 수 있느냐는 것이었다. 플루서는 고집을 굽히지 않았다. "그에게 A 학점을 주게. 이게 내가 예수님에게 배운 걸세."

예수님이 전파하고 몸소 살아내신 하나님 나라의 핵심은 영광스러우면서도 산만할 정도로 활기차며, 그리고 터무니없이 관대하다는 것이었다. 당신이 가장 나쁜 사람을 위해 할 수 있는 가장 좋은 일을 생각해 보고, 그대로 행하라. 누군가 당신에게 해주었으면 하고 진심으로 바라는 것을 생각해 보고, 그들에게 그대로 행하라. 당신이 고약하게 대하고 싶은 사람들을 생각해 보고, 그 대신 그들에게 아낌없이 관용을 베풀라. 이러한 명령들은 신선한 봄과 같은 느낌을 준다. 콘크리트를 뚫고 올라와 아름다운 색깔과 생명력으로 모두를 놀라게 하는 꽃처럼, 이 명령들은 모두 왕성하게 움트는 새로운 생명을 떠올리게 한다.

그러나 이 명령들이 실현 가능할까? 글쎄, 그렇기도 하고 아니기도 하다. 예수님의 요점은 제자들에게 새로운 규범집, 곧 하나씩 체크하며 지워나갈 수 있는, 그래서 하루를 도덕적으로 잘 살아낸 후에 만족감을 느끼는 '하라'와 '하지 말라'의 목록을 제시하는 게 아니다. 그보다는 세상에서 우리에게 어떤 일이 닥치든 그것에 직면할 수 있는 마음의 태도와 영혼의 가벼움(lightness of spirit)을 가르치며 몸소 보여주는 것이다. 그리고 그 중심에는 모든 것에 동기를 부여하고 색채를 입히는 한 가지가 있다. 그것은 곧 우리가 이와 같아야 하는 이유는 **하나님이 그러한 분이시기 때문**이라는 것이다. 하나님은 모든 사람에게 후하시되, (인색한 자들이 보기에) 지나칠 만큼 후하시다. 다시 말해, 하나님은 모든 좋은 것을 모든 사람에게, 자격 있는 자들뿐만 아니라 자격 없는 자들에게까지 주어 누리게 하신다. 하나님은 놀랍도록 자비로우시다(자신의 마음을 정확히 알고 하나님의 은혜와 사랑을 여전히 경험하는 사람이라면, 누구라도 이를 인정할 것이다). 하물며 용서받은 하나님의 자녀인 우리가 어떻게 그보다 못할 수 있겠는가? 자신이 상대하는 하나님이 이런 분이심을 깨닫는 자만이 그나마 이런 삶의 방식을 자신의 것으로 삼을 수 있을 것이다.

사실 이 명령들 모두는 하나같이 우리가 어떤 하나님을 믿느냐에 관한 것이고, 또한 그 결과로 따라오는 삶의 방식에 관한 것이다. 부끄럽지만 우리가 인정해야만 하는 것이 하나 있다. 그것은 지금까지 기독교의 많은 진영들이 예수님이 말씀하신 하나님을 거의 모르거나, 아니면 전혀 몰랐던 것처럼 보인다는 것이다. 그들 대다수가 예수님의 이름을 내세웠지만, 정작 그들이 믿은 하나님은 우울한 하나님, 인색한 하나님, 삶을 어렵게 하고 구원을 거의 불가능하게 하는 데만 관심을 쏟는 하나님이었던 것처럼 보인다. 그러나 동시에 오늘 본문은 모든 종교는 사실상 똑같고 모든 신은 사실상 같은 주제의 변형일 뿐이라는 옛 관념(이는 예수님 시대에만이 아니라 우리

시대에도 있다) 역시 거짓임을 분명하게 드러낸다. 오늘 본문의 하나님은 다르시다. 만약 모두가 이 하나님을 믿는 사회라면, 거기엔 어떤 폭력도 없을 것이다. 어떤 복수도 없을 것이다. 어떤 계급의 구분이나 카스트 제도 같은 것도 없을 것이다. 재산과 소유를 얻는 것보다 이웃이 잘 지내게 되는 것이 훨씬 중요할 것이다. 주변의 몇몇 사람만이라도 예수님의 말씀을 진지하게 받아들이고 그 말씀대로 살면 어떻게 될지 상상해 보라. 삶이 활기차고, 색다르며, 경이로울 것이다. 사람들이 주목할 것이다.

물론 예수님이 직접 그렇게 행하셨을 때, 사람들은 그분을 주목했다. 무리가 모여든 것은 능력이 예수님에게서 흘러나오고 병자들이 나음을 받았기 때문이다. 예수님의 삶 전체가 자신이 가진 모든 것을 누구든 필요한 사람에게 아낌없이 내어주는 넘치도록 관대한 삶이었다. 예수님은 자신이 아는 것에 관해 말씀하셨다. 그것은 아버지의 한량없는 사랑과 그 사랑에 응답해 아낌없이 내어주는 삶을 살라는 것이었다. 그리고 마침내 사람들이 그분의 뺨을 때리고 겉옷과 속옷을 찢어 벗길 때조차, 예수님은 변함없이 사랑하고 용서하셨다. 예수님은 친구들에게만 사랑을 베푸신 것이 아니라, 평화를 향한 자신의 호소를 거부한 성읍을 바라보며 눈물을 흘리시고, 원수들에게까지 사랑을 베푸셨다. 예수님은 자신이 말씀하신 하나님을 가장 잘 드러낸 사람이었다.

- 예수님의 하나님에 대한 인식과 역사에서 기독교의 일부 진영이 가졌던 하나님에 대한 인식이 어떻게 대비되는지 생각해 보라. 하나님의 관대하심과 자비를 반영하는 마음의 태도와 영혼의 가벼움을 어떻게 기를 수 있겠는가?

- 어렵게 느껴지거나 사회적 규범과 충돌하는 것처럼 보일 때라도, 당신이 다른 사람들에게 사랑과 용서와 관대함을 베풀 수 있는 구체적이고 실제적인 방법은 무엇인가?

안식일에 관한 가르침

(마가복음 2:23-28)

23안식일에 예수께서 밀밭 사이로 지나가실 새 그의 제자들이 길을 열며 이삭을 자르니 24바리새인들이 예수께 말하되 보시오 저들이 어찌하여 안식일에 하지 못할 일을 하나이까 25예수께서 이르시되 다윗이 자기와 및 함께 한 자들이 먹을 것이 없어 시장할 때에 한 일을 읽지 못하였느냐 26그가 아비아달 대제사장 때에 하나님의 전에 들어가서 제사장 외에는 먹어서는 안 되는 진설병을 먹고 함께 한 자들에게도 주지 아니하였느냐 27또 이르시되 안식일이 사람을 위하여 있는 것이요 사람이 안식일을 위하여 있는 것이 아니니 28이러므로 인자는 안식일에도 주인이니라

20세기는 비밀경찰 활동이 대단히 활발한 시대였다. 소련의 KGB와 동독의 슈타지(Stasi)는 공산주의 시대에 그야말로 살아 있는 전설이었다. 중남미 여러 나라와 아시아의 일부 지역에서는 일반 시민들이 으레 두려워할 만한 비밀경찰 조직이 여전히 활개치고 있다.

바리새인들이 예수님과 그분의 제자들을 염탐하는 장면에서, 이러한 그림이 자연스럽게 떠오른다. 그러나 사실 이 그림은 오해의 여지가 많다. 예수님 당시는 물론이고 그 어느 시대나 그 어떤

의미에서든 바리새인들은 정식 비밀경찰 조직이 아니었다. 그들은 예수님 당시에는 이미 200년 가까이 종교적·정치적 압력 집단으로 활동해 온 비공식 파당이었다. (현대 서구 민주주의 국가에 있는 대다수 정당은 적어도 현재의 형태로 보면 역사가 이보다 훨씬 짧다.) 바리새인들은 전적으로 자생적인 조직이었으며, 법을 제정하거나 집행할 권한이 전혀 없었다. 하지만 그들은 이스라엘 조상의 법과 전통에 대한 전문성을 인정 받아 일반 백성들에게 상당한 영향력을 행사했다.

바리새인들이 비밀경찰이 아니었다면, 대체 어떤 사람들이었을까? 일부는 지혜롭고 경건하며 거룩한 사람들이었다. 하지만 일부는 캐기 좋아하는 우리 시대의 기자들처럼 행동했고, 공공 도덕의 수호자를 자처했으며, 주목받는 인물들을 염탐했다. 본문에서 벌어지는 상황이 이런 모습인 것 같다. 만일 안식일에 밀밭 사이로 지나가는 사람이 평범한 사람들이었다면, 바리새인들이 굳이 주시하지는 않았을 것이다. 그러나 예수님과 제자들은 평범한 사람들이 아니었다. 예수님이 행하시던 일들과 그분이 암묵적으로 내비치던 주장들 때문에, 그들은 이미 세간에 주목받는 사람들이었다. 바리새인들은 그들을 지켜보면서 충실한 유대인인지 아닌지 확인해야 했다. 현대 민주국가에서 공직에 출마할 것 같은 기미만 보여도 기자들이 갑자기 그의 사생활에 관심을 보이고, 그에게서 어떤 흠이라도 찾아내려 할 것이다. 마찬가지로 예수님도 명성이 올라가면서 비슷한 주목을 받게 되었다.

물론 안식일 준수는 십계명 가운데 하나였고, 선지자들과 이후 유대교의 가르침을 통해 강화되었다. 그것은 오랜 세월 유대인을 주변 이교도와 구별하는 표식이었고, 그들이 하나님의 백성임을 일깨우는 상기물이었다. 단순히 공로를 쌓거나 하나님의 호의를 얻어내려고 지키는 유별난 도덕 계명이 아니었다. 그보다는 유대인들이 참 하나님이자 세상의 창조자요, 일곱째 날에 안식하신 분에게 속했다는 표시였다. 오늘날 예루살렘 몇몇 지역에서, 바리새인들의 후예를 자처하는 사람들이 그 지역 주민들이 안식일을 제대로 지키는지 꼼꼼히 감시하는 것처럼, 예수님 당시에도 일부 바리새인들은 적어도 지도자가 될 법한 인물이나 새로운 운동에 대해 점검하는 역할을 했다.

예수님의 대답은 조금 짓궂은 면이 있지만, 그 안에는 강력한 일격이 담겨 있다. 예수님은 제자들이 전통적인 안식일 준수에서 벗어났다는 사실을 부정하지 않지만, 특별한 상황과 성경의 선례를 들어 그들의 행동을 옹호하신다. 예수님은 자신을 사무엘에게 기름 부음을 받았으나 (사울이 여전히 왕이었기 때문에) 아직 왕위에 오르지 못한 채 도망 다니며 지지자를 모으고 때를 기다리던 다윗과 같은 위치에 두신다. 이는 꽤 의미심장한 주장이다. 곧 예수님이 (아마도 세례를 받으실 때) 하나님께 지명을 받았지만 아직 인정받고 왕위에 오르지는 못한 참된 왕이시라는 뜻이다. 그러므로 예수님과 제자들은 배고플 때 일반적 규정을 넘어설 권리가 있다. 다시 말해, 이런 식으로 안식일을 위반한 것은 우발적이거나 임의적인 시민 불복종이 아니라, 금식 거부와 같은 의도적인 표식이다. 왕이 여기 계시고, 그분의 나라가 침노하고 있으며, 옛 창조가 안식의 때를 기다리는 대신 새 창조가 이미 옛 세상에 들이닥치고 있다는 표식이다.

이 모든 내용이 마지막에 하나의 수수께끼 같은 말씀으로 요약되는데, 아마 예수님의 청중도 이 말씀에 오늘 우리만큼이나 어리둥절했을 것이다. 그것은 안식일에 관한 언급이자, 예수님의 권세에 관한 언급이다. 마가복음에서 '인자'라는 표현이 등장하는 것은 이번이 두 번째인데, 본문의 상황은 이 표현에 담길 수 있을 특별한 의미, 곧 1세기 유대인들이 다니엘 7장에서 발견한 메시아적 인물을 강화하는 것으로 보인다. 그가 와서 왕위에 오른다는 것은 하나님 나라가 시작되었다는 신호다. 예수님의 말씀은 모든 사람이 '안식일의 주인'이란 뜻이 아니라, 메시아이자 진정한 인간의 대표자가 인간을 억압할 수도 있는 제도들을 주관할 권세를 가지고 있다는 뜻이다.

예수님의 행동과 이에 관한 그의 설명은 자신이 메시아라는 은밀한 주장이었다. 곧 예수님 안에서 새로운 날이 밝아오고 있으며, 하나님이 이스라엘에게 주신 율법까지도 그 새로운 빛 아래서 다시 보게 될 것이라는 주장이었다. 하물며 평범한 사회의 제도나 지역의 관습들은 사람됨을 회복하는 인자의 통치에 의해 더욱 더 재평가되어야 하지 않겠는가!

- 예수님 당시 바리새인들의 특성과 역할이 무엇이었는지 살펴보라. 그들은 다른 사람들의 행동에 어떤 식으로 영향을 행사하며, 또 감시했는가? 그들의 행동과 우리 시대의 공적 인물들에 대한 도덕적 감시나 뒷조사 사이에는 어떤 유사점이 있는가?

- 바리새인들은 왜 이런 방식으로 예수님에게 맞섰는가? 예수님의 대답에서 볼 때, 예수님은 자신의 정체성과 권세에 대해 어떻게 이해하고 있었는가?

손 마른 사람을 고치심

(마가복음 3:1-6)

1예수께서 다시 회당에 들어가시니 한쪽 손 마른 사람이 거기 있는지라 2사람들이 예수를 고발하려 하여 안식일에 그 사람을 고치시는가 주시하고 있거늘 3예수께서 손 마른 사람에게 이르시되 한 가운데에 일어서라 하시고 4그들에게 이르시되 안식일에 선을 행하는 것과 악을 행하는 것, 생명을 구하는 것과 죽이는 것, 어느 것이 옳으냐 하시니 그들이 잠잠하거늘 5그들의 마음이 완악함을 탄식하사 노하심으로 그들을 둘러보시고 그 사람에게 이르시되 네 손을 내밀라 하시니 내밀매 그 손이 회복되었더라 6바리새인들이 나가서 곧 헤롯당과 함께 어떻게 하여 예수를 죽일까 의논하니라

내가 어릴 때 사람들의 삶이 어떠했는지 기억하기란 쉽지 않다. 하물며 오늘날 젊은이들이 50년 전에 자기 나라 사람들이 어떻게 살았는지 상상하는 것은 훨씬 더 어려운 일이다. 거의 모든 곳이 급격하게 변했기 때문이다. 영국의 경우, 특히 두드러진 변화가 하나 있다. 내가 어릴 때는 사람들이 모두 일요일을 매우 특별한 날로 지켰다. 불과 몇십 년 전만 해도 영국의 평범한 마을에서 일요일에 문을 연 가게는 찾아볼 수 없었다. 프로 스포츠 경기도 없었다. 축구도 없었고, 경주도 없었다. 모든 것이 아주, 아주 조용했다. 지금과

는 전혀 달랐다.

당시의 한 만화가 이런 태도와 그로 인한 문제를 단적으로 요약해서 보여준다. 이웃들이 뭐라고 수군댈까 봐 걱정하며 불안한 표정으로 아빠가 어린 딸에게 말한다. "일요일에는 거리에서 굴렁쇠를 굴리며 놀지 말고 뒷마당에 가서 놀아라." 그러자 딸이 아빠에게 묻는다. "뒷마당은 일요일이 아닌가요?"

물론 아이러니하게도 예수님은 안식일 준수 문제를 마주할 때마다 정반대 방향으로 움직이신다. 그야말로 놀랄 만큼 자유로운 노선을 취하시는 것처럼 보인다. 이는 주일을 엄격하게 지켜야 한다고 주장하는 자들에게 문제가 되어 왔다. 오랜 세월 그들은 한 주의 일곱째 날(토요일)을 지키라는 유대교의 계명을 자연스럽게 첫째 날(주일)을 지키는 것으로 바꾸었다. 그러나 실제로 신약성경은 그런 식의 변경을 명시한 바가 없다(초기 그리스도인들이 한 주의 첫날, 곧 예수님의 부활을 축하하는 날에 모여 예배한 것은 분명하지만 말이다). 오늘날 대다수 서구 그리스도인들은 솔직히 이 문제에 대해 혼란스러워한다. 누구나 알듯이, 안식일을 지켰던 옛날 방식은 사회 현상으로서는 이미 완전히 사라졌다. 대다수 사람들이 한 주에 하루 쉬는 것이 건강한 삶에 꼭 필요하다고 믿고 있지만, 그렇더라도 그것을 어떻게 성취하는 것이 가장 좋거나 적절한지에 대해서는 전혀 명확하지 않다.

예수님이 안식일에 병자를 고치셨다는 부분을 읽을 때, 이런 생각과 의문에 머리가 복잡해질 수 있다. 그러나 이것이 당시에 무슨 의미였는지 제대로 이해하려면, 우리의(적어도 나의) 어린 시절의 '안식일' 준수 방식이 아니라, 1세기 팔레스타인 세계로 돌아가야 한다. 예수님이 사셨던 세계에서 안식일은 유대인에게 사회적 압력과 법적 제재가 뒤섞인 것이었지만, 사실 그보다 훨씬 깊은 의미를 지니고 있었다. 단지 유대인이라는 이유만으로 박해받고 죽임당한 민족에게 안식일은 자신들이 유대인이라는 사실을 드러내는 표식이었다. 또한 그것은 다가올 자유를 상징하며, 마침내 하나님이 이스라엘을 이교도의 압제에서 해방하실 큰 안식의 날에 대한 소망을 상징하는 민족의 깃발이었다. 안식일은 천지 창조와 출애굽을 되돌아보게 했고, 그날을 지키는 자들에게 하나님의 특별한 백성, 신실한 백성, 소망하는 백성이란 표식을 달아주었다. 무엇보다 안식일은 유대 경전에 깊이 뿌리내린 계명이었다.

그렇다면 왜 예수님은 안식일 준수를 대놓고 들이받으셨을까? 안식일 준수가 무기가 되었기 때문이다. 안식일은 동족인 유대인들이 맹렬하고 배타적인 민족주의에 빠졌다는 신호가 되었다. 다른 표식 및 깃발과 함께 안식일은 이제 이스라엘이 세상의 빛이라고 말하는 게 아니라, 이스라엘은 빛의 자녀이고 나머지 세상은 어둠 속에 있다고 말하고 있었다. 종교와 민족주의가 단단하게 결합될 때 흔히 그렇듯이, 이런 태도는 동족 유대인을 대하는 일반적인 태도에도 스며들었다. 많은 집단에게서 충성된 유대인만으로는 충분하지 않았다. 다른 사람들보다 더 충성된 유대인이어야 했다. 이런 승자 없는 상황에서 이 계명의 온전한 핵심, 곧 과거에 일어났고 현재에 일어나고 있으며 미래에 일어날 하나님의 창조와 구속을 기념한다는 의미는 사라져 버렸다. 껍데기가 알맹이보다 더 중요해진 것이다.

이에 대한 예수님의 평가는 그것이 '마음의 완악함'을 구성한다는 것이었다. 이는 과거 선지자들이 율법을 어기는 이스라엘 백성에게 자주 했던 책망이다. 모세가 이끌었던 광야 세대처럼, 예수님의 동시대인들은 하나님이 실제로 자신들 눈앞에서 행하시는 일을 보지도, 기뻐하지도 못했다. 그래서 예수님은 아주 직설적이면서 아이러니가 넘쳐나는 말로 이렇게 물으신다. "안식일에 선을 행하는 게 옳으냐, 아니면 악을 행하는 게 옳으냐? 사람을 살리는 게 옳으냐, 아니면 사람을 죽이는 게 옳으냐?" 안식일이 창조와 구속을 말하는 것이라면 대답은 분명하다. 안식일 규범에 대한 현재의 해석이 이와 다르다면, 현재의 해석은 잘못된 것이다.

물론 예수님이 실제로 행하신 일이, 안식일에 대한 공식적 해석이든 심지어 비공식적 해석이든, 정말로 안식일을 어긴 것이었는지는 분명하지 않다(손 마른 사람에게 손을 내밀라고 하신 것이 안식일을 어긴 것이라고 보기는 어렵다). 그러나 이러한 예수님의 접근 방식과 태도가 자칭 조상에게 물려받은 전통을 수호하고자 하는 자들과 충돌했다는 것은 분명하다. 마가가 전하고자 하는 더 큰 이야기 전체를 미리 내다보게 하는 행보로서, 유대 사회의 비공식 지도자들(바리새인들)이 그들의 천적들(바리새인들이 유대교에 위험한 배신자로 여기는 헤롯 안디바의 지지자들)과 손을 잡았다. 왜 그랬을까?

바리새인들은 손에 쥔 권력이 없었다. 그래서 예수님을 공격하려면, 전혀 어울리지 않는 동맹이 필요했다. 결국 마지막에 가야바가 빌라도와 손잡고 예수님을 죽음에 몰아넣을 때도 그러했고, 그로부터 얼마 지나지 않아 다소의 사울이라는 젊은 바리새인이 대제사장들에게서 교회를 핍박할 권한을 받아낼 때도 그러했다. 이번 경우도 마찬가지였다. 갈릴리 지역의 바리새인들이 헤롯 안디바 지지자들과 손을 잡고 예수님을 제거하려고 헛된 시도를 한 것이었다.

• 예수님 당시의 안식일 준수에서 예시되는 종교와 민족주의의 관계를 탐구해 보라. 종교적 정체성과 민족적 정체성의 결합이 어떻게 배타성과 타인에 대한 소외로 이어질 수 있는가? 종교적 규범이 '무기화되어' 전혀 의도하지 않은 일을 하게 된 사례들을 생각해 보라.

• 안식일 준수는 십계명 가운데 하나였다. 과거에 남용되었던 안식일 율법보다 오히려 경제적 힘이 훨씬 더 비인간화를 촉진하는 현대 사회에서, 우리는 안식일의 참된 정신을 어떻게 되찾을 수 있을까? 그 과정에서 율법주의자가 되지 않으면서도, 일과 쉼의 리듬 속에서 살아간다는 것이 무엇이며, 나아가 더 넓은 사회에서 그렇게 살도록 서로 돕는다는 것이 무엇인지 다시 배울 수 있는 방법은 무엇일까?

간음과 위선

(요한복음 8:1-11)

1예수는 감람산으로 가시니라 2아침에 다시 성전으로 들어오시니 백성이 다 나아오는지라 앉으사 그들을 가르치시더니 3서기관들과 바리새인들이 음행 중에 잡힌 여자를 끌고 와서 가운데 세우고 4예수께 말하되 선생이여 이 여자가 간음하다가 현장에서 잡혔나이다 5모세는 율법에 이러한 여자를 돌로 치라 명하였거니와 선생은 어떻게 말하겠나이까 6그들이 이렇게 말함은 고발할 조건을 얻고자 하여 예수를 시험함이러라 예수께서 몸을 굽히사 손가락으로 땅에 쓰시니 7그들이 묻기를 마지아니하는지라 이에 일어나 이르시되 너희 중에 죄 없는 자가 먼저 돌로 치라 하시고 8다시 몸을 굽혀 손가락으로 땅에 쓰시니 9그들이 이 말씀을 듣고 양심에 가책을 느껴 어른으로 시작하여 젊은이까지 하나씩 하나씩 나가고 오직 예수와 그 가운데 섰는 여자만 남았더라 10예수께서 일어나사 여자 외에 아무도 없는 것을 보시고 이르시되 여자여 너를 고발하던 그들이 어디 있느냐 너를 정죄한 자가 없느냐 11대답하되 주여 없나이다 예수께서 이르시되 나도 너를 정죄하지 아니하노니 가서 다시는 죄를 범하지 말라 하시니라

두 여인이 젊은 왕 앞에 끌려 나왔다. 그들은 창녀였고 한집에서 살았다. 둘 다 아들을 낳았지만, 한 명의 아들이 죽고 말았다. 그런데 둘 다 살아있는 아이가 자기 아들이라고 주장했다. (유전자 검사

누가 진실을 말하는지 어떻게 알 수 있었겠는가?

왕은 판결을 내렸다. 검을 가져와 살아있는 아이를 둘로 가르라는 것이었다. 그러면 두 여자가 반씩 나눠 가질 수 있을 터였다.

왕은 두 여자가 즉각적으로 보이는 반응에서 진실을 찾아냈다. 한 여인은 왕의 판결에 동의했고, 다른 여인은 아이를 경쟁자에게 주더라도 죽이지 말라고 애원했다. 누가 진짜 엄마인지는 너무나 분명했다.

물론 이 왕은 솔로몬이다. 이 이야기는 열왕기상 3장 16-28절에 나온다. 이 사건 때문에 솔로몬은 놀라운 지혜를 가졌다는 명성을 얻었다. 1세기 사람들은 간음 중에 잡힌 여인과 위선에 사로잡힌 남자들이 등장하는 예수님에 관한 이야기를 들었을 때, 이런 종류의 이야기를 떠올렸을 것이다.

바로 앞 장인 요한복음 7장에서 예수님은 초막절에 성전에서 가르치고 계셨는데, 무리와 당국자들은 그가 누구며 무슨 일을 하는지 점점 더 큰 관심을 보이고 있었다. 요한복음 8장은 전체적으로 분위기가 훨씬 더 어둡다. 예수님은 유대인들이 자신을 의도적으로 오해하고, 자기 말을 이해하지 못하며, 심지어 자신을 죽이려 한다고 고발하시는데, 이는 그들이 "그들의 아비, 곧 마귀"의 지시를 따르기 때문이라고 말씀하신다. 기록된 예수님의 말씀 중에 가장 거친 말들이 요한복음 8장에 나온다. 대체 무슨 일이 있었던 걸까?

마치 예수님이 유대인들의 태도, 즉 그들 자신과 하나님, 그리고 민족적 소명을 대하는 그들의 태도 중심에 자리한 진짜 문제와 정면으로 마주하게 되신 것처럼 보인다. 무엇인가가 예수님의 주목을 끌었고, 그로 인해 예수님은 동시대 유대인들이 얼마나 그들만의 사고방식에 함몰되어 있는지, 그것이 하나님의 사고방식과 얼마나 지독하게 다른지를 깨닫게 되셨다.

요한복음 8장은 사람들이 한 여자를 돌로 쳐 죽이려는 장면으로 시작해 예수님을 돌로 치려는 장면으로 끝난다. 이것 또한 우리에게 뭔가 말하려는 것인지도 모른다.

이 이야기는 예수님의 지혜를 보여주는 고전적인 사례로, 이는 왕들에게 기대했던 지혜이기도 하다. (요한복음의 이 부분 전체에 깔린 근본적인 질문은 과연 예수님이 메시아, 즉 참 왕이신가 하는 것임을 기억하라.) 이 이야기에서 서기관들과 바리새인들이 예수님을 잡겠다고 놓은 덫이 드러난다. 그들은 예수님이 여인을 향해 그녀의 죄가 용서되었다고 말할 거라 예상했다. 그럴 경우, 이는 예수님이 모세의 율법 중 일부를 무시하라고 가르친다는 뜻이 될 터였다.

이미 느낄 수 있듯이, 상황이 점점 고조되고 있으며, 이와 더불어 예수님의 분노도 고조되고 있다. 여인은 아주 심각한 죄를 지었다. 하지만 그렇더라도 사람들은 이 여인을 예수님을 공격하기 위한 도구로만 이용할 뿐이다. 그러면서 자신들이 그녀보다 더 낫다는 도덕적 우월감에 취해 있을 뿐 아니라, 쉽게 벗어날 수 없는 코너에 예수님을 몰아넣었다는 생각에 흡족해한다.

물론 예수님이 땅에 뭐라고 쓰셨는지는 아무도 모른다. (고대 세계에서 선생들은 자주 땅바닥에 글씨를 쓰거나 그림을 그렸다. 이는 PC나 아이패드가 없던 시절 훌륭한 기하학 선생들이 설명하기 위해 사용하던 방식이었다.) 다만 추측해 볼 수는 있다. 어쩌면 예수님은 위선을 비롯해 여러 가지 죄목들을 쓰셨을지도 모른다. 또는 마태복음 5장 28절에서처럼, 눈과 마음의 죄에 대해 적으셨을 수도 있다. 아니면 그들의 질문 자체를 경멸하며 그저 아무 의미 없이 낙서하고 계셨을지도 모른다.

그러나 이윽고 나온 예수님의 대답은 분명 위험했지만(만약 그들 중 하나가 뻔뻔하게 먼저 나서서 돌을 던졌더라면 위험할 수도 있었다) 파괴적인 힘이 있었다. 한 손가락으로 누군가를 가리킬 때면 세 손가락은 거꾸로 나를 향하게 된다. 예수님은 모세의 율법이 틀렸다고 말씀하지 않으셨다. 다만 우리가 모세의 율법을 진지하게 적용하려 한다면, 우리 자신이 유죄임을 깨닫게 될 거라고 말씀하셨을 뿐이다. 그러자 한 사람씩 그 뜻을 깨닫고 자리를 떴다.

이 이야기는 간음이 대수롭지 않다는 뜻이 절대 아니다(일부 사람들은 그런 뜻으로 이해하려고 애쓴다). 그것은 전혀 요점이 아니다. 예수님이 여인에게 하신 마지막 말씀이 더없이 중요하다. 만약 그녀가 용서받았다면, 즉 임박한 죽음에서 구조되었다면, 그녀는 그 용서에 걸맞게 살아야 한다. **용서는 '관용'과 같은 게 아니다**. 용서받았다는 것은 죄가 대수롭지 않다는 뜻이 아니다. 오히려 그와 정반대다. '용서'는 죄가 **중요함**에도 불구하고, 하나님이 그것을 없애기로 선택하신다는 뜻이다.

그리고 8장의 나머지 부분이 분명하게 보여주듯이, 훨씬 더 중요한 죄는 하나님이 주신 율법을 자신을 의롭게 하는 수단으로 사용하는 뿌리 깊은 죄다. 사실 율법은 마음 어두운 곳에 하나님의 심판의 빛을 비추기 위한 것이다. 이 뿌리 깊은 죄에 맞섬으로써, 예수님은 방금 그 여인을 구해낸 돌팔매가 날아드는 바로 그 자리에 자신을 대신 세우신다. 요한복음 8장을 처음부터 끝까지 읽다 보면, 예수님의 죽음까지 계속해서 이어지는 패턴이 보이기 시작할 것이다. 요한은 이것이 바로 예수님이 세상 죄를 지고 가는 하나님의 어린양이라는 말이 뜻하는 바라고 이야기하는 것 같다.

묵상과 나눔을 위한 질문

- 이 본문에서 예수님이 서기관들과 바리새인들에게 하신 답변이 어떻게 그들의 자기 의에 도전하고 그들의 위선을 폭로하는가? 도덕적 우월감을 다른 사람들을 공격하는 도구로 사용하는 것이 얼마나 위험한지, 그리고 누군가를 판단하려 할 때 자신을 되돌아보는 게 얼마나 중요한지 생각해 보라.

- 죄와 자기 의라는 주제를 요한복음 8장의 더 큰 맥락에서 살펴보라. 예수님이 서기관들 및 바리새인들과 충돌하시는 장면에서 인간의 마음에 자리한 더 깊은 문제들이 어떻게 드러나는가?

가이사에게 세금을 바치는 것에 관해

(마가복음 12:13-17)

13그들이 예수의 말씀을 책잡으려 하여 바리새인과 헤롯당 중에서 사람을 보내매 14와서 이르되 선생님이여 우리가 아노니 당신은 참되시고 아무도 꺼리는 일이 없으시니 이는 사람을 외모로 보지 않고 오직 진리로써 하나님의 도를 가르치심이니이다 가이사에게 세금을 바치는 것이 옳으니이까 옳지 아니하니이까 15우리가 바치리이까 말리이까 한대 예수께서 그 외식함을 아시고 이르시되 어찌하여 나를 시험하느냐 데나리온 하나를 가져다가 내게 보이라 하시니 16가져왔거늘 예수께서 이르시되 이 형상과 이 글이 누구의 것이냐 이르되 가이사의 것이니이다 17이에 예수께서 이르시되 가이사의 것은 가이사에게, 하나님의 것은 하나님께 바치라 하시니 그들이 예수께 대하여 매우 놀랍게 여기더라

내 책상에 티베리우스 황제 시대에 만들어진 공물 납세용 주화가 하나 있다. 오늘 본문의 이야기에 나오는 데나리온과 같은 종류일 것이 거의 확실하다. 주화는 내 엄지손톱만 한 크기지만, 거기 새겨진 글귀와 티베리우스 황제의 두상은 아주 또렷하다. 동전을 굳이 오래 들여다보지 않더라도 이 대화가 단순히 납세에 관한 것

이 아님을 금방 알 수 있다.

물론 세금 자체도 충분히 큰 문제였다. 로마에 세금을 내는 것은 경건한 유대인들에게 늘 곪아 있는 상처와도 같았다. 비록 많은 유대인에게 경제적으로 큰 부담을 주긴 했지만(유대인들은 지방세와 성전세도 내야 했으며, 갈릴리 유대인들은 헤롯에게도 세금을 내야 했다), 이는 단순히 돈 때문만은 아니었다. 그보다는 세금이 상징하는 것이 문제였다. 당시 유대인들은 자신들이 하나님의 자유로운 백성이라는 사실을 자랑스러워했지만, 현실은 전혀 그렇지 않았기 때문에 고통스러웠다. 약 500년 전 바벨론의 침공 이후, 유대인들은 줄곧 다른 민족들의 지배를 받아 왔다. 대략 기원전 163년에서 63년까지 하스몬 왕조 치하에서 반쪽짜리 독립을 이루긴 했지만, 그 후에는 다시 로마의 지배를 받았다. 로마는 자신이 지배하는 지역에 세금을 물렸고, 이 때문에 증오의 대상이 되었다.

그런데 그보다 주화 자체가 더 큰 문제였다. 유대인들에게 형상을 새기는 것은 금기였다. 식물이나 꽃의 형상도 여기에 포함되는지를 두고 논쟁이 있었지만, 사람의 형상에 대해서는 이론의 여지가 없었다. 그런데 작은 로마 주화에는 모두 티베리우스 황제가 차가운 눈으로 세상을 바라보는 형상이 있었다. 게다가 거기에 적힌 글귀라니! 황제의 두상 주위에는 라틴어로 "아우구스투스 티베리우스, 신이신 아우구스투스의 아들"이라 새겨져 있었고, 뒷면에는 "대제사장"이라고 새겨져 있었다(황제는 통상적으로 로마 주요 종교의 대제사장이었다). "신의 아들"과 "대제사장." 로마인들이 작정하고 유대인을 자극하고자 했다 해도, 이보다 더 잘할 수는 없었을 것이다. 그리고 참 왕이요 하나님의 아들이신 예수님이 유대인 대제사장이 관할하는 성전에 서 계시는 이 순간, 그 아이러니는 극에 달한다.

그러므로 예수님이 마주하신 것은 단순히 정치적이거나 사회적인 문제가 아니라, (이른바) 종교적인 문제였다. 일부 경건한 유대인들은 이런 종류의 주화에 너무나 큰 충격을 받은 나머지 아예 만지거나 사용하려 하지 않았고(대신 유대 주화는 사용할 수 있었다), 심지어 쳐다보려 하지도 않았을 것이다. 예수님이 질문자들에게 주화를 보여 달라고 하신 것은, 자신이 평소에 이런 것을 전혀 만지지 않음을 밝히고자 하신 것까지는 아니더라도, 적어도 그들로 하여금 주화를 직접 꺼내 보이게 함으로써 그들을 당혹스럽게 만들고 있는 것은 분명하다.

여기서 다시 한번 바리새인들과 헤롯당원들이 손을 잡는다. 그들의 덫은 분명하다. 예수님을 압박해 로마에 세금을 내라고 말하게 함으로써, 예수님과 군중 사이를 멀어지게 하려는 것이다. 아니면 로마에 세금을 내지 말라고 말하게 함으로써, 예수님이 사형에 해당하는 범죄, 곧 반란 선동죄를 노골적으로 저지른다며 본디오 빌라도 총독에게 고발하려는 것이다. 그러나 그들은 예수님의 기막힌 답변을 미처 예상하지 못했다.

예수님의 말씀이 무슨 뜻인지 이해하려면 배경을 알아야 한다. 200년 전, 시리아인들에 맞서 일어난 마카비 혁명의 슬로건 가운데 하나는 "이방인들에게 합당한 것을 돌려주라, 그리고 율법의 명령에 순종하라"였다(마카비상 2:68). 이 슬로건은 이방인들과 하나님을 향한 유대인의 의무를 이중 명령으로 명확히 표현했다. 전반부는 받은 만큼 돌려주라는 뜻이었다. 다시 말해, 복수하라는 뜻이었다. 이방인들이 쓴 폭력을 그대로 되갚아주라는 것이다.

그런데 지금 아주 다른 혁명이 일어나고 있다. 예수님은 무력 혁명에 반대하셨고, 그분의 하나님 나라 운동은 단순히 이교도의 지배를 향한 공격이 아니라, 훨씬 깊고 광범위한 악을 향한 공격이었다. 예수님은 '해야 하는가, 하지 말아야 하는가'라는 헛된 논쟁에 휘말리실 생각이 전혀 없으시다. 그뿐 아니라 교회와 국가의 관계를 단번에 결정짓는, 시간을 초월하는 윤리적 통치를 제시하실 의도도 없으시다—하지만 어떤 사람들은 바로 이 좁은 토대 위에 이러한 이론을 세우려고 헛된 시도를 해왔다. 예수님은 공이 네트를 넘어오는 속도보다 두 배 빠르게 공을 반대편 코트로 넘기신다. 그분이 하시는 일을 세 가지로 구분할 수 있는데, 그 각각이 모두 상대를 완전히 놀라게 하는 것이었다.

첫째, "가이사의 것은 가이사에게"라는 말은 물론 "맞소, 세금을 내시오"라고 말하는 것으로 이해할 수도 있으나, 그렇다고 여기에 "맞소, 당신들의 주인인 로마인들에게 복종하시오"라는 굴종의 의미가 담겨 있는 것은 아니다. 그보다 예수님이 신성모독의 형상과 글귀에 주목하셨다는 사실에서, "이 더러운 것을 본래 출처로 돌려보내시오"라는 뉘앙스가 그분의 명령에 담겨 있다고 추론할 수 있다. 이 명령은 경멸의 의미를 담고 있지만, 예수님에게 선동의 혐의를 씌울 틈을 주지는 않는다.

둘째, 하지만 이 말씀은 마카비 혁명의 슬로건을 절묘하게 반영한다. "이교도들에게 합당한 것을 돌려주라", 혹은 원한다면, "이방인들에게 그들의 주화를 돌려주라"고도 할 수 있다. 이는 암호화된 혁명 슬로건으로 이해될 수 있다. 결국 하나님 나라는 한 분이신 참 하나님이 세상의 왕이 되시는 것이며, 자신을 하나님의 아들이나 대제사장이라 부르는 조무래기 군주들을 끌어내리는 것이다. 그러나 문맥상 이번에도 예수님에게 직접적인 혐의를 씌울 틈을 주지 않는다. 그분의 말씀은 어쨌든 문자적으로는 "맞소, 세금을 내시오"라는 뜻이기 때문이다.

셋째, 하나님의 것을 하나님께 드리라는 명령은 다양한 질문을 숱하게 불러일으킨다. 과연 예수님의 말씀은 인간이 하나님의 형상을 지녔으므로 모든 인간은 자기 자신 또는 자신의 생명을 하나님께 빚진 것이며, 따라서 주화를 가이사에게 돌려주어야 하듯이 자신의 생명을 하나님께 돌려드려야 한다는 뜻이었을까? 또는 예수님이 성전 뜰에서 하신 이 말씀은 하나님께 마땅한 것을 드리는 방식이라 여겼던 제사 제도가 그보다 더 완전한 예배로 대체되어야 한다는 뜻이었을까? 아니면 예수님은 일반 혁명가들의 논리와 달리 자신을 온전히 하나님께 드리게 되면, 폭력으로 폭력과 싸워 이길 수 없고 악으로 악과 싸워 이길 수 없다는 것을 깨닫게 되리라는 뜻으로 말씀하셨을까? 아마도 예수님은 이 모든 것을, 어쩌면 훨씬 더 많은 것을 암시하고자 하셨을 것이다.

예수님이 의도하지 않으신 것은—이 말씀을 억지로 이런 틀에 끼워 맞추려는 시도가 많았음에도 불구하고—인간의 삶과 세상을 두 부분('종교적' 부분과 '정치적' 또는 '사회적' 부분)으로 나눌 수 있다는 생각이다. 이러한 이분법은 훨씬 후대에 생겨난 개념으로 18세기에 이르러서야 비로소 확립되었다. 이 개념이 현대 세계에 엄청난 영향을 끼쳤지만, 오늘날에는 기껏해야 불충분한 것에 불과하며 최악의 경우 위험한 것으로 인식되고 있다. 예를 들어, 이런 이분법은 경제 정책을 비롯한 공공 정책에 대해 그리스도인의 비판을 원천적으로 차단해 버릴 수 있는데, 사실 우리 세상에서는 오히려 이런 비판이 절실히 필요할 때도 있다. 유대교 사상과 그 안에서 형성된 기독교 사상은 언제나 온 세상과 그 안의 모든 것을 한 분이신 하나님이 창조하신 것으로 보았다. 세상의 모든 영역은 하나님의 주권과 구원의 통치 아래 있다.

거듭 말하지만, 오늘 본문은 '종교와 사회' 또는 '교회와 국가'에 관한 기독교의 전면적 선언이 아니다. 그보다 이 본문은 예수님이 특정한 상황에서 하신 짧고 예리한 말씀일 뿐이다. 그럼에도 예수님의 이 말씀은 깊이 생각하고 실천해 볼만한 가치가 있다. 하나님 나라는 교활한 사람들이 (여기서처럼 흔히 아첨을 덧붙여) 즐겨 제시하는 무익한 양자택일의 질문을 넘어선다. 하나님이 본질을 꿰뚫어 보는 지혜를 주시고, 우리 자신을 참된 하나님이자 왕이신 분께 온전히 드릴 수 있게 하시기를 바란다.

• 납세 문제에 대한 예수님의 대답을 살펴보라. 예수님의 대답은 어떤 식으로 로마의 억압적 통치에 도전하면서 동시에 질문자들의 종교적 위선을 드러내는가? 예수님의 대답이 갖는 복합적 성격을 토론해 보고, 오늘날 신앙과 정치의 관계를 설정하려 할 때 예수님의 대답이 갖는 함축적 의미도 토론해 보라.

• 삶을 '종교적' 영역과 '세속적' 영역으로 나누는 후대의 개념과 유대교 사상 및 기독교 사상에 나타나는 통합적인 시각의 차이를 생각해 보라. 이것이 하나님 나라에 대한 당신의 헌신이라는 관점에서 사회적, 정치적, 경제적 문제에 참여해야 하는 당신의 책임을 이해하는 데 어떻게 도움이 되는가?

포도원 농부들의 비유

(마태복음 21:33-46)

³³다른 한 비유를 들으라 한 집 주인이 포도원을 만들어 산울타리로 두르고 거기에 즙 짜는 틀을 만들고 망대를 짓고 농부들에게 세로 주고 타국에 갔더니 ³⁴열매 거둘 때가 가까우매 그 열매를 받으려고 자기 종들을 농부들에게 보내니 ³⁵농부들이 종들을 잡아 하나는 심히 때리고 하나는 죽이고 하나는 돌로 쳤거늘 ³⁶다시 다른 종들을 처음보다 많이 보내니 그들에게도 그렇게 하였는지라 ³⁷후에 자기 아들을 보내며 이르되 그들이 내 아들은 존대하리라 하였더니 ³⁸농부들이 그 아들을 보고 서로 말하되 이는 상속자니 자 죽이고 그의 유산을 차지하자 하고 ³⁹이에 잡아 포도원 밖에 내쫓아 죽였느니라 ⁴⁰그러면 포도원 주인이 올 때에 그 농부들을 어떻게 하겠느냐 ⁴¹그들이 말하되 그 악한 자들을 진멸하고 포도원은 제 때에 열매를 바칠 만한 다른 농부들에게 세로 줄지니이다 ⁴²예수께서 이르시되 너희가 성경에 건축자들이 버린 돌이 모퉁이의 머릿돌이 되었나니 이것은 주로 말미암아 된 것이요 우리 눈에 기이하도다 함을 읽어 본 일이 없느냐 ⁴³그러므로 내가 너희에게 이르노니 하나님의 나라를 너희는 빼앗기고 그 나라의 열매 맺는 백성이 받으리라 ⁴⁴이 돌 위에 떨어지는 자는 깨지겠고 이 돌이 사람 위에 떨어지면 그를 가루로 만들어 흩으리라 하시니 ⁴⁵대제사장들과 바리새인들이 예수의 비유를 듣고 자기들을 가리켜 말씀하심인 줄 알고 ⁴⁶잡고자 하나 무리를 무서워하니 이는 그들이 예수를 선지자로 앎이었더라

간밤에 꿈을 하나 꿨다. 안타깝게도 무슨 꿈이었는지 도무지 기억나지 않는다. 잠에서 깼을 때, 그 꿈이 매우 중요해 보였다. 너무나 중요해 메모해 두고 싶었으나 시간이 없었다. 잠에서 완전히 깼을 즈음, 꿈은 사라졌고 지금도 전혀 기억나지 않는다. 그럼에도 나는 온 종일 그 꿈이 중요했다는 것을 알고 있었고, 기억해 낼 수만 있다면 그것이 나 자신이나 이 세상에 관해 꼭 알아야 할 중요한 것을 말해 줄지도 모른다고 생각했다.

옛날에 어떤 왕이 비슷한 문제를 신하들에게 내놓은 적이 있다. 왕은 자신의 꿈이 무엇을 의미하는지 알고 싶었지만, 무슨 꿈이었는지는 말해주지 않았다. 현대 심리학을 배웠을 리 없는 신하들은 강하게 반발했다. 지금껏 누구도 이런 요구를 하지 않았다고 하면서 말이다. "세상에서 이런 요구를 받은 사람이 어디 있겠습니까? 폐하의 꿈을 말씀해 주시면, 당연히 무슨 뜻인지 풀어드리겠습니다." 그러나 왕은 그들의 요구를 거부했다. 자신의 꿈이 기억나지 않았기 때문인지, 아니면 신하들을 시험하고 싶었기 때문인지 분명하지 않다. 희망이 전혀 없어 보였다. 그때 한 지혜자가 나타나 친구들에게 자신을 위해 기도해 달라고 부탁했고, 마침내 특별한 지식을 얻게 되었다.

왕의 꿈은 이러했다. (이 이야기는 다니엘 2장에 나오며, 이 놀라운 책에 기록된 눈부신 이야기들 가운데 하나다.) 왕은 거대한 신상을 보았다. 머리는 금이었고, 가슴과 두 팔은 은이었으며, 배와 넓적다리는 놋이었고, 종아리는 쇠였으며, 발은 쇠와 진흙의 혼합물이었다. 잠시 후, 돌 하나가 날아와 신상에서 쇠와 진흙으로 된 발을 쳐서 부서뜨렸다. 그러자 신상 전체가 다 부서져 산산조각이 났다. 반면, 그 돌은 점점 커져 큰 산이 되었고, 온 땅을 가득 채웠다.

꿈과 꿈의 의미에 관한 고대 이론을 조금만 알아도, 특히 꿈을 꾼 사람이 왕이라면, 해몽은 그리 어렵지 않았다. 다니엘의 해몽은 그때부터 예수님 당시는 물론 그 이후까지 유대인들의 기억 속에 살아남았다. 그 꿈은 세상 나라와 하나님 나라에 관한 것이었다.

세상 나라는 금, 은, 동, 쇠로 이어지는 나라들이다. (이 꿈을 꾼 왕은 요행히도 황금시대를 다스리고 있었다.) 각 나라의 영화는 이전 나라보다 못할 것이다. 당시 사람들은 대부분 세상이 좋아지고 있는 게 아니라 나빠지고 있다고 믿었다. 마침내 쇠와 진흙의 혼합물처럼 쉽게 부서지는 나라가 들어설 것이다. 그런 다음에는 뭔가 다른 것이 등장할 것이다.

돌 하나가(곧 이유가 드러나겠지만, 여기서 '돌'은 대문자 'Stone'으로 표기하는 게 좋겠다) 신상의 발을 칠 것이다. 즉, 돌이 마지막 나라를 무너뜨릴 것이다. 그로 인해 위태로운 세상 제국들이 통째로 와르르 무너질 것이다. 그리고 그 돌은 점점 커져 산이 될 것이다. 온 세상을 새로운 방식으로 다스리는 새로운 종류의 나라가 될 것이다.

예수님 당시의 유대인이라면 이 꿈이 그들에게 무엇을 의미하는지 어렵지 않게 이해할 수 있었을 것이다. 바벨론과 바사(페르시아)를 시작으로 세상 나라들이 이어져 오다가, 마침내 로마 차례가 되었다. 이제 분명히 그 돌이 나타날 때가 되었다. 유대인들은 그 돌이 하나님의 메시아, 곧 세상 나라들을 무너뜨리고 전혀 새로운 것을 시작함으로써 하나님 나라를 세우게 될 존재라고 생각했다.

그러면 이 모든 것이 주인의 아들을 죽이는 악한 농부들의 비유와 무슨 상관이 있을까? 그 핵심은 이것이다. 예수님은 자신의 이야기를 해석하면서 두 개의 성경구절을 인용하신다. 시편 118편과 다니엘 2장이다. 건축자들이 버린 돌이 모퉁이의 머릿돌이 되었다. 그 돌은 건축물의 다른 어디에도 맞지 않았지만, 가장 존귀한 자리에 놓이게 될 것이다. 그 돌은 자신과 부딪치는 모든 것을 부숴버릴 것이다. 예수님이 바로 그 돌이요, 메시아이자 하나님의 기름 부음을 받은 자다. 예수님은 세상 나라들을 흔들고 무너뜨릴 하나님 나라가 임하게 하시려고 이 땅에 오셨다.

왜 이 비유가 그렇게 해석되는 걸까? 돌(the Stone)과 아들(the Son)이 같기 때문이다. 농부들이 거부한 아들은 주인이 와서 그들을 멸하고 포도원을 다른 사람에게 줄 때 옳다고 인정받는다. 건축자들이 버린 돌은 모퉁이의 머릿돌이 될 때 옳다고 인정받는다. 흥미롭게도 영어에서 ‘son’이라는 단어는 ‘stone’이란 단어에 포함되면서 두 글자가 더해진 것처럼, 히브리어에서도 ‘벤’(ben; 아들)이란 단어는 ‘에벤’(eben; 돌)이란 단어에 포함되면서 한 글자가 더해진 것이다.

그러므로 이 이야기 전체는 그때 거기서 일어나고 있던 일을 설명하시는 예수님의 방식이다. 그것은 자신이 직접 겪으신 사건들에 대한 예수님의 해석이다. 다시 말해, 예수님은 자신이 찾아온 백성에게 거절당하고 있지만, 결국 하나님에 의해 옳다고 인정을 받으실 것이다. 물론 포도원 주인은 하나님이시고, 포도원은 이스라엘이다. 농부들은 이스라엘 관리들이며, 종들은 세례 요한에서 끝나는 선지자들이다. 아들은 예수님 자신일 수밖에 없다.

이것은 깊이와 슬픔과 능력으로 가득 찬 이야기다. 이 이야기는 예수님이 예루살렘에 오신 목적에 대해 들려준다. 즉, 예수님은 소작 농부들에게 하나님의 요구를 전달하러 오셨는데, 그것은 이스라엘이 회개하고, 마침내 부름을 받았던 대로 하나님의 세상을 비추는 빛이 되어야 한다는 것이었다. 동시에 이것은 이스라엘이 어떻게 그들의 공식 대표자들을 통해 이 요구를 거부하고, 결국 그분을 죽이게 되는지에 관한 이야기이기도 하다.

그렇다면 왜 예수님은 돌이라는 상징을 꺼내시는가? 그것은 쇠와 진흙이 혼합된 마지막 나라가 로마가 아닐 수도 있기 때문이다. 오히려 예수님의 관점에서 보자면, 그것은 어쩌면 헤롯과 대제사장들의 불안한 동맹일 수도 있다. 따라서 그 돌이 마침내 그들 위에 떨어질 때 산산이 부서질 대상은 바로 그들이 동맹을 이룬 위태로운 나라일지도 모른다. 그러나 그 돌이 모퉁이의 머릿돌이 되기 위해서는 먼저 버림을 받아야 한다. 이제 머지않아 그렇게 될 것이다.

- 왕의 꿈에 나타난 돌의 상징과 악한 농부들의 비유가 어떻게 연결되는가? 이 돌이 하나님 나라의 상징으로서 갖는 의미와 세상 권세에 미치는 영향을 탐구해 보라.

- 포도원, 농부들, 아들, 포도원 주인이 각각 무엇을 상징하는지 생각해 보라. 이 이야기가 메시아로서 예수님의 정체성을 어떻게 밝혀주는가?

톰 라이트의
사순절과 부활절

광야에서 영광으로

예루살렘에 계신 예수님

예수님이 예루살렘을 보고 우시다

(누가복음 13:31-35)

³¹곧 그 때에 어떤 바리새인들이 나아와서 이르되 나가서 여기를 떠나소서 헤롯이 당신을 죽이고자 하나이다 ³²이르시되 너희는 가서 저 여우에게 이르되 오늘과 내일은 내가 귀신을 쫓아내며 병을 고치다가 제 삼일에는 완전하여지리라 하라 ³³그러나 오늘과 내일과 모레는 내가 갈 길을 가야 하리니 선지자가 예루살렘 밖에서는 죽는 법이 없느니라 ³⁴예루살렘아 예루살렘아 선지자들을 죽이고 네게 파송된 자들을 돌로 치는 자여 암탉이 제 새끼를 날개 아래에 모음 같이 내가 너희의 자녀를 모으려 한 일이 몇 번이냐 그러나 너희가 원하지 아니하였도다 ³⁵보라 너희 집이 황폐하여 버린 바 되리라 내가 너희에게 이르노니 너희가 주의 이름으로 오시는 이를 찬송하리로다 할 때까지는 나를 보지 못하리라 하시니라

나는 2차 세계 대전 이후에 지어진 집에서 살고 있다. 이 자리에는 원래 훨씬 오래된 집이 있었다. 그런데 1941년 어느 날 밤, 적군 항공기에서 투하된 소이탄이 정확히 여기에 떨어져 이전에 있었던 집은 잿더미가 되었다. 그 집에 살던 사람들은 근처에 있는 다른 건물에 난 불을 끄고 있었는데, 소화 펌프를 들고 그 집과 이웃

집에 도착했을 때는 이미 너무 늦었다.

고대 세계에서 불은 상존하는 위험이었다. 물론 불은 많은 부분에서 생활에 꼭 필요한 것이었다. 그러나 현대와 같은 예방책과 진화 장비가 없었기에, 불은 통제를 쉽게 벗어날 수 있었다. 신약성경 시대의 로마 저자들은 로마의 혼잡한 거리와 주거지에서 일어났던 화재에 대해 생생하게 들려준다. 주후 64년 여름, 로마에 화재가 일어나 일주일 동안 계속되었고, 그로 인해 도시 절반이 잿더미로 변했다. 비록 오늘 본문에 '불'이라는 단어가 등장하지는 않지만, 예수님이 사용하시는 강력한 이미지는 불을 염두에 두신 것이 분명하다. 그러나 그 배경은 도시가 아니라 농장 마당이다.

불에 갇히면, 동물도 사람만큼이나, 아니 어쩌면 사람보다 더 두려워한다. 농장에 불이 나면, 동물들은 탈출하려 든다. 그러나 탈출할 수 없을 때면, 어떤 동물들은 나름대로 새끼를 보호할 방법을 찾아낸다. 여기서 예수님은 암탉이 병아리를 날개 아래 모아들여 보호하는 장면을 묘사하신다. 실제로 이런 이야기가 전해진다. 어느 농장에 불이 났는데, 불이 다 꺼진 후 뒷정리하던 사람들이 새카맣게 타버린 암탉을 발견했다. 그런데 그 닭의 날개를 들춰보니, 살아 있는 병아리들이 있었다. 어미 닭은 말 그대로 자기 생명을 바쳐 새끼들을 구한 것이었다. 이는 예수님이 예루살렘을 위해, 그리고 암시적으로 이스라엘 전체를 위해 간절히 하고자 하셨던 일이 무엇인지 보여주는 생생하고 강렬한 이미지다. 그러나 그 순간 예수님의 눈앞에 펼쳐진 광경은, 위험이 다가오고 있음을 알리는 연기나 불길을 무시한 채, 심지어 자신들을 안전하게 보호해 줄 유일한 존재의 긴급한 경고까지 무시한 채 반대 방향으로 허둥대며 달 아나는 병아리들뿐이었다.

암탉과 병아리의 이 이미지는 예수님이 자신의 죽음을 어떻게 생각하셨는지를 보여주는 강렬한 진술이다. 그러나 이 부분을 더 살펴보기 전에, 오늘 본문의 앞부분으로 돌아가야 한다. 병아리들에 게 불과 더불어 또 하나의 큰 위험이 있었다. 그것은 포식자, 특히 여우였다. 예수님이 헤롯에게 사용하시는 이미지가 바로 그것이다.

복음 이야기 대부분에서 헤롯은 어두운 그림자를 드리우고 있 지만, 지금까지 예수님을 대놓고 위협하지는 않았다. 여기서 예수 님에게 헤롯의 속셈을 경고하는 바리새인들은 아마도 사도행전 5 장의 가말리엘처럼 다수의 온건한 바리새인들 부류에 속해 있었을 것이다. 이들은 이 새로운 운동이 과연 하나님에게서 비롯되었다고 판명나게 될지 옆에서 지켜보는 데 만족했다. 물론 이들이 예수님 을 제거하고 자신들의 영역에서 몰아내고 싶어 했을 수도 있다. 그 러나 실제로 그러했는지에 대해 누가는 아무런 암시도 주지 않는 다. 더 중요한 것은 예수님의 대답이다.

예수님은 헤롯을 향한 경멸을 분명하게 드러내신다. 모두가 알 듯이, 어쨌거나 헤롯이 왕이 될 수 있었던 유일한 이유는 로마가 그 의 아버지를 주변에서 가장 쓸 만한 폭력배로 인정해, 아무것도 아 닌 그를 로마 영토의 한 변방을 다스리는 자리에 앉혔기 때문이다. 동시에 예수님은 자신의 기이한 소명에 대해서도 강하게 단언하신 다. 그렇다, 예수님은 결국 당국자들의 손에 죽을 테지만, 갈릴리에 서 그렇게 되지는 않을 것이다. 헤롯은 이 일에 간접적으로 가담하겠지만(눅23:6-12), 끝내 그는 조연 역할을 할 뿐이다.

중요한 것은 예수님에게 완수해야 할 사명이 있다는 사실이다. 예수님은 예루살렘에 올라가 죽으셔야 하고, 여우의 위협을 무릅쓰셔야 하며, 갑자기 위험에 처한 병아리들에게 어미 닭의 역할을 수행하셔야 한다. 그러나 과연 예루살렘이 예수님의 제안을 받아들일 것인가? 예루살렘은 하나님께 반역하고 평화의 길을 거부한 역사가 길다(안타깝게도 고대 못지않게 현대에도 다르지 않아 보인다). 에스겔이 보았듯이, 반역은 거룩한 하나님의 임재가 성전과 예루살렘을 떠나게 만들었고, 그 결과 원수가 참혹하게 공격해 올 길을 열어주었다(겔10-11장). 예루살렘과 성전이 닥쳐오는 파멸을 피할 수 있는 유일한 길은 예수님을 하나님이 보내신 평화의 사자로 맞아들이는 것뿐이다. 그러나 모든 징후로 볼 때, 그들은 그렇게 하려 하지 않을 것이다.

이스라엘에 가장 큰 위기가 다가오고 있으며, 예수님은 회개하고 하나님 나라의 길, 곧 평화의 길로 나오라고 긴급하게 호소하신다. 이것만이 끈질긴 반역이 불러올 재앙을 피하는 유일한 길이다. 예수님은 이제 자신의 소명에 따라 예루살렘으로 올라가, 병아리를 보호하는 암탉처럼, 자신이 이스라엘 민족과 성전을 향해 예언하는 재앙을 오롯이 혼자 감당하려 하신다. 한 사람이 많은 사람을 위해 자신을 내어주는 것이다.

- 암탉이 병아리들을 날개 아래 모으는 강력한 이미지를 예수님이 예루살렘을 보호하려 하신다는 문맥에서 생각해 보라. 이 이미지가 그려내는 희생과 이타주의적 의미를 생각해 보고, 이것이 예수님의 궁극적 십자가 희생과 어떻게 연결되는지 생각해 보라.

- 회개하고 평화의 길로 나오라는 예수님의 초청을 생각해 보라. 이 초청을 받아들이거나 거부할 때의 결과는 각각 무엇인가?

예루살렘 입성

(누가복음 19:28-40)

28예수께서 이 말씀을 하시고 예루살렘을 향하여 앞서서 가시더라 29 감람원이라 불리는 산 쪽에 있는 벳바게와 베다니에 가까이 가셨을 때에 제자 중 둘을 보내시며 30이르시되 너희는 맞은편 마을로 가라 그리로 들어가면 아직 아무도 타 보지 않은 나귀 새끼가 매여 있는 것을 보리니 풀어 끌고 오라 31만일 누가 너희에게 어찌하여 푸느냐 묻거든 말하기를 주가 쓰시겠다 하라 하시매 32보내심을 받은 자들이 가서 그 말씀하신 대로 만난지라 33나귀 새끼를 풀 때에 그 임자들이 이르되 어찌하여 나귀 새끼를 푸느냐 34대답하되 주께서 쓰시겠다 하고 35 것을 예수께로 끌고 와서 자기들의 겉옷을 나귀 새끼 위에 걸쳐 놓고 예수를 태우니 36가실 때에 그들이 자기의 겉옷을 길에 펴더라 37이미 감람산 내리막길에 가까이 오시매 제자의 온 무리가 자기들이 본 바 모든 능한 일로 인하여 기뻐하며 큰 소리로 하나님을 찬양하여 38이르되 찬송하리로다 주의 이름으로 오시는 왕이여 하늘에는 평화요 가장 높은 곳에는 영광이로다 하니 39무리 중 어떤 바리새인들이 말하되 선생이여 당신의 제자들을 책망하소서 하거늘 40대답하여 이르시되 내가 너희에게 말하노니 만일 이 사람들이 침묵하면 돌들이 소리 지르리라 하시니라

오르막길이 끝도 없다. 오늘날 자동차로 이동하는 데도 꽤 멀어

보인다. 지구상에서 가장 낮은 지점에 자리한 여리고를 출발해 구불구불한 모래 언덕들을 돌고 돌아 유대 광야를 지나는 내내 오르막길이 계속 이어진다. 중간쯤 올라가면, 겨우 해수면 높이에 이른다. 이미 요단 계곡에서 먼 길을 올라왔는데도 여전히 꽤 높은 산을 더 올라가야 한다. 날씨는 거의 언제나 뜨겁다. 게다가 비가 거의 내리지 않아 늘 먼지투성이다.

바로 이런 길을 순례자들이 걸어왔다. 그리고 예수님은 처음부터 계획하신 대로 그들보다 앞서 이 길을 걸으셨다. 이번 여정이 예수님의 이야기와 공생애, 그리고 소명의 절정이 될 터였다. 예수님은 무슨 일이 자신을 기다리고 있는지 아주 잘 아셨으며, 단호하게 그 미래를 맞이하기 위해 나아가셨다. 하나님 나라를 선포하는 일을 멈출 수 없으셨기 때문이다. 하지만 그 선포가 실현되기 위해서는 예수님이 줄곧 말씀해 오셨던 것들이 이제 그분 안에서 구현되어야만 했다. 살아계신 하나님은 치유하고 구원하시기 위해 일하고 계셨고, 악과 죽음의 세력은 과거 바로와 애굽 군대가 이스라엘 백성이 떠나는 것을 막으려 했던 것처럼 예수님을 대적하려고 집결하고 있었다. 그러나 이 순간은 하나님의 새로운 출애굽, 하나님의 위대한 유월절이 될 터였고, 이 절기를 지키러 나아가시는 예수님을 막을 수 있는 것은 아무것도 없었다.

걷는 대신 차로 여리고를 출발해 감람산 꼭대기에 이르렀음에도, 정상에 닿는 순간 안도감과 흥분이 강하게 밀려온다. 메마르고 먼지가 세차게 날리는 사막이 끝나고, 특히 봄이 절정인 유월절 무렵에는 갑자기 푸른 초목이 나타난다. 마침내 오르막이 끝나고 정상에 이르면, 좁고 깊은 계곡 건너편에 자리한 조금 더 작은 언덕 위에 햇살을 받으며 빛나는 거룩한 성 예루살렘이 펼쳐진다. 베다니와 벳바게는 감람산의 여리고 방향에 아늑하게 자리하고 있다. 베다니와 벳바게를 지나면, 예루살렘이 거의 곧바로 시야에 들어온다. 여정의 끝이요, 모든 순례를 끝맺는 종착지다. 하나님의 도성에서 맞이하는 유월절이다.

예수님에게 이것은 핵심을 정확히 제시하려고 세밀하게 계획되고 실행된 왕의 행차였다. 예수님이 고르신 짐승은 나귀 새끼였다. (누가가 사용한 단어는 좀 더 일반적으로 망아지나 조랑말을 의미하지만, 그는 메시아가 나귀 새끼를 탈 것이라는 스가랴 9장 9절의 예언을 알았고, 그래서 거기에 나오는 단어를 사용한다.) 예수님은 베다니에 처음 오시는 게 아니었다. 그러니 주인과 미리 약속되었던 게 거의 확실하다. 예수님이 일주일 뒤 장사되실 무덤처럼(23:53), 이 나귀 새끼 역시 한 번도 사용된 적이 없었다. 제자들은 그 의미를 알아차리고, 왕을 맞는 즉흥 행사처럼 예수님이 나귀를 타고 가실 길에 겉옷을 펼쳐 놓는다. 일행은 가파른 길을 따라 기드론 골짜기로 내려가고, 무리는 순례자들이 예루살렘으로 가는 길에서 늘 불렀던 찬양 시편(시118편)의 한 부분을 노래하기 시작한다. 그것은 승리의 노래다. 하나님이 그분의 대적을 모두 물리치고 그분의 나라를 세우시는 것을 찬양하는 노래다. 예루살렘에서 펼쳐질 논쟁에서 예수님은 이 시편을 직접 인용하신다(20:17). 그분은 이스라엘의 소망을 성취하는 분으로 오시며, 하늘의 평화를 이 땅에 가져올 왕을 기다리는 이스라엘의 열망에 응답하신다.

그러나… 여전히 불평하는 자들이 여기에도 있다. 무리와 함께 이동하던 일부 바리새인들이 갑자기 불안해하기 시작한다. 예루살렘 당국자들이 잠시라도 이 상황을 메시아적 시위로 판단할 경우 무슨 일이 벌어질지 몰랐기 때문이다. 하지만 예수님도 알고, 누가도 알며, 독자인 우리도 안다. 예수님이 예루살렘에 이르렀을 때 무슨 일이 일어나는지 말이다. 예수님의 관점에서 보면, 애초에 환영 행사가 펼쳐지는 이유가 바로 이 때문이다. 이 환영 행사는 적절한 것이었다. 왜냐하면 예수님이 예루살렘에 가시는 것은 십자가에서 자신만의 유월절 행위를 통해 하나님의 구원, 곧 하나님의 위대한 출애굽을 이루시고자 함이기 때문이다. 만일 무리가 이 사실을 알았다면 당황하고 괴로웠을 것이다. 물론 실제로 곧 그렇게 되겠지만 말이다.

- 예수님은 당당하게 예루살렘에 입성하시지만, 자신이 곧 고난을 받고 죽으리라는 것을 아신다. 이 둘 사이의 긴장을 탐구해 보라. 제자들, 무리, 바리새인들 등 여러 그룹이 보이는 반응을 생각해 보라. 이 그룹들이 예수님의 사명을 인식하고 이해하는 수준은 각각 어떻게 다른가?

- 당신이 예수님과 함께 예루살렘에 들어가고 있다고 상상해 보라. 당신은 예수님이 당신의 소망과 바람을 이루어주시길 바라며 이 여정에 참여하고 있는가? 당신은 찬양 시편을 노래할 준비가 되었지만, 예수님이 당신이 원하는 대로 행하시는 것처럼 보일 때만 그렇게 하겠는가? 당신은 자신의 겉옷을 그분 앞에 펼쳐 놓는 눈부시고 화려한 행동만이 아니라, 그분을 따라 고난과 역경 속으로 들어갈 준비도 되었는가?

예수님이 성전을 정화하시다

(누가복음 19:41-48)

41가까이 오사 성을 보시고 우시며 42이르시되 너도 오늘 평화에 관한 일을 알았더라면 좋을 뻔하였거니와 지금 네 눈에 숨겨졌도다 43날이 이를지라 네 원수들이 토둔을 쌓고 너를 둘러 사면으로 가두고 44또 너와 및 그 가운데 있는 네 자식들을 땅에 메어치며 돌 하나도 돌 위에 남기지 아니하리니 이는 네가 보살핌 받는 날을 알지 못함을 인함이니라 하시니라. 45성전에 들어가사 장사하는 자들을 내쫓으시며 46그들에게 이르시되 기록된 바 내 집은 기도하는 집이 되리라 하였거늘 너희는 강도의 소굴을 만들었도다 하시니라 47예수께서 날마다 성전에서 가르치시니 대제사장들과 서기관들과 백성의 지도자들이 그를 죽이려고 꾀하되 48백성이 다 그에게 귀를 기울여 들으므로 어찌할 방도를 찾지 못하였더라

마침내 예수님이 우실 차례다. 누가복음 앞부분에서는 눈물짓는 사람들과 고통당하는 사람들이 예수님께 나아와 나음을 입고 새 생명을 얻었다. 그러나 예수님이라고 해서 눈물을 모르시는 분이 아니다. 요한복음에서 예수님은 친구 나사로의 무덤 앞에서 우셨다(요11:35). 그리고 지금은 예루살렘을 보고 우신다. 하지만 그분을 위로할 사람이 없다.

예수님의 눈물은 기독교 복음의 핵심이다. 그것은 약함을 드러낸 후회스러운 순간이거나, 참 메시아라면 피했어야 할 순간이 아니었다. 긴 여정 내내 예수님은 예루살렘과 성전에 하나님의 심판이 곧 닥칠 거라고 거듭 경고하셨다. 갈릴리 동네들처럼 예루살렘과 성전도 예수님이 외치는 평화의 부르심, 곧 이방 세계까지 사랑으로 뻗어 나갈 하나님의 은혜의 복음을 거부했기 때문이다. "너희도 만일 회개하지 아니하면 다 이와 같이 망하리라"(13:3, 5)고 말씀하셨던 예수님은, 이제 빌라도가 갈릴리 사람들을 죽였고 또 곧 한 사람을 더 죽이게 될 그 도성, 실로암 망대가 무너졌던 그 도성, 머지않아 망대와 성벽과 성전 자체가 산산이 무너져 내릴 그 도성을 마주하고 서 계신다.

예수님의 경고와 심판의 메시지에서 아주 중요한 점이 하나 있는데, 그것은 이 메시지가 결국 흐느낌과 눈물을 통해 표현된다는 것이다. 누가는 이 장면을 생생하게 묘사한다. 예수님은 흐느끼시며 간신히 몇 마디 하신 뒤 마침내 마음을 가라앉히시고, 하나님이 엄숙하게 '방문'하시는 순간을 무시해 버린 도성을 향해 엄중히 경고하신다.

여기에는 "내 그럴 줄 알았다"라거나 "당해도 싸다"라는 식의 느낌은 전혀 없다. 다만 예레미야와 같은 선지자의 떨리는 흐느낌만 있을 뿐이다. 선포되었고 곧 집행될 무서운 심판은, 준엄하고 차가운 정의에서 비롯되는 것이 아니다. 그 심판은 백성을 위해 그리고 백성에게 가장 좋은 것을 원하는 마음에서 나온 것이며, 그렇기에 애초에 자신들을 그곳에 세우신 하나님의 뜻보다 자신들의 이해관계와 계획을 앞세운 반역에 맞서, 이제 슬픔과 눈물로 단호하게 그것을 맞설 수밖에 없는 것이다.

그러므로 예수님의 눈물과 그분이 성전에서 행하신 일은 분리될 수 없다. 예수님은 성전의 상업화에 분노하며 항의하시는 게 아니다. 예수님의 행동은 엄중한 예언적 경고로서, 예레미야를 비롯한 예언자들의 경고를 되울리는 행위다. 즉, 문자적으로든 비유적으로든, 성전이 강도들의 소굴이 되면 하나님의 심판을 받으리라는 것이다. 그런데 지금 보니 실제로 강도들이 활개를 치고 있는 것처럼 보인다. 예수님의 주된 관심사는 장사치들이 아니다. 그들도 한몫 챙기는 게 분명하겠지만, 그것은 대제사장들과 그 일당의 악행에 비하면 사소한 것에 지나지 않는다.

성전은 민족적 이데올로기의 중심이 되어 버렸다. 이사야 시대처럼, 성전은 사람들의 머릿속에 흔들릴 수 없는 약속의 상징, 곧 무슨 일이 일어나더라도 이스라엘의 하나님이 이스라엘을 안전하게 지키시리라는 약속의 상징으로 우뚝 서 있었다. 그러나 또한 이사야 시대처럼, 이스라엘은 도전에 직면해야 했다. 곧 그 약속이 믿음과 순종으로 반응되지 않는다면, 아무 소용이 없고 오히려 저주로 바뀌리라는 것이었다. 우리가 거룩하신 하나님과 언약 관계에 있다면, 불순종은 단순히 축복을 가로막고 우리를 원점으로 되돌리는 것에서 그치지 않는다. 그것은 하나님의 백성이 그분과 그분의 뜻을 거역할 때, 슬퍼하시는 하나님이 그들에게 쏟아부으실 심판을 불러온다.

놀랄 것도 없이 예수님의 메시지는 성직자든 일반인이든 지배

계층에게 인기가 없었다. 예수님이 성전에서 행하신 일은 그분의 체포에 직접적인 원인이 되었다. 그러나 예수님이 성전에서 행하신 일과 지배자들의 반응 이면에는 그분이 앞서 행하신 사역 전체의 무게가 놓여 있었다. 폭풍 구름이 몰려오는 가운데, 우리는 누가가 자주 강조하는 필연성을 느끼게 된다. '반드시' 이렇게 되어야만 했다. 하나님의 구원 계획은 이런 방식으로 성취되어야만 한다.

- 예수님의 사역에서 눈물과 슬픔의 역할에 대해 생각해 보라. 예수님의 행동과 가르침에서 하나님의 사랑과 공의는 어떻게 나타나는가?

- 예수님이 성전에서 행하신 행동은 그분의 전체 사역과 하나님의 구원 계획이라는 더 큰 맥락에서 어떤 역할을 하는가? 예수님의 체포와 십자가 죽으심으로 이어지는 피할 수 없는 사건의 흐름을 곰곰이 되새겨 보라.

예수님의 권위에 관한 질문

(누가복음 20:1-8)

1하루는 예수께서 성전에서 백성을 가르치시며 복음을 전하실 새 대제사장들과 서기관들이 장로들과 함께 가까이 와서 2말하여 이르되 당신이 무슨 권위로 이런 일을 하는지 이 권위를 준 이가 누구인지 우리에게 말하라 3대답하여 이르시되 나도 한 말을 너희에게 물으리니 내게 말하라 4요한의 세례가 하늘로부터냐 사람으로부터냐 5그들이 서로 의논하여 이르되 만일 하늘로부터라 하면 어찌하여 그를 믿지 아니하였느냐 할 것이요 6만일 사람으로부터라 하면 백성이 요한을 선지자로 인정하니 그들이 다 우리를 돌로 칠 것이라 하고 7대답하되 어디로부터인지 알지 못하노라 하니 8예수께서 이르시되 나도 무슨 권위로 이런 일을 하는지 너희에게 이르지 아니하리라 하시니라

한때 영국에서는 병사들이 퍼레이드를 할 때 얼마나 큰 소리로 구령을 외쳐야 하는지를 두고 논쟁이 벌어진 적이 있었다. 군 당국은 선임 부사관이 가까운 거리에서 큰 소리로 병사들에게 명령을 내리다가 병사의 청각이 조만간 손상되지는 않을까 우려했던 것 같다. 당연히 신문들은 이런 우려를 우스꽝스럽게 여겼다. 명령은 들려야 하는 법이고, 전장에서 속삭이는 것은 아무 쓸모가 없다.

그런데 동시에 선임 부사관 역시 장교에게 명령을 받지만, 일반

적으로 장교는 크게 소리지르지 않는다. 사실 계급이 올라갈수록 명령을 큰 소리로 하달할 가능성은 줄어든다. 사령관은 지시를 문서로 하달하거나 부관에게 조용히 말로 전달한다. 그러므로 퍼레이드 현장이나 군부대에서 누가 최고 지휘관이며 누구에게 권한이 있는지 알고 싶을 때, 목소리가 가장 큰 사람이 가장 중요한 권위를 가졌다고 단정하는 것은 별로 도움이 되지 않는다.

복음 이야기가 이 단계에 이르게 되면, 우리는 세례 요한을 잊어버릴 수도 있다. 그러나 누가는 그를 잊지 않았다. 예수님이 그를 잊지 않으셨기 때문이다. 예루살렘에 들어와 성전에서 장사치들을 몰아내실 때, 예수님은 마치 자신에게 그렇게 할 권위가 있는 것처럼 행동하셨다. 그러나 성전에는 이미 확고한 권력 구조가 있었다. 경비병들이 맨 아래 위치하고, 제사장들이 그 위에 자리하며, 대제사장이 맨 꼭대기를 차지하는 피라미드 구조였다. 그런데 예수란 자는 대체 자신을 누구라고 생각하기에 아무런 사격도 없이 성전에 들어와서 제멋대로 휘젓고 다니는가? 이는 자연스럽게 나올 수 있는 질문이었다.

그러나 예수님의 대답은 전혀 자연스러운 것이 아니었다(사람들은 그분의 대답에 놀랐던 것 같다). 도대체 요한이 예수님과 무슨 관련이 있다는 말인가? (그들끼리 속닥대며 의논하는 태도에서 짐작할 수 있듯이) 예수님의 대답은 단지 그들의 계략을 간파해 사람들 앞에서 창피를 주려던 목적이었을까?

전혀 그렇지 않다. 예수님이 이 질문을 하시는 이유는 그분이 성전에 대해 갖는 권위가 정확히 왕이자 메시아로서 갖는 권위이기 때문이다. 그리고 그 왕의 신분과 권위는 요한에게 세례를 받으실 때 하늘에서 비둘기가 내려오고 음성이 들리면서 그분에게 공개적으로 부여된 것이었다. 요한이 참된 선지자라면, 예수님은 정말로 참된 메시아시며, 당연히 성전에 대해 권위를 가지신다. 세례를 받고 물에서 나오실 때, 그렇게 지목되셨기 때문이다. 물론 요한이 참된 선지자가 아니라면, 그저 사람들을 미혹하는 위험한 몽상가일 뿐이라면, 예수님도 선을 넘는 행동을 하고 있는 셈이 된다(당국자들은 분명히 이렇게 생각했을 테지만, 감히 말하지는 못했다).

그러므로 권위는 사람들이 알아채지 못하는 사이에 옛 체계에서 새 체계로 옮겨가고 있었다. 적어도 한쪽 눈으로는 로마 제국을 의식하며 복음서를 쓰고 있는 누가에게 있어서 이것은 엄청나게 중요한 문제였다. 누가에게 예수님은 세상의 주님이요 가이사가 그 앞에서 벌벌 떨어야 하는 분이시다. 하물며 성전과 그 안에 있는 모든 것에 대해서도 당연히 주님이셔야 하지 않겠는가? 대제사장이 예루살렘에서 가장 큰 소리를 내는 사람일지도 모른다. 그는 심복들이 있고, 자신이 주관하는 법정이 있으며, 로마 총독을 접견할 수 있고, 자신이 하는 종교·정치적 역할에 수반되는 특권도 있다. 그러나 이제 그의 권력은 더 조용하게 말하시는 분, 옛 통치에 도전하고 새 통치를 여는 예언자와 왕의 권위를 가지고 오시는 분에게 도전을 받는다. 이제부터 예수님은—가이사의 통치를 상징하는 십자가에 매달려 바로 그 제사장들에게 조롱받는 순간에서조차—그 권위, 곧 구원하고 치유하는 사랑의 강력한 권위를 모두가 인정하게 될 때까지 행사하실 것이다.

가이사와 대제사장의 지배를 더 이상 받지 않는 오늘날 우리에게, 예수님의 권위를 어떻게 이해하고 받아들여야 하는지는 아주 복잡한 문제일 수 있다. 물론 우리는 그리스도인으로서 예수님이 우리의 삶과 생각과 행동의 주권자이심을 인정하고, 설령 그분의 권위가 (자주 그러듯이) 큰 목소리가 아니라 속삭임으로 다가올 때라도, 그 아래서 살려고 힘써야 한다. 그러나 누가가 확실하게 믿었듯이, 예수님이 온 세상의 주인이요 주님이시라면, 우리에게는 그분의 주되심을 온 세상에 알려야 할 책임이 있다.

- 힘과 큰 목소리에 기초한 권위와 예언자적 소명에 기초한 권위는 어떻게 다른가? 예수님이 메시아로서 갖는 권위는 종교 지도자들에게, 그리고 그들이 성전 안에서 갖는 권위에 대한 이해 방식에 어떻게 도전하는가?

- 오늘 우리가 예수님의 권위를 어떻게 증언할 수 있을지 생각해 보라. 일반적으로 테이블을 뒤엎고 사람들을 건물에서 쫓아내는 것은 적절하지 않을 것이다. 우리 시대에 예수님이 하늘과 땅의 모든 권세를 가지고 계신다는 것을 드러내기 위해서는 어떤 상징적 행위가 적절하겠는가?

인자를 기다림

(누가복음 21:34-38)

34너희는 스스로 조심하라 그렇지 않으면 방탕함과 술취함과 생활의 염려로 마음이 둔하여지고 뜻밖에 그 날이 덫과 같이 너희에게 임하리라 35이 날은 온 지구상에 거하는 모든 사람에게 임하리라 36이러므로 너희는 장차 올 이 모든 일을 능히 피하고 인자 앞에 서도록 항상 기도하며 깨어 있으라 하시니라 37예수께서 낮에는 성전에서 가르치시고 밤에는 나가 감람원이라 하는 산에서 쉬시니 38모든 백성이 그 말씀을 들으려고 이른 아침에 성전에 나아가더라

나와 함께 시간을 거슬러 예루살렘으로 가 보자. 때는 주후 58년, 예수님이 십자가에 못 박혀 죽으시고 부활하신 지 거의 30년이 지났다. 거룩한 도성에서 많은 사람이 거의 한 세대 전 그 뜨거웠던 시절에 예수님을 믿게 되었다. 그들 중 다수가 여전히 이곳에 남아 있으며, 이제는 더 늙었고 어쩌면 더 혼란스럽겠지만, 여전히 기다리고 소망하며 기도하고 있다.

그동안 상황은 순탄치 않았다. 본디오 빌라도가 총독에서 물러나자, 사람들은 삶이 나아질거라 기대했지만, 곧바로 황제가 성전에 자신의 거대한 신상을 세우려는 계획 때문에 큰 위기가 닥쳤었다. 다행히도 그 위협은 사라졌다. 문제의 가이우스 황제가 얼마 후

에 죽었기 때문이다. 그리고 41년에 헤롯의 손자인 아그립바가 유대인의 왕으로 임명되자 모든 예루살렘 사람이 일어나 환호했다. 동족의 통치를 받는 것이 멀리서 보내져 지역 관습을 이해하지 못하는 총독의 통치를 받는 것보다 나을 것 같았다. 그러나 그런 기대도 오래가지 못했다. 아그립바 역시 죽었다. (누군가의 말에 따르면) 그는 이교도 군주들처럼 신의 영광을 자신에게 돌리는 신성모독죄를 범하다가 하나님의 심판을 받았다. 이후 새로운 로마 총독이 줄을 이었으나 하나같이 전임자보다 못했다(못한 것 같았다). 그러나 54년에 네로가 황제가 되었을 때, 많은 사람이 평화와 정의가 승리할 거라고 다시 한번 희망을 품게 되었다.

하지만 그동안 내내 예루살렘 사람들은 정치적 긴장이 고조되고 있음을 알았다. 혁명 운동들이 일어나 영광의 순간을 맞보기도 했지만, 곧바로 잔혹하게 진압되었다. 어떤 사람들은 제사장들이 비밀리에 가담했다고 했고, 어떤 사람들은 그 모두가 사악한 강도들의 짓이었으며, 그들 때문에 평범한 사람들이 평화롭게 생계를 꾸릴 수 없었다고 했다. 또한 어떤 사람들은 로마와 타협해서 평화를 얻기를 원했고, 어떤 사람들은 강경 대응을 지지했으며, 어떤 사람들은 메시아가 오기만을 바랐다. 그런 와중에도 일상은 계속되었다. 상업, 농업, 목축, 목공, 가죽세공, 환전, 도자기 제작, 매일 드리는 성전 제사, 음악, 절기, 축제가 끊임없이 이어졌다. 성전 자체도 거의 완공 단계에 이르렀다. 헤롯 대왕이 70년 전에 시작한 성전 재건 사업이 마침내 끝나가고 있었다.

이 모든 상황에서 예수님의 이름을 부르는 사람들, 여전히 예수님의 이름으로 모여 떡을 떼고 예배하며 그분이 행하신 일과 말씀을 서로에게 가르치는 사람들은 이리저리 내몰리며 핍박을 받았다. 그들 가운데는 전에 바리새인이었다가 이제 바울이라 불리는 다소 사람 사울의 친구들도 있었다. 바울은 얼마 전 이곳에 왔다가 소요를 일으켰다(바울의 친구들은 그의 대적들이 소요를 일으켰다고 했지만, 바울이 가는 곳마다 소요가 일어난다는 소문이 돌고 있었다). 이제 바울은 이곳에 없다. 그는 재판을 받으러 로마로 이송되었고, 다시 돌아오지 않을 것이다. 베드로도 여행을 떠나 여러 해 보이지 않았다. 어떤 사람들은 바울을 의심했다. 바울이 이방인들에게 할례를 요구하지 않은 채, 예수님을 통해 하나님을 예배할 수 있도록 함으로써 하나님의 율법을 훼손했다고 말했다. 예루살렘 그리스도인들의 지도자이자 예수님의 동생이며 지혜롭고 헌신적인 야고보는 점점 늙어가고 있었고, 동족의 구원을 바라는 그의 기도는 응답되지 않는 것처럼 보였다.

예루살렘 그리스도인들이 지치고 낙담하기에 얼마나 쉬운 상황이었겠는가! 복음이 놀라운 결과를 낳고 있기는 했지만, 그것은 바다 건너편에서 일어나는 일이었다. 그들은 이 소식을 가끔 들었을 뿐이고, 들리는 소식(이방인들이 예수님을 예배하면서도 모세의 율법은 지키지 않는다는 것)이 늘 마음에 드는 것도 아니었다. 그들의 삶은 하루하루 힘겨웠다. 친구들이 때로는 냉소적으로 묻곤 했다. "너희 메시아는 도대체 언제 다시 오는 거냐? 로마 놈들이 이렇게 활개 치다가는 곧 세계 대전이 일어날 판인데, 메시아에게 좀 서둘러 오시라고 하면 안 되냐? 빵값 오르는 거 좀 봐라. 예수가 정말로 메시아였다면, 왜 그 이후로 아무 일도 일어나지 않는 거냐?" 이런 사람들 앞에서, 예배할 때 손을 뻗으면 만져질 만큼 예수님의 임재와 사랑이 생생하게 느껴진다고 말해봐야 아무 소용이 없다. "우리는 인내하라고 들었소"라는 말도 제대로 된 대답일 수 없다. 30년은 긴 시간이다. 우리가 할 수 있는 일은 본문에 나오는 예수님의 말씀을 비롯해 그 이야기들을 다시 들려주는 것뿐이다. 버텨라. 깨어 있으라. 육체적으로도 그래야지만 무엇보다 영적으로 눈을 부릅뜨고 있어라. 무슨 일이 닥치든 대처할 힘을 달라고 기도하라. 인자가 옳다고 인정받을 날이 올 것이다. 그때 우리는 자신의 발로 서 있어야 한다.

이제 나와 함께 21세기의 샌프란시스코, 시드니, 부줌부라, 또는 산살바도르를 여행해 보자. 주일 아침에 오순절 예배나 성공회의 아침 기도회, 또는 스페인어 미사를 마치고 교회를 나서면 세상은 저마다 자기 일에 몰두하거나 즐거움을 좇아 바쁘게 움직인다. 친구들은 아직도 교회에 다니는 우리를 이상하게 생각한다. "기독교는 한물갔고, 반증되었으며, 따분하고 쓸데없는 것이라는 선 이제 상식이야. 너희에게 필요한 것은 더 많은 섹스, 더 많은 파티, 더 많은 돈벌이, 더 많은 혁명이야. 어쨌든 교회가 한때 나쁜 짓을 꽤 많이 하지 않았냐? 종교재판은 어떻냐?" (그들은 늘 이렇게 말한다.) "십자군 전쟁은 어쩔 거냐? 컴퓨터가 있고 우주여행을 하는 요즘 세상에 누가 기독교를 필요로 하겠냐?" (그들은 전기와 현대 의학이 없던 시대에도 이렇게 말했다.)

그리고 또 이렇게도 말한다. "어쨌든 너희의 예수가 그렇게 특별하다면, 왜 세상이 여전히 이렇게 엉망진창인 거냐?" 그들은 노예 해방, 교육 발전, 병원 건립에 대해서는 전혀 알고 싶어 하지 않는다. 복음으로 인해 매일 같이 변화되는 삶에 대해서는 더더욱 알고 싶어 하지 않는다. 그들은 이생의 염려를 우리에게 짊어지게 하려고 할 뿐 아니라, 예수님이 경고하신 문자적으로로든 은유적으로든 방탕함과 술취함에 우리를 빠뜨리려고 한다. 우리를 지치게 만들고, 그래서 스스로를 이상하고 어리석은 사람이라고 생각하게 만들려고 한다. "이제는 아무짝에도 쓸모없고 낡아빠진 책을 왜 공부하는 거냐?"

이에 대해서는, 예수님 이후 거의 한 세대가 지났을 때의 예루살렘 그리스도인들에게 주어진 대답이나 오늘날 우리에게 주어진 대답이 동일하다. "깨어 있어라." 예상했던 대답이다. 인내가 열쇠다. 굳게 서 있을 수 있도록 힘을 달라고 기도하라. 영적, 정신적, 정서적, 육체적 피로로 눈이 감길 때가 있을 것이지만, 그럴 때는 억지로라도 눈을 부릅떠야 할 것이다. 이것은 아드레날린이 솟구치고 깃발이 휘날리는 흥분된 전투가 아니라, 하루하루, 한 주 한 주 기도와 소망과 성경과 성례와 증언의 발걸음을 꾸준히 내딛는 실천이다. 이것이 중요하다. 인내가 성령의 열매인 이유가 바로 이 때문이다. 이야기를 다시 읽어라. 예수님의 말씀을 서로에게 일깨워라. 그리고 깨어 있어라.

- 당신의 영적 여정에서 인내가 하는 역할을 생각해 보라. 아무 것도 달라지지 않거나 진전되지 않는 것처럼 보일 때라도 기다리고 견디는 게 왜 중요한지 생각해 보라. 당신과 하나님의 관계에서, 당신과 이웃의 관계에서, 어떻게 인내를 기를 수 있는가? 인내가 당신의 영적 성장에 어떻게 기여하는가?

- 우리는 많은 사람이 기독교를 한물갔다거나 쓸데없다고 생각하는 시대에 살고 있다. 신자들과 모여 예배하고 기도하며 공부하는 것이 어떻게 이런 시대에 우리를 깨어 있고 흔들리지 않게 만드는가? 동료 신자들이 믿음의 여정을 계속하도록 어떻게 격려하고 응원할 수 있는가?

최후의 만찬

(누가복음 22:1-23)

1유월절이라 하는 무교절이 다가오매 2대제사장들과 서기관들이 예수를 무슨 방도로 죽일까 궁리하니 이는 그들이 백성을 두려워함이더라 3열둘 중의 하나인 가룟인이라 부르는 유다에게 사탄이 들어가니 4이에 유다가 대제사장들과 성전 경비대장들에게 가서 예수를 넘겨 줄 방도를 의논하매 5그들이 기뻐하여 돈을 주기로 언약하는지라 6유다가 허락하고 예수를 무리가 없을 때에 넘겨 줄 기회를 찾더라 7유월절 양을 잡을 무교절날이 이른지라 8예수께서 베드로와 요한을 보내시며 이르시되 가서 우리를 위하여 유월절을 준비하여 우리로 먹게 하라 9여짜오되 어디서 준비하기를 원하시나이까 10이르시되 보라 너희가 성내로 들어가면 물 한 동이를 가지고 가는 사람을 만나리니 그가 들어가는 집으로 따라 들어가서 11그 집 주인에게 이르되 선생님이 네게 하는 말씀이 내가 내 제자들과 함께 유월절을 먹을 객실이 어디 있느냐 하시더라 하라 12그리하면 그가 자리를 마련한 큰 다락방을 보이리니 거기서 준비하라 하시니 13그들이 나가 그 하신 말씀대로 만나 유월절을 준비하니라 14때가 이르매 예수께서 사도들과 함께 앉으사 15이르시되 내가 고난을 받기 전에 너희와 함께 이 유월절 먹기를 원하고 원하였노라 16내가 너희에게 이르노니 이 유월절이 하나님의 나라에서 이루기까지 다시 먹지 아니하리라 하시고 17이에 잔을 받으사 감사기도 하시고 이르시되 이것을 갖다가 너희끼리 나누라 18내가 너희에게 이르노니 내가 이제부터 하나님의 나라가 임

할 때까지 포도나무에서 난 것을 다시 마시지 아니하리라 하시고 [19]
또 떡을 가져 감사기도 하시고 떼어 그들에게 주시며 이르시되 이것
은 너희를 위하여 주는 내 몸이라 너희가 이를 행하여 나를 기념하라
하시고 [20]저녁 먹은 후에 잔도 그와 같이 하여 이르시되 이 잔은 내
피로 세우는 새 언약이니 곧 너희를 위하여 붓는 것이라 [21]그러나 보
라 나를 파는 자의 손이 나와 함께 상 위에 있도다 [22]인자는 이미 작
정된 대로 가거니와 그를 파는 그 사람에게는 화가 있으리로다 하시
니 [23]그들이 서로 묻되 우리 중에서 이 일을 행할 자가 누구일까 하
더라

예수님은 이제 곧 자신에게 일어날 일을 어떻게 이해해야 하는
지 자신의 제자들에게 알리고자 하셨을 때, 결코 이론으로 가르치
지 않으셨다. 이는 지금도 마찬가지다.

예수님의 죽음이 우리의 죄를 어떻게 해결했는가? 교회사 내내
이에 관한 숱한 이론들이 생겨나고 사라졌다. 그 가운데는 매우 감
동적인 이론들도 많았는데, 그것들은 도움이 필요한 세상에 깊은
영적 통찰과 놀라운 신학적 이해, 그리고 구원하는 하나님의 사랑
을 전하려는 헌신을 한 데 아우른 것들이었다. 또한 그중 상당수는
그리스도인들에게 하나님의 은혜와 자비를 바라보는 새로운 시각
을 제공하기도 했다. 이론마다 제각기 그것이 있어야 할 나름의 자
리가 있다. 그러나 예수님이 자신의 제자들에게 주셨던 가장 중요
한 것은 이론이 아니다.

예수님은 그들에게 실천해야 할 하나의 행위를 주셨다. 구체적
으로 말하자면, 함께 나누어야 할 식사를 주셨다. 이 식사는 그 어

떤 이론보다 훨씬 많은 것을 말해준다. 이 식사가 무엇을 말하는지 알아내는 가장 좋은 방법은 당연히 그것에 관해 말하거나 글을 쓰는 게 아니라, 직접 그것을 행하는 것이다. 그러나 이것은 책이며 독자들이 나와 함께 주님의 식탁에 앉아 있는 게 아니므로, 예수님이 의도하셨을 법한 것 몇 가지와, 누가가 이에 관해 기록하면서 그려내고 싶어 했을 법한 것 몇 가지에 관해 말해 보겠다.

이 식사는 무엇보다도 **유월절** 식사였다. 누가는 줄곧 예수님이 '자신의 출애굽을 성취하시러' 예루살렘에 가고 계신다고 말해왔다 (9:31). 예수님은 하나님이 첫 번째 출애굽에서 모세와 아론을 통해 행하신 일을, 이제 이스라엘과 온 세상을 위해 행하러 오셨다. 하나님의 백성을 노예로 부리던 악의 세력이 절정에 이르렀을 때, 하나님은 애굽을 심판하고 이스라엘을 구원하셨다. 유월절은 이 심판과 구원의 상징이자 수단이었다. 어둠의 천사가 애굽의 장자를 모두 쳤으나 하나님의 장자 이스라엘은 살려두었으며, 문설주에 발린 어린양의 피를 보고 그들을 '넘어갔다'(출12장). 그런데 이제 이스라엘과 예루살렘에 드리운 심판, 예수님이 자주 말씀하셨던 그 심판이 곧 닥칠 것이다. 그리고 예수님은 **그 심판을 스스로 감당하심으로써** 자기 백성을 구원하실 것이다. 예수님의 죽음으로 말미암아 그의 백성은 탈출할 수 있을 것이다.

무엇으로부터 탈출하는가? 악의 세력으로부터다. 조금 후에 예수님은 어둠의 세력이 그들의 때를 만났다고 말씀하신다(22:53). 우리는 악의 본질과 그 힘에 관해 예수님 당시의 사람들보다 더 잘 이해한다고 말할 수 없다. 그러나 세상을 향한 하나님의 구원 계획이 어떤 의미로든 예수님에게서 절정에 이르렀다고 믿는다면, 악의 세력이 어떻게든 그것을 좌절시키기 위해 안간힘을 썼다는 것은 놀라운 일이 아니다. 예수님은 평생 '시험(trials)'을 겪어 오셨지만(28절), 이제 가장 큰 시험이 눈앞에 닥쳐왔다. 그분은 이 시험을 친히 겪으실 것인데, 이는 자신을 따르는 자들이 그것을 겪지 않도록 하시기 위함이다. 제자들은 "그분의 몸을 먹고 그분의 피를 마셔야" 하며, 그분의 죽음을 통해 생명을 얻게 된다.

예수님은 이 식사를 간절히 고대하셨다. 이 식사는 예수님에게 더없이 중요한 순간이었기 때문이다. 예수님은 이 식사에서 자신이 이제 곧 행하려는 일과 그것에서 제자들이 어떤 유익을 얻을 수 있는지를 깊고 풍성한 의미의 말과 행동으로 설명하실 터였다. 그러므로 식사 이야기와 배신 이야기가 한데 얽힌 것은 결코 우연이 아니다. 요한복음은 유다가 방을 나간 뒤 예수님이 열한 제자를 비교적 평온하게 가르치시는 시간이 있었다고 말한다. 하지만 그 가르침조차 대부분 임박한 박해에 집중되어 있었다(요13:31-17:26). 반면, 누가복음의 장면에서는 유다가 줄곧 거기 있다가 식사가 끝날 무렵 눈에 띄지 않게 슬그머니 자리를 뜬 것으로 보인다.

표면적으로 보자면, 유다는 대제사장들이 원하던 것을 제공했다. 다시 말해, 주변에 무리가 없을 때 예수님을 체포할 기회를 준 것이었다. (예수님이 유월절 식사를 위해 은밀한 계획을 세우신 것은 이러한 위험을 피하기 위해서였다.) 그러나 누가의 이해에 따르면—그리고 이것은 만찬 자리에서 일어나는 일을 이해하는 데 핵심적인 부분이다—'사탄'이 유다를 꼭두각시로 이용하고 있었다. 사탄의 목적은 언제나 고발하는 것이다. 사탄은 예수님을 사기꾼, 반역자, 거짓 선지자, 거짓 메시아, 곧 이스라엘을 위험에 몰아넣는 거짓말쟁이로 고발하려 한다. 유다의 배신은 이 고발 과정의 첫 단계였다.

그러나 누가는 우리에게 숱한 방법으로 말해줄 것이다. 예수님은 이 혐의에 대해 무죄이며, 오히려 이스라엘이 유죄라고 말이다. 만찬 장면에서 축하와 배신이 뒤얽히는 것은 십자가에서 승리와 비극이 뒤얽히는 장면을 미리 대비하도록 우리를 준비시킨다. 예수님은 거짓 고발을 당하심으로써 자신의 참된 사명을 완수하신다. 다른 사람들이 받아야 하는 벌을 대신 받으심으로써 신적 소명을 성취하신다. 하나님은 그분의 백성을 구원하시는 과정에서 애굽 왕 바로의 오만한 저항을 그분의 목적에 기여하게 하셨듯이, 이제 친구들과 만찬을 나누는 이 한 사람을 통해 똑같은 일을 행하신다. 절정에 이른 악의 세력이 하나님의 구원을 가져오시는 분을 십자가에 못 박을 때, 하나님은 바로 그 사건을 이용해 악의 세력을 무너뜨리신다.

매일, 매주, 또는 다른 어떤 주기로든, 함께 모여 떡을 떼고 포도주를 마시며 그분을 기억하라는 예수님의 말씀에 순종할 때, 우리는 그 구원 속으로, 치유하는 삶 속으로 끌려 들어간다. 유월절 후에 이스라엘을 추격했던 바로와 그의 군대처럼, 지금도 권세들이 여전히 날뛰고 있을 수 있다. 그러나 그들은 이미 패배했으며, 우리의 구원은 확실하다.

- 유월절 이야기에 나타난 심판과 구원의 상징을 생각해 보고, 이것이 예수님의 죽음 및 악의 세력의 패배와 어떻게 연결되는지도 생각해 보라. 주의 만찬에 참여하는 것이 어떻게 하나님의 구원과 어둠의 세력에 대한 하나님의 승리를 더욱 신뢰하게 만드는가?

- 최후의 만찬 장면에서 나타나는 축하와 배신 사이의 긴장을 생각해 보고, 이것이 십자가의 승리와 비극을 어떻게 예시하는지도 생각해 보라. 예수님의 사명이 갖는 희생적 성격과 그분이 다른 사람들이 받아 마땅한 벌을 기꺼이 대신 받으려 하신 것을 생각해 보라. 예수님이 보여주신 이런 희생적 사랑은 용서와 구속에 대한, 그리고 가장 암울한 사건들까지 그분의 목적을 위해 사용하시는 하나님의 능력에 대한 우리의 이해에 어떤 영향을 미치는가?

십자가에 달리신 예수님

예수님이 체포되시다

(누가복음 22:39-53)

³⁹예수께서 나가사 습관을 따라 감람산에 가시매 제자들도 따라갔더니 ⁴⁰그 곳에 이르러 그들에게 이르시되 유혹에 빠지지 않게 기도하라 하시고 ⁴¹그들을 떠나 돌 던질 만큼 가서 무릎을 꿇고 기도하여 ⁴²이르시되 아버지여 만일 아버지의 뜻이거든 이 잔을 내게서 옮기시옵소서 그러나 내 원대로 마시옵고 아버지의 원대로 되기를 원하나이다 하시니 ⁴³천사가 하늘로부터 예수께 나타나 힘을 더하더라 ⁴⁴예수께서 힘쓰고 애써 더욱 간절히 기도하시니 땀이 땅에 떨어지는 핏방울 같이 되더라 ⁴⁵기도 후에 일어나 제자들에게 가서 슬픔으로 인하여 잠든 것을 보시고 ⁴⁶이르시되 어찌하여 자느냐 시험에 들지 않게 일어나 기도하라 하시니라 ⁴⁷말씀하실 때에 한 무리가 오는데 열둘 중의 하나인 유다라 하는 자가 그들을 앞장서 와서 ⁴⁸예수께 입을 맞추려고 가까이 하는지라 예수께서 이르시되 유다야 네가 입맞춤으로 인자를 파느냐 하시니 ⁴⁹그의 주위 사람들이 그 된 일을 보고 여짜오되 주여 우리가 칼로 치리이까 하고 ⁵⁰그 중의 한 사람이 대제사장의 종을 쳐 그 오른쪽 귀를 떨어뜨린지라 ⁵¹예수께서 일러 이르시되 이것까지 참으라 하시고 그 귀를 만져 낫게 하시더라 ⁵²예수께서 그 잡으러 온 대제사장들과 성전의 경비대장들과 장로들에게 이르시되 너희가 강도를 잡는 것 같이 검과 몽치를 가지고 나왔느냐 ⁵³내가 날마다 너희와 함께 성전에 있을 때에 내게 손을 대지 아니하였도다 그러나 이제는 너희 때요 어둠의 권세로다 하시더라

지난 30년 동안 내 삶에서 일어난 가장 두드러진 변화 가운데 하나는 (갈수록 심해지는 탈모를 빼면) 젊었을 때 그렇게 좋아했던 한 스포츠에 대한 태도가 바뀌었다는 것이다. 나는 학생 때 암벽 등반을 배웠고, 이후 10년 넘게 기회가 있을 때마다 등반을 했다. 기술이 뛰어나지는 않았지만 언제나 큰 즐거움을 느꼈다. 그러나 이제는 다르다. 산길을 걷는 것은 좋아해도 발뒤꿈치가 백여 미터 허공에 매달린 채 발끝으로 조그마한 돌출부를 간신히 딛고서 버티고 싶은 마음은 추호도 없다.

무엇보다 숱한 등반 사고는 유독 비극적인 측면이 있다. 등반가들을 서로 연결함으로써 생명을 지켜주어야 할 밧줄이 도리어 생명을 앗아갈 수도 있다. 등반가들이 아무리 잘 준비하더라도 한 사람이 바위에서 추락할 때 밧줄로 연결된 다른 사람들까지 추락하게 되는 사고가 종종 일어난다. 한 사람의 추락이 다른 사람들의 추락으로 이어질 수 있는 것이다.

이것이 바로 오늘 본문에서 예수님이 무엇보다도 피하고자 하셨던 일이다. 제자들은 예수님이 하시는 일이나 말씀을 이해하지 못했지만, 우리는 사후적으로 그것을 되돌아보며 이해할 수 있다. 예수님은 자신이 체포되어 재판을 받고 죽임을 당하리라는 것뿐만 아니라, 그렇게 되는 것이 하나님께 받은 자신의 소명이라는 것도 알고 계셨다. 그러나 또한 그분은 어둠의 시간과 권세 속으로 혼자 들어가야만 한다는 것도 알고 계셨다. 반란 주동자들이 체포될 때, 가담자들도 함께 체포되어 고문받고 죽임당하는 것은 흔한 일이었다. 따라서 베드로와 다른 제자들에게 이런 일이 일어나지 않도록 하는 것이 중요했다. 예수님은 추락하실 테지만, 제자들까지 추락하게 해서는 안 되었다. 예수님의 소명은 양들을 자신과 함께 죽게 하시는 것이 아니라, 양들을 위해 자신의 목숨을 버리시는 것이었다. 더구나 제자들은 예수님의 사명을 이어 나갈 사람들이었다. 예수님은 특히 베드로를 위해 기도하셨고(22:32), 베드로와 다른 제자들이 조금 후 자신을 집어삼킬 물살에 딸려 들어가지 않게 하는 것이 중요했다.

그래서 예수님은 제자들에게 "시험(trial)에 들지 않게" 기도하라고 하신 것이다. 그러면 여기서 말하는 '시험'이란 무엇인가? 일차적으로 그것은 예수님이 체포되신 후 기다리고 있을 '시험(재판/시련)'을 의미한다. 그러나 이 시험은 예수님과 이스라엘, 그리고 온 세상에 닥칠 더 큰 '시험(심판/환난)'의 인간적이고 지상적인 버전일 뿐이다. 예수님은 자신을 잡으러 온 무리에게 "이제는 너희 때요 어둠의 권세로다"라고 말씀하셨다. 당시의 많은 유대인처럼 예수님은 이스라엘의 역사가, 그리고 그와 함께 세계의 역사가 큰 공포와 어둠, 말할 수 없는 고통과 슬픔의 순간으로 들어갈 것이며, 그 후 그 반대편에서 하나님의 구속과 도래하는 하나님 나라, 그리고 그 나라가 지닌 모든 의미들이 나타날 거라고 믿으셨다. 이것이 바로 '시험'이자 '시련'이며 '큰 환난'일 것이다. 당시의 다른 지도자들과 달리, 예수님은 이 어둠과 공포 속으로 혼자 들어가 이스라엘과 세상의 운명을 짊어지고 반대편으로 건너가는 것이 자신에게 주어진 사명이라고 믿으셨다. 그분은 두 가지 의미 모두에서 '그 시험'을 홀로 감당하실 것이다.

이것 외에 예수님이 겟세마네 동산에서 마주하신 두려움을 달리 설명할 길이 없다. 사실 다른 많은 사람들이 죽음을, 비록 두렵고 고통스럽더라도, 아주 평온하게 받아들였다(그중 유명한 소크라테스가 있고, 그밖에도 유명하든 유명하지 않든 수많은 그리스도인 순교자들과 비그리스도인 순교자들이 있다). 예수님은 조금 전 유월절 식사를 마치셨고, 그 자리에서 자기 죽음을 예언하셨을 뿐 아니라 그 죽음이 무엇을 의미하는지에 대해서도 말씀하셨다. 그런 예수님이 이제 와서 왜 물러서려 하시겠는가?

가장 타당한 대답은, 이 죽음이 어둠의 공포, 곧 하나님께 버림받음이라는 온전한 공포를 수반할 것임을 예수님이 아셨기 때문이라는 것이다. 예수님은 세상의 악한 권세가 모든 차원에서 최악의 일을 저지를 수 있고, 또 실제로 저지르게 될 그 자리로 들어가고 계셨다. 그리고 그 고통 가운데 한 부분을 차지하는 것은 정신적 고뇌와 끊임없는 의문이었다. '혹시 다른 길이 있을지도 모른다. 어쩌면 내가 하나님의 신호를 잘못 읽었을지도 모른다. 어쩌면 아브라함이 이삭을 제물로 바치려 했을 때처럼, 내가 여기까지 순종했으니 이제 하나님이 뭔가 새로운 일을 행하실지도 모른다. 그러면 내가 이 일을 겪지 않아도 될지 모른다.' 누가가 추가한 부분, 곧 예수님의 땀이 땅에 떨어져 피같이 되었다는 의학적 진술은 현대의 연구로도 확인되었다. 스트레스나 공포가 극에 이른 상황에서는 실제로 이런 일이 일어날 수 있다.

이런 상황에서도 제자들은 예수님의 나라가 무엇이고, 그분이 전하는 평화의 메시지가 무엇인지 여전히 이해하지 못했다. 예수님을 지키려 했던 제자들의 시도는 성전 경비병들의 검과 몽치만큼이나 핵심을 놓치고 있었다. 예수님은 혁명적 투사도, 군사적 메시아도 아니셨다. 그러나 설명할 시간이 지나가 버렸다. 어둠의 시간이 도래했다. 사흘 후 새로운 새벽이 밝을 때까지는, 아무도 다시 선명하게 보지 못할 것이었다.

- 예수님이 인간적인 시험(재판)과 더 큰 영적 시험을 내다보신다는 사실은 선과 악이 맞붙는 더 큰 우주적 전투에 대한 그분의 이해를 어떻게 드러내는가? 우리는 개인적 시험과 집단적 시험 앞에서 어떻게 힘과 회복력을 얻을 수 있는가?

- 예수님이 겟세마네 동산에서 깊이 고뇌하고 잠시 주저하시는 장면을 깊이 생각해 보라. 이 장면은 예수님이 곧 마주하실 어둠과 하나님께 버림받음의 무게에 대해 무엇을 드러내는가? 예수님은 다른 길이 있을 가능성과 씨름하셨는데, 여기서 인간의 바람과 하나님의 목적 사이의 긴장이 어떻게 나타나는가?

베드로가 예수님을 부인하다

(누가복음 22:54-71)

54예수를 잡아끌고 대제사장의 집으로 들어갈 새 베드로가 멀찍이 따라가니라 55사람들이 뜰 가운데 불을 피우고 함께 앉았는지라 베드로도 그 가운데 앉았더니 56한 여종이 베드로의 불빛을 향하여 앉은 것을 보고 주목하여 이르되 이 사람도 그와 함께 있었느니라 하니 57베드로가 부인하여 이르되 이 여자여 내가 그를 알지 못하노라 하더라 58조금 후에 다른 사람이 보고 이르되 너도 그 도당이라 하거늘 베드로가 이르되 이 사람아 나는 아니로라 하더라 59한 시간쯤 있다가 또 한 사람이 장담하여 이르되 이는 갈릴리 사람이니 참으로 그와 함께 있었느니라 60베드로가 이르되 이 사람아 나는 네가 하는 말을 알지 못하노라고 아직 말하고 있을 때에 닭이 곧 울더라 61주께서 돌이켜 베드로를 보시니 베드로가 주의 말씀 곧 오늘 닭 울기 전에 네가 세 번 나를 부인하리라 하심이 생각나서 62밖에 나가서 심히 통곡하니라 63지키는 사람들이 예수를 희롱하고 때리며 64그의 눈을 가리고 물어 이르되 선지자 노릇 하라 너를 친 자가 누구냐 하고 65이 외에도 많은 말로 욕하더라 66날이 새매 백성의 장로들 곧 대제사장들과 서기관들이 모여서 예수를 그 공회로 끌어들여 67이르되 네가 그리스도이거든 우리에게 말하라 대답하시되 내가 말할지라도 너희가 믿지 아니할 것이요 68내가 물어도 너희가 대답하지 아니할 것이니라 69그러나 이제부터는 인자가 하나님의 권능의 우편에 앉아 있으리라 하시니 70다 이르되 그러면 네가 하나님의 아들이냐 대답하시되 너희들이 내가 그라고 말하고 있느니라 ⁷¹그들이 이르되 어찌 더 증거를 요구하리요 우리가 친히 그 입에서 들었노라 하더라

나는 왕지밍(Wang Zhiming)의 삶과 증언을 기리는 예배에 참석할 수 있었던 것을 큰 행운으로 여긴다. 그는 중국인 목사였으며, 마오 쩌뚱이 문화 혁명을 단행하던 시기에 기독교 신앙을 분명하게 증언하다가, 결국 많은 군중 앞에서 처형되었다. 그는 비교적 최근의 역사 속에서 기독교 신앙을 위해 목숨을 바친 수백 명의 순교자 가운데 하나다. 당시 사람들이 그에게서 보았던 것, 그리고 당국자들을 격분하게 했던 것이 하나 있다. 그것은, 처음에는 대가를 치러야 했고 다음에는 위험해졌으며 마지막에는 거의 자살 행위나 다름없었을 때조차, 그가 진리를 말하는 것을 멈추지 않았다는 것이다. 은혜롭고 숭고하게 표현된 믿음과 진리는 절대 꺾이지 않는다. 그런 이유로 웨스트민스터 사원 서쪽 정면에 왕지밍의 입상이 새겨져 있는 데 반해(여기에 20세기 순교자 12명의 입상이 새겨져 있다), 오늘날 그를 고발하거나 처형한 자들을 기억하는 사람은 아무도 없다,

누가는 예수님이 잡히시던 밤에 일어났던 일을 전하면서 그분의 믿음과 진리를 강조한다. 베드로는 예수님을 안다는 사실조차 부인한다. 병사들은 예수님을 거짓 선지자라고 조롱하며 장난을 치는데, 바로 그 순간 베드로에 관한 예수님의 예언이 실현된다. 공회는 예수님을 심문하는데, 그것은 예수님이 실제로 무엇을 믿는지 알기 위해서가 아니라, 아침에 로마 총독에게 제시할 혐의를 어떻게든 꾸며내기 위해서다. 그리고 그 모든 상황 한가운데 주님이

서 계신다. 그분은 베드로에 대해 슬퍼하시고, 병사들에게 상처 입으시며, 자기밖에 모르는 유대 지도자들을 향해 고개를 저으시면서도, 계속해서 진리를 말씀하신다.

이 장면은 잠시 멈춰 들여다볼 가치가 있다. 여기에 무엇이 걸려 있는지, 이 모든 것이 무엇을 의미하는지 생각해 보자. 쌀쌀했던 4월의 어느 날 밤, 모닥불가의 장면을 떠올려 보라. 베드로는 충성심에 여기까지 왔다. 그러나 밤이 깊어 가고 피로가 더해지면서 그의 결심이 약해진다. 이런 문제는 우리에게도 익숙하다. 때로는 한밤중에 닥치기도 하지만, 그보다는 누군가의 인생이나 어떤 큰 프로젝트의 한복판에 갑자기 들이닥칠 때가 더 많다. 우리는 예수님을 따르기로 결심하며, 그 결심에 진심을 담는다. 자신의 소명을 위해 일하기 시작하며, 그 소명을 완수하겠다는 의지로 넘친다. 시작은 언제나 설렘으로 가득하지만 동시에 두려운 법이다. 한낮의 더위와 한밤의 피로에 우리의 의지와 에너지, 열정이 말라버릴 수 있다. 그리스도인들 가운데 베드로를 내려다보며 경멸할 사람은, 혹시 있을지 모르지만, 거의 없을 것이다. 전부는 아니더라도 우리들 대부분이 이렇게 생각할 것이다. "그래, 그런 거야. 그런 일은 늘 일어나는 법이지." 어쩌면 우리도 그 자리에 이르러 봐야, 베드로처럼 자기 힘이 아니라 새롭고 겸손하게 만드시는 하나님의 부르심을 따라 살며 일하기 시작할 수 있을지 모른다.

이제 예수님이 눈이 가려진 채로 조롱당하던 병사들의 초소로 가 보자. 다른 병사들은 잔혹하고 거칠어서 어떻게든 예수님을 희롱하려 든다. 어떤 병사들은 그저 주어진 임무를 수행할 뿐이지만,

분위기가 추악해지자 가만히 뒷짐만 지고 있을 수가 없다. 그랬다가는 동료들로부터 나약하다는 소리를 들을 테고, 어쩌면 자신이 그다음 놀잇감이 될지도 모른다. 피해자가 약한 모습을 보일 때, 가해자는 훨씬 더 폭력적이게 된다. 그는 남을 조롱함으로써 자기 내면의 두려움을 감추려 한다.

이것은 병사들이 있는 초소에서만 일어나는 일이 아니다. 오늘날 사무실과 회의실, 학교 운동장과 식당 주방에서도 어김없이 일어난다. 자신이 상대하는 사람들 하나하나가 창조자 하나님의 아름답고 연약한 형상이며, 존중받고 소중히 여겨져야 할 존재라는 사실과, 자신도 세상에서 하나님의 형상으로 살라는 명령을 받았다는 사실을 잊어버리는 모든 곳에서 이런 일들이 일어난다. 다시 말해, 다른 사람들의 기분을 나쁘게 함으로써 자신의 기분을 좋게 하려고 할 때마다 이런 일은 반복해서 일어난다. 거듭 말하지만, 우리는 모두 이것이 어떤 것인지 잘 알고 있다.

마지막으로, 비극적인 법정으로 들어가 보자. 공회원들은 로마의 꼭두각시에 불과할지라도, 실제 권력을 가진 자들이다. 그들은 정의로운 하나님을 믿는 천 년의 전통을 물려받았으며, 자기 민족이 이 정의를 하나님의 세상에 가져올 수 있다고 자부했다. 그러나 지금 그들의 최우선 목표는 어떤 대가를 치르더라도 예수님을 제거하는 것이다. 다른 것은 모두 잠시 보류된다. 예수님의 말 한마디면 충분하다. 아무리 모호한 말이더라도, 그들이 왜곡하고 날조해 혐의를 꾸며낼 수만 있으면 그만이다. 이는 정치인들과 언론인들, 법률가들이 흔히 쓰는 수법이다. 두뇌 회전이 빠르고 말주변이 뛰어나며 양심이 쉽게 타협할 수 있다면, 누구라도 이런 수법을 쓸 수 있다. 그리고 이런 일이 일어나는 곳마다 무고한 희생자가 생긴다.

오늘 누군가가 내게 "예수님이 세상 죄를 위해 죽으셨다는 게 무슨 뜻인가요?"라고 물었다. 나는 다소 장황하게 답했지만, 그래도 내 대답이 적절하길 바랐다. 그러나 누가는 오늘 본문 전체를 통해 그 질문에 답하고 있다. 베드로의 연약함, 병사들의 괴롭힘, 법정에서 일어난 정의의 왜곡 등 이 모든 것을 비롯해 훨씬 많은 것들이 예수님을 십자가로 내몰았다. 그것은 단순히 신학적 거래가 아니었다. 그것은 실제로 죄였고, 인간의 어리석음과 반역이었으며, 길을 잃고 하나님의 얼굴에 침을 뱉는 사람됨을 잃어버린 인간성이었다. "이 외에도 많은 말로 욕하더라." 그렇다. 우리 모두도 그렇게 해왔다. 누가는 우리의 시선을 십자가 아래로 이끌면서 우리로 하여금 단순히 슬픔과 연민만이 아니라 부끄러움까지 느끼게 하려고 한다.

- 베드로는 예수님을 부인했으며, 지쳐서 결심이 약해졌다. 이러한 베드로의 모습이 믿음이나 목적이 흔들리는 당신의 경험과 어떻게 공명하는가? 당신은 에너지가 고갈되고 열정이 식을 때, 어떻게 하나님의 새로운 힘과 부르심을 발견할 수 있는가?

- 권력의 역학과 자신의 이익을 위해 타인을 함부로 대하는 행위에 대해 탐구해 보라. 병사들의 초소에서 조롱하고 괴롭히는 모습은 모든 개개인의 타고난 가치와 존엄을 인정하지 못하는 모습을 어떻게 보여주는가? 남에게 열등감을 느끼게 함으로써 자신이 우월감을 느끼고자 하는 유혹에 맞서 타인을 가치 있게 여기고 존중하는 마음가짐을 어떻게 기를 수 있는가?

빌라도와 헤롯 앞에
서신 예수님

(눅 23:1-12)

1무리가 다 일어나 예수를 빌라도에게 끌고 가서 2고발하여 이르되 우리가 이 사람을 보매 우리 백성을 미혹하고 가이사에게 세금 바치는 것을 금하며 자칭 왕 그리스도라 하더이다 하니 3빌라도가 예수께 물어 이르되 네가 유대인의 왕이냐 대답하여 이르시되 네 말이 옳도다 4빌라도가 대제사장들과 무리에게 이르되 내가 보니 이 사람에게 죄가 없도다 하니 5무리가 더욱 강하게 말하되 그가 온 유대에서 가르치고 갈릴리에서부터 시작하여 여기까지 와서 백성을 소동하게 하나이다 6빌라도가 듣고 그가 갈릴리 사람이냐 물어 7헤롯의 관할에 속한 줄을 알고 헤롯에게 보내니 그 때에 헤롯이 예루살렘에 있더라 8헤롯이 예수를 보고 매우 기뻐하니 이는 그의 소문을 들었으므로 보고자 한 지 오래였고 또한 무엇이나 이적 행하심을 볼까 바랐던 연고러라 9여러 말로 물으나 아무 말도 대답하지 아니하시니 10대제사장들과 서기관들이 서서 힘써 고발하더라 11헤롯이 그 군인들과 함께 예수를 업신여기며 희롱하고 빛난 옷을 입혀 빌라도에게 도로 보내니 12헤롯과 빌라도가 전에는 원수였으나 당일에 서로 친구가 되니라

많은 희곡과 소설, 그리고 실제 삶의 이야기들은 대부분 오랫동안 떨어져 있던 두 사람이 마침내 다시 만나게 될 때—그것이 좋은

일이든 나쁜 일이든—이야기의 절정에 이르게 된다. 그때 악당이 추악한 미소를 지으며 말한다. "제임스 본드, 드디어 만났군!" 그는 비밀 요원을 마침내 손아귀에 넣었다고 믿는다. 아이스킬로스(주전 6-5세기, 그리스의 대표적인 비극 작가)에서 셰익스피어에 이르기까지, 그리고 그 이후의 수많은 희곡 속 등장인물들도 상대를 빤히 쳐다보며 외친다. "정말 당신인가요?" 펜팔 친구나 먼 사촌이 비행기에서 내릴 때도 우리는 이렇게 외친다. "드디어 만나다니, 정말 기뻐!" 누가가 예수님과 헤롯이 마주하는 장면을 들려줄 때 이러한 분위기를 감지하지 못한다면, 이 장면을 제대로 이해하지 못한 것이다. 헤롯은 복음서 전체에서 줄곧 배경으로만 자리했다. 오직 누가만이 헤롯이 훨씬 이전부터, 즉 예수님의 갈릴리 사역 때부터 그분을 찾아내 죽이려 했다고 말한다(13:31). 그리고 오직 누가만이 현재의 불안정한 '유대인의 왕'과 참되고 장차 오실 왕이 얼굴을 맞대고 만나는 장면을 우리에게 보여준다. 헤롯은 이 순간을 오랫동안 고대했다. 그는 예수님을, 말로 자신을 매료시키면서도 경고로 위협했던 세례 요한과 주문만 하면 묘기를 부리는 서커스 마술사가 합쳐진 인물로 보았다.

그러나 예수님은 헤롯을 실망시키신다. 아무 말씀도 하지 않고, 아무 기적도 행하지 않으신다. 우리는 모세가 바로의 궁정에서 행했던 것처럼, 새로운 출애굽의 지도자가 하나님의 심판으로 헤롯을 위협하거나 자신의 주장을 증명하기 위해 놀라운 일을 행하실 것을 기대했을지 모른다. 그러나 예수님은 어느 것도 행하지 않으신다. 예수님은 그런 부류의 선지자가 아니며, 그런 부류의 왕도 아니시다. 누가에게 예수님은 참 선지자요, 유대인의 참 왕이시다. 그래서 그는 예수님과 헤롯의 만남을 예수님의 왕권만이 진실하고 다른 모든 유형의 왕권은 거짓임을 드러내는 일련의 장면 속에 배치한다. 이 순간, 진리는 침묵을 통해 더욱 분명하게 선포된다.

그렇다면 왜 빌라도는 예수님에게 제기된 혐의에 대해 무죄라고 말했을까? 왜 헤롯은 대제사장들이 제기한 고발에 분명하게 동조하지 않았을까? 한 가지 이유는 분명해 보인다. 예수님은 흔히 '유대인의 왕'이 되려는 자들이 주도했던 유형의 혁명을 이끌지 않았기 때문이다. 예수님을 곁에서 따르는 소수의 제자들은 거의 무장하지 않았으며, 결국에는 모두 달아나 버렸다. 예수님은 아무런 위협도 하지 않았고, 아무런 저항도 하지 않았으며, 거의 아무런 말도 하지 않으셨다. 헤롯과 빌라도는 예수님이 자신들 앞에 서게 된 주된 이유가 대제사장들과 그 측근들이 그분을 제거하려 했기 때문이라는 것을 알아낼 수 있었다. 헤롯과 빌라도 둘 다 그들을 좋아하지 않았으며, 이 기간 내내 그들과 권력 투쟁을 벌이고 있었기에 어떻게든 그들을 짓누르려 했다. 다시 한번 예수님은 서로 경쟁하는 이해관계와 의도들이 맞부딪히는 지점에서 체포되셨다. 세상의 죄뿐만 아니라 이렇듯 사소한 욕망들까지 함께 작당해서 예수님을 십자가로 내몰았던 것이다.

그러나 예수님과 헤롯이 마침내 만나는 것이 누가에게 중요했다면, 세상의 참된 주님(Lord)이 세상의 정치적 주(lord)의 대표자를 만나시는 것은 그보다 훨씬 더 중요한 일이다. 누가의 독자들은 예수님이 가이사에게 세금을 바치는 것을 실제로 금하지 않으셨다는 것을 알고 있다. 그러나 인자로서 자신이 높임을 받을 거라고 말함으로써(22:69) 자신을 이스라엘의 정당한 왕이요 대표자로 여기고 있음을 드러낸 자에게, 그런 고발은 충분히 개연성 있는 혐의였다. 만일 예수님이 유대인의 왕이며, 세상의 모든 권세 위에 왕으로 높아지게 되실 거라면, 가이사 역시 그의 보좌에서 밀려나게 될 것이다.

유대인의 왕과 이방인 통치자 사이에 새롭게 싹튼 우정에는 놀라운 아이러니가 있다. 누가복음 전체에서는 복음이 공식 유대교를 넘어, 이스라엘의 인종적·지리적 경계를 넘어, 편견과 몽매함을 넘어 유대인과 이방인, 젊은이와 늙은이, 미움받는 사마리아인과 세리를 하나로 묶으며 뻗어 나가는 것에 대해 이야기한다. 그런데 이제 예수님을 믿지도 않는 헤롯과 빌라도가 화해하고 있다. 마치 예수님이 십자가를 향해 가고 있는 이 순간, 여기저기서 화해가 터져 나오지 않을 수 없었던 것처럼 보인다.

물론 하찮은 군주와 교활한 총독 간의 음흉한 거래를, 유대인 신자와 이방인 신자가 복음 안에서 누리는 풍성한 교제와 비교할 수는 없다. 그럼에도 누가는 세상이 예수님과 그분의 십자가 죽음을 통해 새로운 곳이 되어가고 있다는 모든 징표를 예민하게 포착하고 있으며, 우리 또한 그렇게 하길 바라고 있다. 누가는 당시 자신의 교회와 오늘날 우리에게 이렇게 말하고 있는 셈이다. 헤롯과 빌라도까지 이 일을 통해 친구가 될 수 있었다면, 우리 역시 십자가의 그늘 아래 들어오기만 한다면 그 누구와도 화해할 수 있지 않겠냐고 말이다.

- 오늘 본문에서 예수님과 헤롯의 만남이 어떻게 묘사되는지 살펴보라. 왜 예수님은 자신의 권능을 주장하거나 기적을 행하지 않으시고, 대신 침묵하며 아무런 행동도 하지 않으셨는가? 이러한 예수님의 모습은 진정한 리더십과 권력의 본질에 관해 우리에게 무엇을 가르치는가? 당신이 사람들과 관계할 때, 이러한 이해를 어떻게 적용할 수 있겠는가?

- 헤롯과 빌라도는 서로 매우 다르고 이익이 충돌하는데도 십자가의 그늘 아래서 일종의 화해를 이루었다. 용서와 이해가 지닌 변화의 힘은 당신의 관계와 공동체 안에서 치유와 연합을 촉진하는 데 어떻게 적용될 수 있겠는가?

빌라도가 무리에게
압박을 받다

(누가복음 23:13-26)

13빌라도가 대제사장들과 관리들과 백성을 불러 모으고 14이르되 너희가 이 사람이 백성을 미혹하는 자라 하여 내게 끌고 왔도다 보라 내가 너희 앞에서 심문하였으되 너희가 고발하는 일에 대하여 이 사람에게서 죄를 찾지 못하였고 15헤롯이 또한 그렇게 하여 그를 우리에게 도로 보내었도다 보라 그가 행한 일에는 죽일 일이 없느니라 16그러므로 때려서 놓겠노라 17(없음) 18무리가 일제히 소리 질러 이르되 이 사람을 없이하고 바라바를 우리에게 놓아 주소서 하니 19이 바라바는 성중에서 일어난 민란과 살인으로 말미암아 옥에 갇힌 자러라 20빌라도는 예수를 놓고자 하여 다시 그들에게 말하되 21그들은 소리 질러 이르되 그를 십자가에 못 박게 하소서 십자가에 못 박게 하소서 하는지라 22빌라도가 세 번째 말하되 이 사람이 무슨 악한 일을 하였느냐 나는 그에게서 죽일 죄를 찾지 못하였나니 때려서 놓으리라 하니 23그들이 큰 소리로 재촉하여 십자가에 못 박기를 구하니 그들의 소리가 이긴지라 24이에 빌라도가 그들이 구하는 대로 하기를 언도하고 25그들이 요구하는 자 곧 민란과 살인으로 말미암아 옥에 갇힌 자를 놓아 주고 예수는 넘겨주어 그들의 뜻대로 하게 하니라 26그들이 예수를 끌고 갈 때에 시몬이라는 구레네 사람이 시골에서 오는 것을 붙들어 그에게 십자가를 지워 예수를 따르게 하더라

찰스 디킨슨의 소설들에서도 그렇지만, 셰익스피어의 희곡들에는 매혹적인 조연들로 넘쳐난다. 그들은 각각 자신만의 이야기가 있으며, 어느 누구도 꿔다 놓은 보릿자루 같은 모양으로 존재하지 않는다. 『겨울 이야기』에 나오는 곰마저도 중요한 역할을 맡는다.

복음서 기자들 중에서도 누가가 특히 조연들을 흥미롭게 등장시키는데, 여기서는 그중 두 사람에게 초점을 맞춘다. 바라바와 구레네 사람 시몬이다. 이 두 사람을 통해 누가는 예수님에게 무슨 일이 일어났는지만이 아니라, 그 일이 왜 일어났고 우리에게 어떤 의미가 있는지 들려준다. 우리는 그들의 삶의 이야기를 곰곰이 생각해 보고, 그들의 시각에서 비극적인 그날이 어떻게 전개되었는지 들여다보며, 그들 모두에게서 배워야 한다.

바라바는 평범한 범죄자가 아니었다. 누가는 바라바가 예루살렘에서 일어난 무력 반란에 가담했다가 감옥에 갇혔다고 말한다. 이것이 그 특정 반란에 관해 우리가 아는 전부다. 비기독교 역사가인 요세푸스가 이 시기에 일어난 반란에 대해 아무런 언급도 하지 않기 때문이다. 하지만 우리는 이런 사건들이 당시 자주 일어났다고 추정할 수 있다. 고대 세계에서(안타깝지만 현대 세계에서도) 중동 지역은 정치적·사회적 불만이 자주 폭력으로 분출되는 곳이었다. 이러한 폭력은 어떤 때는 특정한 목표를 향해 일어나기도 했지만, 또 어떤 때는 희망이라곤 전혀 보이지 않는 절망적 상황에서 맹목적으로 일어나기도 했다. 당연히 이런 사건들 때문에 로마인들과 대제사장들은, 특히 주요 절기 때마다 민중 운동이나 메시아 운동에 촉각을 곤두세워야 했다. 우리는 바라바에 대해 알고 있지만, 그는 당시 수많은 반란 지도자 가운데 하나였을 뿐이었다고 봐야 한다. 바라바는 그해 유월절에 십자가형을 면했지만, 당시에는 큰 소요가 없을 때조차 수십 명에서 심지어 수백 명에 이르기까지 많은 사람이 십자가에서 목숨을 잃었다.

누가는 핵심이 분명하게 드러나도록 이 사건을 기술한다. 바라바는 무죄한 예수님이 뒤집어쓰게 된 몇몇 혐의들을 실제로 저지른 유죄 확정자다. 그는 사람들을 선동해 반란을 일으켰다. 바라바가 자기 자신을 '유대인의 왕'이 될 수 있을 사람으로 보았는지, 아니면 그의 추종자들이 그렇게 보았는지는 알 수 없지만, 둘 다 가능성은 충분하다. 결국 둘 중 하나는 죽어야 했다. 그런데 그 하나로 예수님이 결정된다. 마가나 마태와 달리, 누가는 빌라도가 유대인의 절기를 맞아 군중을 위해 죄수 하나를 풀어주곤 했던 관습에 대해 설명하지 않는다. 하지만 상황이 선택의 기로에 놓여 있었다는 점은 분명하다. 바라바와 예수, 둘 중 하나는 반드시 죽어야 한다. 예수님이 처음부터 반대해 왔던 무력 혁명을 지지하는 자가 죽든지, 아니면 평화의 길을 제시하고 촉구했던 자가 죽든지 해야 한다. 예수님은 결국 무력을 쓰는 반란자에게 걸맞은 죽음을 맞이하게 되신다. 그분은 자신이 "불법자의 동류로 여김을" 받으리라 하셨는데(22:37), 그 일이 너무나 빨리 닥쳤다.

지금쯤 누가의 독자들은 예수님이 세리들이나 죄인들과 어울리시는 모습에 익숙해 있을 것이다. 여러 각도와 다양한 비유들에서 알 수 있듯이, 예수님이 사역을 그들에게 집중하신 것은 적절하면서도 필수적인 것이었다. 그것은 도움이 필요한 모두에게 미치는 하나님의 사랑을 몸소 구현하는 것이었고, 어디든 잃은 양을 찾아 나서는 것이었다. 그러나 결말이 이렇게 되리라고는 미처 예상하지 못했을 것이다. 예수님이 죄인과 함께 식사하신다는 것은 놀라운 일이다(19:7). 그러나 여기서 훨씬 더 나아가 폭력적 반란자의 죽음을 대신 맞이하시는 것은 차원이 다른 문제다.

하지만 사실 이것이야말로 누가복음 전체의 절정이자 핵심이다. 누가는 줄곧 이 순간을 위해 우리를 준비시켰다. 모든 죄인, 모든 반역자, 모든 인류가 바라바라는 인물에게서 자기 자신을 발견하도록 초청받는다. 이 초청에 응할 때, 우리는 이 이야기에서 예수님이 크고 작은 죄와 악행에 대해 우리 대신 정죄를 받으러 오셨음을 깨닫게 된다. 로마의 불의한 '정의'와 모든 인간 체계를 뒤집는 하나님의 낯선 정의 안에서, 하나님의 자비는 인간의 자비가 미칠 수 없는 곳까지 미친다. 곧 하나님은 죄인의 운명을 함께 지실 뿐 아니라, 이 경우에는 아예 그 운명을 대신 지신다.

바로 이 때문에 예수님이 하시는 일이 무엇인지 깨닫는 순간, 우리 각자에게 자기 십자가를 지고 그분을 따르라는 부르심이 울려 퍼지게 된다. 그리고 이 지점에서 시몬을 향한 부르심이 등장한다. 그는 북아프리카에 자리한 어느 유대인 공동체에서 예루살렘으로 순례를 왔다가(지중해 동쪽 해안에는 그리스인과 로마인의 정착지들이 있었고, 이런 곳 대부분에 상당한 크기의 유대인 공동체가 있었다), 전혀 다른 의미의 순례자가 되었다. 처형장으로 향하는 범죄자들은 일반적으로 자기 십자가의 가로대를 직접 지고 갔는데, 이는 수치스럽고 고통스러운 과정의 일부였다. 누가는 왜 예수님이 십자가를 직접 지고 가실 수 없었는지 설명하지 않지만, 상상력을 조금만 발휘하면 그 공백을 금방 채울 수 있다. 예수님은 지난 24시간 내내 온갖 고난을 받아 지칠 대로 지치셨고, 그래서 비틀거리며 간신히 거리를 지나 서문을 향하셨다. 누가복음에서 예수님은 여러 차례 자신의 제자들에게 각자의 십자가를 지고 자신을 따르라고 촉구하셨다. 그런데 마침내 여기서 누군가가 실제로 그렇게 행한다. 더 나아가 그는 예수님의 십자가를 대신 짊어진다. 그럼으로써 시몬은 헌신과 거룩함과 섬김 가운데 예수님의 뒤를 따라 겸손과 고통, 심지어 죽음의 길을 걷는 모든 이들에게 본보기가 된다.

오늘 본문에서 바라바와 시몬이 핵심 인물이지만, 우리는 다시 한번 군중에 주목하며 비통한 마음으로 그들을 우리 자신과 동일시해야 한다. 그들은 실패한 메시아 운동에 실망했을 뿐만 아니라, 로마인들이나 대제사장들이 자신들을 그 운동의 주동자를 지지하는 자들로 간주할까 봐 두려워했다. 결국 이러한 실망과 두려움에 휩싸인 군중은 인류 역사가 최악의 선택으로 여기는 행동을 하고 말았다. 동시에 누가는 이런 선택마저도 결국 하나님이 주권적으로 사용하시어 구원을 이루시리라는 것을 잘 알고 있었다. 하나님은 인간의 분노와 실수조차 그분의 계획을 이루는 도구로 바꾸신다.

누가의 거대한 드라마에서 작은 부분들이 맡은 역할의 의미를 되새기면서, 우리는 자신의 역할이 아무리 작아 보일지라도 그것이 복음의 진전에 실제로 기여할 수 있다는 점을 기억해야 한다. 그날 바라바와 시몬은 이천 년 뒤 온 세상에 자신들의 이름이 알려지고, 자신들의 이야기가 퍼져나가리라고는 꿈에도 생각하지 못했을 것

이다. 하물며 우리가 예수님을 따르고 그분의 십자가를 질 때, 하나
님이 우리의 작은 수고와 고난을 그분의 더 큰 역사 안에서 사용하
시리라고 얼마나 더 확신할 수 있겠는가.

- 구레네 시몬이 예수님의 십자가를 대신 지고 간 행위에 담긴
  의미를 깊이 생각해 보라. 우리의 삶에서 어떻게 하면 다른 사
  람들의 짐을 대신 지고 겸손히 이타적으로 행한 시몬을 본받
  을 수 있겠는가?

- 군중은 실망과 두려움에 휩싸여 예수님에게 유죄 판결을 내리
  라며 빌라도를 압박했다. 이러한 군중의 모습에서, 여론이나
  자기 보존 본능에 따라 선택하는 인간의 성향이 어떻게 드러
  나는가? 우리의 삶에서 외부의 압력에 영향을 받았던 순간들
  을 생각해 보고, 반대나 불확실성 가운데서도 우리의 선택을
  하나님의 목적에 맞추는 것이 얼마나 중요한지 생각해 보라.

십자가형

(누가복음 23:27-49)

27또 백성과 및 그를 위하여 가슴을 치며 슬피 우는 여자의 큰 무리가 따라오는지라 28예수께서 돌이켜 그들을 향하여 이르시되 예루살렘의 딸들아 나를 위하여 울지 말고 너희와 너희 자녀를 위하여 울라 29보라 날이 이르면 사람이 말하기를 잉태하지 못하는 이와 해산하지 못한 배와 먹이지 못한 젖이 복이 있다 하리라 30그 때에 사람이 산들을 대하여 우리 위에 무너지라 하며 작은 산들을 대하여 우리를 덮으라 하리라 31푸른 나무에도 이같이 하거든 마른 나무에는 어떻게 되리요 하시니라 32또 다른 두 행악자도 사형을 받게 되어 예수와 함께 끌려 가니라 33해골이라 하는 곳에 이르러 거기서 예수를 십자가에 못 박고 두 행악자도 그렇게 하니 하나는 우편에, 하나는 좌편에 있더라 34이에 예수께서 이르시되 아버지 저들을 사하여 주옵소서 자기들이 하는 것을 알지 못함이니이다 하시더라 그들이 그의 옷을 나눠 제비 뽑을 새 35백성은 서서 구경하는데 관리들은 비웃어 이르되 저가 남을 구원하였으니 만일 하나님이 택하신 자 그리스도이면 자신도 구원할지어다 하고 36군인들도 희롱하면서 나아와 신 포도주를 주며 37이르되 네가 만일 유대인의 왕이면 네가 너를 구원하라 하더라 38그의 위에 이는 유대인의 왕이라 쓴 패가 있더라 39달린 행악자 중 하나는 비방하여 이르되 네가 그리스도가 아니냐 너와 우리를 구원하라 하되 40하나는 그 사람을 꾸짖어 이르되 네가 동일한 정죄를 받고서도 하나님을 두려워하지 아니하느냐 41우리는 우리가 행한 일에 상당한 보응을 받는 것이니 이에 당연하거니와 이 사람이 행한 것은 옳지 않은 것이 없느니라 하고 42이르되 예수여 당신의 나라에 임하실 때에 나를 기억하소서 하니 43예수께서 이르시되 내가 진실로 네게 이르노니 오늘 네가 나와 함께 낙원에 있으리라 하시니라 44때가 제 육 시쯤 되어 해가 빛을 잃고 온 땅에 어둠이 임하여 제 구 시까지 계속하며 45성소의 휘장이 한가운데가 찢어지더라 46예수께서 큰 소리로 불러 이르시되 아버지 내 영혼을 아버지 손에 부탁하나이다 하고 이 말씀을 하신 후 숨지시니라 47백부장이 그 된 일을 보고 하나님께 영광을 돌려 이르되 이 사람은 정녕 의인이었도다 하고 48이를 구경하러 모인 무리도 그 된 일을 보고 다 가슴을 치며 돌아가고 49예수를 아는 자들과 갈릴리로부터 따라온 여자들도 다 멀리 서서 이 일을 보니라

벌목장에서 일할 때, 첫째 날이 가장 힘들었다. 두꺼운 가죽 장갑을 지급받고 첫 번째 작업장에 배치되었다. 그곳은 거대한 나무들이 잘려 나간 뒤 널빤지 상태로 도착하는 곳이었다. 거대한 컨베이어 벨트 위로 판재들이 옆으로 밀려 나왔고, 크기가 제각각인 그 판재들을 다음 공정으로 실어 나르는 트럭에 일일이 수작업으로 옮겨야 했다. 이 단계까지의 목재는 무겁고 축축했다. 자른 지 얼마 되지 않은 데다가 강물에 띄운 채 운반되어 왔기 때문이다. 이 컨베이어 시스템을 '그린 체인'이라 불렀는데, 말 그대로 '그린', 곧 아직 마르지 않은 목재가 도착해 처리되는 곳이었다.

다음 단계는 판재를 말리는 과정이었다. 이 과정은 거대한 건조장에서 이루어졌다. 건조를 마친 목재는 다시 절단되어 '드라이 체인'으로 옮겨졌으며, 거기서 분류되어 선적을 기다렸다. 나는 이곳

에서 대부분의 시간을 보냈다. 이 단계에 이르면 목재는 무게가 절반으로 줄었다. 판재는 수분이 거의 빠져 한결 다루기 쉬워졌고, 곧바로 사용할 수도 있었다.

'그린' 목재(푸른 나무)와 '드라이' 목재(마른 나무)의 대비에서 예수님의 가장 어두운 말씀 가운데 하나가 떠오른다. 그러나 그 말씀의 핵심을 파고들면, 예수님과 누가가 십자가를 어떻게 생각했는지에 대해 많은 것을 배울 수 있다. 예수님은 이렇게 말씀하셨다. "푸른 나무에도 이같이 하거든 마른 나무에는 어떻게 되리요"(31절).

예수님은 반란 주동자가 아니었다. '마른 나무', 곧 불에 타버릴 장작이 아니었다. 오히려 그분은 '푸른 나무'였다. 예수님의 사명은 평화와 회개, 그리고 이스라엘과 열방을 향한 화해의 하나님 나라에 관한 것이었다. 그러나 예수님은 이렇게 말씀하신다. "저들이 내게도 이런 짓을 할진대, 예루살렘이 젊고 과격한 자들로, 어떻게든 폭력과 혼란을 일으키려는 선동꾼들로 가득하게 된다면, 그때에는 과연 무슨 일이 벌어지겠느냐? 로마인들이 평화의 왕을 십자가에 못 박는다면, 진짜 전쟁광들에게는 어떻게 하겠느냐?"

예수님은 자신이 강도의 죽음 또는 거룩한 혁명가의 죽음을 맞이하고 있음을 알고 계셨다. 이것이 바로 핵심의 한 부분이다. 예수님은 전쟁을 좋아하는 나라가 맞이하게 될 거라고 그토록 자주 예언하셨던 그 운명을 자기 몸에 직접 짊어지신다. 예수님이 예루살렘과 그 주민들에게 임하게 될 거라고 선언하셨던 그 재앙이(예를 들면, 13:1-5) 그분에게서 실현되고 있다. 한 사람이 많은 사람의 죄를 짊어진 것이다. 그러나 많은 사람이 여전히 돌아서지 않고 예수님을 따르길 거부하며 자신의 폭력을 회개하지 않는다면, 그들에게 닥칠 운명은 그분의 십자가형조차 가볍게 보일 만큼 가혹할 것이다. 로마가 그들에게 내릴 심판은 너무나 가혹해서, 선지자들이 경고했듯이(호10:8), 사람들은 땅이 입을 벌려 자신들을 삼켜주기를 애원하게 될 것이다.

이것은 여인들에 관한 오늘 본문의 나머지 부분, 특히 그 안에 담긴 무섭게 뒤집힌 '팔복'의 부분을 잘 설명해 준다. 누가복음의 앞부분에서, 예수님은 가난한 자, 온유한 자, 주린 자, 애통하는 자에게 하나님의 복이 있으리라고 하셨다. 그러나 이제 예수님은 여인들에게, 아이 없는 여인들, 곧 보통은 매우 수치스러울 여인들이 복이 있다는 말을 듣게 되리라고 말씀하신다(1:25과 비교하라). 어머니들은 자기 아들들이 자라 로마에 맞서 반란을 일으키는 것을 보게 될 것이며, 로마가 반란자들에게 가했던 운명이 자기 아들들에게 닥치는 것을 지켜보게 될 것이다. 예수님은 이스라엘을 대신해 그 운명을 짊어지시겠다는 자신의 분명한 뜻을 밝히시는 동시에, 자신을 따르지 않는 자들을 향해 복음서 전반에 걸쳐 울려 퍼져 온 경고를 다시 한번 분명하게 선포하신다.

누가는 예수님의 양옆에서 십자가에 달린 두 사람을 대비시킴으로써 동일한 핵심을 다른 방식으로 제시한다. 한 사람은 예수님을 조롱하지만, 다른 한 사람은 이 장면 전체를 바라보는 누가의 관점을 대변한다. 거듭 말하지만, 예수님은 반역자, 강도, 범죄자에게 어울리는 죽음을 맞으신다. 죄가 없는 데도 많은 사람의 죄를 대신 짊어지신다.

누가가 묘사하는 십자가 그림의 중심에는 예수님을 유대인의 왕으로 조롱하는 모습이 있다. 이 장면은 이야기 곳곳에 등장하는 다양한 인물들과 작은 사건들이 표현해 온 의미를 하나의 선명한 스케치로 압축한다. 예수님은 왕권의 의미와 하나님 나라 그 자체의 의미를 완전히 뒤집으셨다. 뜻밖의 사람들과 어울리고, 뜻밖의 사람들에게 평화와 희망을 제시하며, 뜻밖의 사람들에게 임박한 하나님의 심판을 경고하셨다. 이제 예수님은 마침내 왕이라 불리시지만, 그것은 조롱일 뿐이다. 왕이신 예수님의 잔을 맡은 사람이 등장하지만, 그는 가난한 자들이 마시는 신 포도주를 내미는 로마 병사일 뿐이다. 왕의 명패가 등장해 예수님의 왕권을 세상에 선포하지만, 그것은 그분의 잔인한 죽음을 설명하는 범죄 혐의일 뿐이다.

그러나 예수님의 진정한 왕권은 누가복음에만 기록된 그분의 기도와 약속에서 환하게 빛난다. 자신을 고문하는 자들을 저주하며 죽었던 전통적 순교자들과 달리, 예수님은 그들을 용서해 달라고 기도하신다. 또 왕좌에 오르는 왕처럼, 예수님은 구하는 자에게 영광과 복락의 자리를 약속하신다. (유대인들의 사고에서 '낙원'은 반드시 최종 안식처를 의미하는 것이 아니라 부활이라는 새 생명의 선물을 받기 전에 머무는 안식과 회복의 장소를 가리켰다.) 예수님의 기도는 그 약속이 죽음 이후의 삶에만 유일한 소망이 있다는 뜻으로 받아들여서는 안 된다는 것을 보여준다(죽음 이후의 삶이 아주 중요하더라도 말이다). 용서는 천국의 삶을 땅으로 가져오며, 하나님의 미래를 현재로 불러들인다.

- 예수님은 십자가 죽음을 통해 민족의 운명과 많은 사람의 죄를 짊어지셨는데, 이것이 어떤 의미인지 깊이 생각해 보라. 이는 예수님이 보이신 희생적 사랑의 깊이와 인류와의 동일시를 어떻게 보여주는가?

- 예수님의 왕권이 갖는 역설적 성격과 '유대인의 왕'으로서 그분이 당하신 조롱을 생각해 보라. 예수님의 삶과 죽음이 기존의 권력과 왕권에 대한 개념에 어떻게 도전하는지 생각해 보라. 이것은 당신의 삶에서 우선시하는 가치들과 어떻게 비교되는가?

예수님의 장사

(마태복음 27:57-66)

57저물었을 때에 아리마대의 부자 요셉이라 하는 사람이 왔으니 그도 예수의 제자라 58빌라도에게 가서 예수의 시체를 달라 하니 이에 빌라도가 내주라 명령하거늘 59요셉이 시체를 가져다가 깨끗한 세마포로 싸서 60바위 속에 판 자기 새 무덤에 넣어 두고 큰 돌을 굴려 무덤 문에 놓고 가니 61거기 막달라 마리아와 다른 마리아가 무덤을 향하여 앉았더라 62그 이튿날은 준비일 다음 날이라 대제사장들과 바리새인들이 함께 빌라도에게 모여 이르되 63주여 저 속이던 자가 살아 있을 때에 말하되 내가 사흘 후에 다시 살아나리라 한 것을 우리가 기억하노니 64그러므로 명령하여 그 무덤을 사흘까지 굳게 지키게 하소서 그의 제자들이 와서 시체를 도둑질하여 가고 백성에게 말하되 그가 죽은 자 가운데서 살아났다 하면 후의 속임이 전보다 더 클까 하나이다 하니 65빌라도가 이르되 너희에게 경비병이 있으니 가서 힘대로 굳게 지키라 하거늘 66그들이 경비병과 함께 가서 돌을 인봉하고 무덤을 굳게 지키니라

나는 체스를 잘 두는 편은 아니었지만, 종종 상당한 실력자들과 겨루었는데, 그때의 느낌이 아직도 생생하다. 대개는 게임 초반에 상대의 움직임을 도무지 이해할 수 없는 순간이 찾아 왔다. 상대가 룩을 이쪽으로 옮기고, 나이트를 저쪽으로 옮기며, 퀸을 또 다른 곳

으로 옮겼는데, 겉보기에는 이러한 움직임들이 아무런 연결 고리나 작전 없이 이뤄지는 것처럼 보였다. 그러나 몇 수 더 진행되고 나서 내가 아주 기막힌 수를 두려고 할 때 보면, 앞서 상대가 별 의미 없이 옮겨 놓은 것 같았던 말이 어느새 내 길을 막고 있었다. 이렇듯 고수의 특징은 상대의 수를 미리 내다보고 그 일이 일어나기 전에 앞서 차단하는 것이다.

마태는 예수님의 장사 장면을 거의 정확히 이런 방식으로 묘사하고 있다. 물론 장사의 장면만 있는 게 아니다. 그 안에는 헌신과 슬픔, 경외가 있고, 제때 제자리에 있었던 아리마대 요셉에 대한 감사도 있다. 그러나 여러 면에서 볼 때, 장사 이야기는 사실 부활 이야기의 예고편과 같다. 마태는 앞으로 펼쳐질 일을 알고 있는 체스 선수처럼, 그 게임을 위해 필요한 체스 말들을 하나하나 배치하고 있는 것이다.

초기 교회의 핵심 주장은 나사렛 예수가 죽은 자 가운데서 살아나셨다는 것이었다. 예수님이 위대한 선생이었다거나, 강력한 치료자였다거나, 마음에 감동을 주는 지도자였다거나, 엄청난 불의의 희생자였다는 게 아니었다. 물론 이 모든 것이 사실이었지만, 그것만으로는 초기 기독교의 신앙과 삶을 설명할 수 없다. 그들이 믿은 결정적인 사실은 예수님이 실제로 죽어 장사된 후 육신으로 다시 살아나셨다는 것이었다. 이것이 바로 그들이 유대인과 이방인으로 이루어진, 충격에 휩싸인 세상을 향해 선포한 내용이었다.

물론 사람들은 그들을 비웃었고, 여러 가지 다른 설명들을 제시했다. 사람들은 예수님이 실제로 죽은 것이 아니라고 했다. 또는 제자들이 예수님의 시체를 훔쳐 간 것일 수도 있다고 했다. 아니면 다른 누군가가 훔쳐 갔거나, 어쩌면 여인들이 엉뚱한 무덤을 찾아갔던 것일 수도 있다고 했다. 이것들 모두가 초기 기독교의 메시지에 대한 전형적인 답변들이었다. 따라서 초기부터 이에 대한 전형적인 대응책들이 개발되었으리라고 추정할 수 있다. 그 대응책들은 능숙한 체스의 묘수들처럼 본격적인 이야기가 시작되기도 전에 미리 제시되어, 잘못된 답변들을 사전에 차단하는 역할을 했을 것이다.

그래서 첫 번째로 강조되는 핵심은 무덤이 새것이었고, 쉽게 알아볼 수 있었으며, 큰 돌로 봉인되었다는 것이다. 여기서 잠시 멈춰 생각해 볼 필요가 있다. 왜냐하면 오늘날 대다수 문화에서는 예수님 당시의 방식으로 시신을 장사하지 않기 때문이다. 당시 팔레스타인 유대인들의 대부분은 동굴에 장사되었으며, 때로는 그들이 살았던 집 아래에 장사되기도 했다. 시신은 관에 넣거나 화장(火葬)하지 않고, 향료 및 향품과 함께 수의로 감싸 동굴 내부의 선반이나 돌출부에 안치했다. 나중에 시신이 모두 썩고 나면, 친구들이나 친척들이 뼈를 잘 수습해 유골함에 넣었다. 여러 시신을 한 무덤의 돌출부에 안치하는 경우도 흔했다. 마태가 세심하게 설명하고 있듯이, 예수님의 무덤은 새것이었고, 거기에 다른 시신은 없었다.

고대 세계에서는 무덤 도굴이 흔했다. 그래서 많은 동굴 무덤에는 때로 지름이 2미터나 되는 거대한 원형 돌이 있었으며, 아무도 쉽게 들어가지 못하도록 이 돌을 굴려 무덤 입구를 막았다. 요셉이 바로 그렇게 했다. 지금도 중동에 가면 이런 무덤을 볼 수 있다.

요셉이 빌라도에게 예수님의 시체를 내어달라고 요청했다는 점과, 빌라도가 이를 승인했다는 사실에서도 잘 나타나듯이, 예수님은 실제로 죽으셨다. 로마 병사들과 총독들은 사형을 대충 집행하지 않았다. 사형 판결을 받은 반란 지도자가 죽음을 면할 가능성은 전혀 없었다. 또한, 예수님의 주요 제자들은 이 모든 과정에 아무런 관여도 하지 않고 그저 숨어 있었을 뿐이었다는 사실은, 그들이 시체를 훔칠만한 처지가 전혀 아니었음을 분명하게 보여준다. 그들만이 아니라 실제로 다른 누구도 시체를 훔칠 수 없었다. 대제사장들이 어떻게든 그런 사태가 일어나지 않게 하려고 빌라도에게 로마 병사들이 무덤을 지키게 해달라고 요청까지 했기 때문이다. 그들은 돌을 직접 봉인해서 옮겨지지 않도록 했다.

이제 남은 문제는 무덤이 정확히 확인되었느냐는 것이다. 마태는 부활절 아침에 무덤에 간 두 여인이(28:1) 금요일 저녁에도 그곳에 있었고(27:61), 따라서 무덤의 위치가 어디인지 정확히 알았다고 세심하게 기록한다.

물론 이것들 중 어느 것도 기독교 이야기가 참이라고 증명하지는 못한다. 마태복음 28장도 다르지 않다. 처음부터 의심의 여지는 있었으며, 실제로 많은 사람이 의심하는 쪽을 선택했다. 그러나 마태의 관심은 그 의심이 올바른 자리에 놓이도록 하는 데 있다. 장사 장면의 세부 사항에 관해서는 혼란스러울 게 전혀 없었다. 따라서 예수님이 죽은 자 가운데서 살아나셨는지를 의심한다면, 그것은 살아계신 하나님이 이스라엘의 메시아, 곧 세상의 구원을 어깨에 짊어진 분에게 그런 일을 하실 수 있었는지 또는 하기를 원하셨는지를 의심하기 때문이어야 한다. 바로 이 점이 핵심이다.

예수님의 장사를 지켜보며 그분이 우리보다 앞서 인간의 공통된 운명인 무덤에 들어가신 것을 묵상할 때, 우리는 온 인류 가운데 오직 그분만이 무덤을 통과해 그 너머에 있는 하나님의 새로운 세상에 들어가는 길을 발견하셨다는 생각에 다시 한번 경외감을 느낀다. 우리가 상상해 보건대, 아마도 마태는 모든 것이 밝히 드러나는 다음 장으로 이야기를 빨리 옮기고 싶어 견딜 수 없었을 것이다.

묵상과 나눔을 위한 질문

- 초기 교회의 핵심 주장, 곧 예수님이 죽은 자 가운데서 살아나셨다는 주장은 기독교 신앙과 삶의 기초를 어떻게 형성하는가?

- 예수님이 죽음을 이기고 무덤 너머에 있는 하나님의 새로운 세상에 들어가셨다는 말이 내포하는 의미를 깊이 생각해 보라. 예수님의 부활이 당신의 삶에서 어떻게 경외심과 희망을 불러일으키는가? 예수님이 죽음을 이기셨다는 말의 깊은 의미를 생각해 보고, 이러한 승리가 당신이 하나님의 구원과 능력을 이해하는 데 어떤 영향을 미치는지 생각해 보라.

톰 라이트의
사순절과 부활절

광야에서 영광으로

영광 가운데 계신 예수님

Lent and Easter for Everyone

From wilderness to glory

예수님의 부활

(마태복음 28:1-10)

1안식일이 다 지나고 안식 후 첫날이 되려는 새벽에 막달라 마리아와 다른 마리아가 무덤을 보려고 갔더니 2큰 지진이 나며 주의 천사가 하늘로부터 내려와 돌을 굴려 내고 그 위에 앉았는데 3그 형상이 번개 같고 그 옷은 눈 같이 희거늘 4지키던 자들이 그를 무서워하여 떨며 죽은 사람과 같이 되었더라 5천사가 여자들에게 말하여 이르되 너희는 무서워하지 말라 십자가에 못 박히신 예수를 너희가 찾는 줄을 내가 아노라 6그가 여기 계시지 않고 그가 말씀 하시던 대로 살아나셨느니라 와서 그가 누우셨던 곳을 보라 7또 빨리 가서 그의 제자들에게 이르되 그가 죽은 자 가운데서 살아나셨고 너희보다 먼저 갈릴리로 가시나니 거기서 너희가 뵈오리라 하라 보라 내가 너희에게 일렀느니라 하거늘 8그 여자들이 무서움과 큰 기쁨으로 빨리 무덤을 떠나 제자들에게 알리려고 달음질할 새 9예수께서 그들을 만나 이르시되 평안하냐 하시거늘 여자들이 나아가 그 발을 붙잡고 경배하니 10이에 예수께서 이르시되 무서워하지 말라 가서 내 형제들에게 갈릴리로 가라 하라 거기서 나를 보리라 하시니라

서구 세계에서 어느 정도 나이가 든 사람이라면 누구나 케네디 대통령이 암살될 때 자신이 어디에 있었는지 기억할 수 있을 것이다. 물론 세계 다른 지역에 사는 사람들 역시 이와 비슷한 국가적

또는 국제적 위기의 순간에 자신이 어디에서 무엇을 하고 있었는지 기억할 수 있다.

우리 중 많은 사람이 심히 놀랍고 아주 좋은 일이 자신에게 일어났던 순간을 정확하고 선명하게 기억한다. 나 역시 이 글을 쓰는 시점으로부터 거의 30년 전에 받았던 한 통의 전화를 생생하게 기억하고 있다. 그것은 내가 첫 직장에, 그것도 마음에 두었던 자리에 채용되었다는 소식이었다. 내 인생에서 처음으로 말문이 막혔던 순간이었다. 전화를 건 사람은 똑같은 말을 되풀이해야 했고, 그제야 나는 더듬거리며 감사하다고 말할 수 있었다. 수화기를 내려놓고 아내에게 전화를 걸어 이 소식을 알리려 했을 때 목이 바싹 말랐던 느낌까지 생생하게 기억난다. 나는 그 순간부터 내 인생이 달라지리라는 것을 알았다. 완전히 새로운 세계가 내 앞에 펼쳐지고 있었다.

그날 아침에 무덤을 찾아간 여인들이 느꼈을 두려움과 기쁨이 뒤섞인 감정을 이해하기란 그리 어렵지 않다. 마가와 누가는 여인들이 무덤에 향품을 가지고 왔다고 말한다. 장사가 너무 급하게 진행되어(금요일 일몰과 함께 안식일이 시작되므로 그 전에 장사를 마쳐야 했다) 시신을 꼼꼼하게 쌀 수 없었기 때문이다. 반면에 마태는 여인들이 단지 무덤을 보기 위해 왔다고만 말한다. 이 시점에서 여인들은 그저 예수님 곁에서 최대한 평온하고 조용하게 그들의 슬픔을 쏟아내고 싶어 하는 애도자로만 보일 뿐이다.

그러나 여인들은 바라던 평화와 고요를 얻지 못했다. 마태가 묘사하는 무덤 장면은 사복음서 중에서도 가장 극적이다. 지진이 일어나고, 천사가 나타나며, 무덤을 지키던 병사들이 놀라 기절하고,

예수님이 먼저 갈릴리로 가신다는 메시지가 전달된다. 물론 어떤 사람들은 마태가 극적 효과를 더하려고 이런 세세한 부분을 덧붙였다고 생각한다. 하지만 거꾸로 나머지 복음서의 저자들이 이런 세세한 부분들을 빠뜨렸다고 생각할 수도 있다. 왜냐하면 이런 이야기를 온 세상에 전하고자 할 때, 사람들이 그 세세한 부분을 비웃으면서 정작 사건 자체를 일축해 버리는 것을 원치 않았기 때문이다. 반면에 마태는 하나님의 목적이 이루어지는 중요한 순간마다 천사가 등장하는 오랜 유대 전통에 익숙했기 때문에, 이런 것이 문제가 되지 않았을 것이다.

핵심은 분명하다. 곧 지금 일어나는 일이 하나님의 행동이라는 것이다. 성금요일에 침묵하시는 것처럼 보였던 하나님이 이제 마지막 말씀을 하신다. 예수님의 제자들이 마음에 품고 말하지 못한 질문들과 예수님이 십자가에서 던지신 질문에 하나님이 응답하신다. 하나님이 지금 행하시는 일은 단순히 특별한 기적을 행하시는 것도, 목적 없이 초자연적 능력을 과시하시는 것도, 예수님에게 특별한 호의를 베푸시는 것도 아니다. 하나님이 지금 행하시는 일은 새로운 일을 시작하시는 것이고, 오래전에 약속하신 새로운 세상을 여시는 것이며, 제자들을 먼저 갈릴리로 보내신 다음 그 후 땅끝까지, 그리고 세상 끝 날까지 이 모든 일이 일어났다는 소식을 들고 나아가게 하시는 것이다. 그들 앞에 완전히 새로운 세상이 열리고 있었다.

비록 그들이 놀라움과 두려움으로 넋이 나갔을지라도, 그날 일어난 일은 평생 잊을 수 없었을 것이다. 그 첫 순간들에 대한 이야기는 개인의 생생한 기억에서 시작되었고, 쉽사리 믿지 않는 친구와 이웃에게 마치 이런 어투로 전해지고 또 전해졌을 것이다. "알아요. 나도 거의 믿을 수 없었으니까요. 지금 생각해도 놀랍기만 해요. 그러나 실제로 그런 일이 일어났어요."

천사가 여인들에게 제자들이 갈릴리로 가서 예수님을 만나게 될 거라고 말하지만, 여인들은 거의 곧바로 무덤 근처에서 예수님을 만난다. 누가는 부활하신 예수님이 예루살렘에 나타나신 것만 기록하는 데 반해, 마태와 요한은 부활하신 예수님이 예루살렘과 갈릴리 두 곳 모두에서 나타나신 것을 기록한다. (마가복음 마지막 장은 짧은 결말로 끝나는 게 거의 확실하다. 남아 있는 마지막 여덟 절에서 천사들은 여기서처럼 여인들에게 갈릴리에 가서 예수님을 만나라고 제자들에게 말하라고 할 뿐이다.)* 그러나 중요한 것은, 예수님의 부활이 어떤 논점을 증명하거나 사람들에게 새로운 영적 체험을 제공하는 데 목적이 있지 않다는 것이다. 그보다 예수님의 부활은 이제 반드시 성취되어야 하는 하나님의 목적에 초점을 맞춘다. 제자들은 부활하신 예수님을 보게 될 것이다. 그러나 부활하신 예수님을 본다는 것은 곧 보냄을 받는다는 것이다. 그것은 새로운 사역, 새로운 삶, 그리고 예수님이 전에 그들에게 말씀하신 모든 것이 실현되기 시작하는 새로운 삶의 방식으로 보냄을 받는 것이다.

오늘날 우리는 그날 아침 여인들이 예수님을 만난 방식으로 그분을 만날 수는 없다. 물론 영으로 예수님을 만나고, 그분을 예배하

---

* 어떤 마가복음 사본들은 16장 8절에서 끝난다. 개역개정은 16장 9-20절을 괄호 안에 넣었다.

며, 그분에게 배우면서 그분을 알아갈 수 있고, 또 그래야 한다는 것은 그리스도인의 신앙과 경험에서 아주 중요하다. 살아계신 주님과 인격적이고 친밀한 관계를 맺는 것은 그리스도인에게서 핵심이다. 그러나 마태의 이야기가 단지 이런 내면적 경험을 생생하게 또는 암호처럼 묘사하는 방식에 불과하다고 생각한다면, 다른 복음서 저자들은 말할 것도 없고, 마태를 심각하게 오해하는 것이다. 마태는 실제로 일어난 사건을 기록하려 했던 것이 분명하며, 그 사건은 여인들의 마음을 바꿔놓았을 뿐 아니라 통상적인 역사를 뒤흔들어놓았다. 그 사건이 세상을 영원히 바꿔 놓았다. 그것은 하나의 이론이 아니라 하나의 사실을 선언했다. 곧 하나님 나라가 이르렀고, 인자가 고난을 받은 후 옳다고 인정을 받았으며, 이스라엘과 세상의 역사에서 단지 또 다른 하루, 또 다른 한 주가 시작된 게 아니라, 열방이 순종할 때까지 지속될 하나님의 새로운 시대가 시작되었다는 사실이다.

- 당신이 무덤에서 부활하신 예수님을 만난 여인들 중 하나라고 상상해 보라. 그들이 경험했던 놀라움과 두려움이 뒤섞인 감정을 깊이 생각해 보라. 당신이 그 자리에 있었다면 어떻게 반응했겠는가? 부활하신 예수님과의 만남은 그들 속에서 어떻게 경외심을 불러일으키며, 또 예수님이 누구신지, 그리고 하나님이 하시는 일이 무엇인지에 대한 그들의 이해를 어떻게 변화시키는가?

- 예수님의 부활이 어떻게 하나님 나라를 열고 새 시대의 시작을 알리는지 생각해 보라. 이러한 사실이 기독교 신앙에 대한 당신의 이해와 세상을 향한 하나님의 구속 계획에 참여하는 당신의 역할에 어떤 영향을 미치는가?

대위임

(마태복음 28:16-20)

[16]열한 제자가 갈릴리에 가서 예수께서 지시하신 산에 이르러 [17]예수를 뵈옵고 경배하나 아직도 의심하는 사람들이 있더라 [18]예수께서 나아와 말씀하여 이르시되 하늘과 땅의 모든 권세를 내게 주셨으니 [19]그러므로 너희는 가서 모든 민족을 제자로 삼아 아버지와 아들과 성령의 이름으로 세례를 베풀고 [20]내가 너희에게 분부한 모든 것을 가르쳐 지키게 하라 볼지어다 내가 세상 끝 날까지 너희와 항상 함께 있으리라 하시니라

위대한 클래식 작곡가들의 음악을 들을 때면, 그들이 정말 곡을 어떻게 끝내야 하는지 알고 있는 것일까 하는 의문이 든다.

그중에서 가장 악명 높은 이가 베토벤이다. 교향곡이 이제 곧 끝나겠다 싶은 순간마다 화음이 강렬하게 되살아나길 반복하며, 거의 '마지막'처럼 들리지만 곧바로 또 하나의 화음을 위한 여지를 남긴다. 그리고 또 하나… 또 하나… 또 하나 이어지다가 마침내 마지막 화음이 희미하게 사라지고 나서야 비로소 교향곡이 완전히 끝난다. 음악을 진지하게 공부하는 사람이라면 이것의 목적을 어렵지 않게 설명할 수 있겠지만, 많은 청중에게는 마치 마지막 부분에 너무 많은 것이 압축되어 있는 듯, 교향곡 전체가 그 마지막 몇 개의

폭발적인 화음 속으로 응축되는 것처럼 느껴진다.

마태복음의 결말이 이것과 매우 닮았다. 예상보다 길어서 닮았다는 게 아니다. 오히려 마태복음의 결말은 아주 간결하다. 그러나 그 간결한 결말에 아주 많은 것이 담겨 있어서, 마지막 구절들을 읽을 때 속도를 늦춰 한 절 한 절, 아니 어구 하나하나를 음미해 가면서, 그것들이 마태복음 전체를 어떻게 한데 모아 예수님과 제자들의 마지막 만남 속으로 압축해서 넣고 있는지 살펴보아야 한다.

이 장면은 산에서 시작된다. 놀랄 일은 아니다. 마태복음에서는 중요한 사건들 중 상당수가 산에서 일어난다. 예수님의 시험, 산상 설교, 변화산 사건, 감람산 고별 설교가 모두 산에서 있었고, 이제 헤어지는 장면까지 산에서 펼쳐진다. 모세와 엘리야는 산에서 살아 계신 하나님을 만났는데, 마태복음에서는 예수님과 대화하는 모습으로 등장한다. 이제 예수님은 제자들을 산으로 부르신다. 그들에게 사명을 주시기 위해서다.

놀랍게도, 마태복음에 따르면, 제자들 중 '주저하는' 자들이 있었다. 이 단어는 '의심하다'라는 뜻일 수도 있지만(개역개정은 이렇게 옮겼다), 마태가 여기서 어느 정도의 의미로 사용했는지는 분명하지 않다. 제자들은 그분이 정말로 예수님인지에 대해 주저하거나 의심했던 것일까? 아니면 자신들이 야웨를 유일하신 참 하나님으로 믿는 선량한 유대인 유일신론자로서 예수님을 **예배해야** 하는지에 대해 주저하거나 의심했던 것일까? 어떤 것도 분명하지 않다.

다만 분명한 것은 그들 가운데 다수가 예수님을 경배했고, 마태는 이것이 옳은 반응이었다고 굳게 믿었다는 것이다. 앞선 여러 경우에서 마태는 이 단어('경배하다')를 사용해 사람들이 경건하게 예수님께 나오는 모습을 묘사했다. 대체로 이 단어는 예수님 앞에 엎드려 경의를 표했다는 것을 의미할 뿐, 반드시 그분을 신으로 생각했음을 암시하지는 않는다(8:2; 9:18; 14:33; 15:25; 20:20; 그리고 실제로 28:9를 보라). 그러나 마태복음의 마지막 구절로 넘어가 보면, 마태의 의도는 분명하다. 그는 1장에서의 약속이 예수님 안에서 성취되었음을 우리가 보길 원한다. 예수님은 '임마누엘'이시며, 그분 안에서 "하나님이 우리와 함께 계신다"(1:23). 그런데 이제 예수님이 "내가… 너희와 항상 함께 있으리라"고 선언하신다. 이 선언에 합당한 반응은 참으로 예배뿐이다. 곧 이제 놀랍게도 예수님 자신 안에서, 그리고 예수님 자신으로 계시된 한 분이신 참 하나님을 예배하는 것이다.

특히 이제 예수님은 "하늘과 땅의 모든 권세"를 받으셨다. 마귀가 예수님을 시험할 때 제안한 것이 바로 이 권세였다. 그러나 그때는 예수님이 지금 치르신 대가를 요구하지 않았다(4:8-10). 그런 권세는 공허한 승리였을 테고, 상상할 수 있는 최악의 폭정으로 이어졌을 것이다. 반면, 부활하신 예수님의 권세는 폭정 자체, 곧 죽음이라는 궁극적인 폭정을 이기신 분의 권세다. 그 권세는 그 아래서 생명, 곧 하나님의 새로운 생명이 번성하기 시작하는 권세다. 오늘날 많은 사람이 생각하는 것과 달리, 예수님이 **이미** 온 세상을 다스리고 계신다는 것은 신약성경에 담긴 아주 기초적인 믿음이다. 이것은 예수님의 부활이 낳은 아주 중요한 결과 가운데 하나이며, 십자가 죽으심 이후 그분에게 주어진 새 생명을 통해 분명하게 드러난 메시아되심이 의미하는 바다.

사람들은 예수님이 이미 세상을 다스리고 계신다는 주장에 매우 당혹스러워한다. 그러나 이 주장이 무슨 뜻인지 알고 나면 당혹 감이 사라진다. 이 주장은 세상이 이미 예수님이 뜻하시는 모습 그대로 완성되었다는 것이 아니다. 그보다 예수님이 세상을 이전의 상태, 곧 죽음뿐 아니라 타락과 탐욕과 온갖 악의 지배를 받던 상태에서 끌어내어, 느린 방법이든 빠른 방법이든 생명을 주는 그의 사랑의 통치 아래로 옮기고 계신다는 것이다. 그렇다면 예수님은 이 일을 어떻게 이루고 계시는가? 놀랍게도 바로 **우리, 곧 그의 제자들을 통해서** 이루고 계신다. 이 일은 예수님의 대리인들, 곧 그가 사명을 맡기신 자들이 실행하는 만큼만 진척되어 간다.

오늘날 많은 사람이 부활만큼이나 이 주장을 비웃는다. 지금껏 교회는 다양한 형태로 너무나 많은 잘못을 저질렀고, 수많은 실수를 범했으며, 주님을 너무나 자주 실망시켰다. 그래서 예수님을 사랑하는 사람들을 비롯해 많은 사람들이 교회에 대해 절망하고 예수님이 다시 와서 모든 것을 해결하시기 전에는 아무것도 달라지지 않을 거라고 생각한다. 그러나 이것은 마태의 믿음이 아니며, 누가복음과 사도행전과 요한복음에 나타난 예수님이 제자들을 파송하신 방식과도 맞지 않는다. 자신의 과업에 대한 바울의 비전과도 부합하지 않는다. 그들은 모두 마태에게 동의한다. 즉 예수님을 믿는 자들, 그분의 부활을 증언하는 자들은 세상으로 나아가 예수님이 이미 가지신 권세를 실현해야 할 책임을 부여받았다는 것이다. 결국 이것은 하나님 나라가 하늘에서처럼 땅에서도 이루어지기를 구하는 기도에 대한 응답의 한 부분이다. 우리가 이 기도를 드린다면, 하나님이 이 기도에 응답하시기 위해 우리를 부르시더라도 놀라지 말아야 한다.

예수님이 제자들에게 맡기신 과업들, 곧 그의 주권적 권세를 세상에 실제로 작동하게 할 그 과업들을 요약하는 것은 쉬운 일이지만, 이를 실제로 실천에 옮기는 일은 벅차고 까다로운 헌신을 요구한다. 그 첫째가 **제자를 삼는 것**이다. 예수님이 갈릴리 호숫가에서 어부들을 부르시고, 그들을 '배우는 자들'로 훈련시켜 그의 삶을 본받고 그의 나라의 메시지를 조금씩 이해하게 하셨듯이, 이제 그의 제자들은 남자와 여자와 아이들을 비롯해 모든 사람을 불러 예수님을 따르게 하고, 그들을 훈련시켜 그의 메시지와 길을 이해하고 따르게 할 책임이 있다. 복음 전도, 곧 사람들을 믿음과 순종으로 이끌기 위해 예수님께 초점을 맞춘 하나님의 좋은 소식을 선포하는 일은 지금도 예수님의 권세가 세상에 미치게 하는 가장 중요한 방법이다.

둘째는 **세례를 베푸는 것**이다. 예수님의 제자들에게 세례는 선택 사항이 아니다. 예수님은 세례를 자신의 죽음과 연결하셨다. 세례의 의미 중 하나는 우리가 물에 잠김으로써 예수님과 함께 죽고 그의 새로운 생명에 참여하게 된다는 것이다. (바울은 로마서 6장에서 이에 관해 자세히 말하지만, 오늘 본문을 비롯해 많은 구절이 이러한 뜻을 암시한다.) 세례는 누군가에게 거룩한 '이름'을 붙이고, 거의 낙인처럼 찍히는 공식적이고 물리적이며 가시적인 방식이다. 예수님이 천사에게 '예수'라는 이름, 곧 그의 진정한 정체성과 그 앞에 놓인 사명을 상징하는 이름을 받으셨듯이, 이제 예수님의 사역이 완결된 시점에서 우리는 우리 모두가 공유해야 할 '이름'이 살아계신 하나님, 곧 아버지와 아들과 성령의 새 '이름'이라는 것을 문득 깨닫게 된다.

마태는 이 문구를 무심코 예수님의 입술에 담았으나, 훗날 이 것이 탁월한 교의신학의 정수로 널리 알려지게 될 줄은 몰랐을 것이다. 이 지점에서 마태는 훗날 어느 위대한 작곡가의 손에서 놀라운 오라토리오의 중심 테마가 되는 한 소절을 무심코 흥얼거린 사람과도 같다. 마태는 복음서 전반에 걸쳐 예수님이 스스로를, 특별한 의미에서 자신이 (그리고 이스라엘 전체가) '아버지'로 알고 있던 하나님의 유일한 아들로 인식하셨음을 우리에게 보여준다. 이것은 예수님이 '성령'을 받으심으로써 자신의 사명을 위해 특별히 준비되신 것과 맞물리는데, 성령님은 예수님에게 그의 일을 행할 능력을 주셨고, 하나님의 '기름 부음을 받은' 자라는 신분을 주셨다(예를 들면, 3:16; 12:28). 이제 예수님을 따르는 참 제자들은 이러한 신적 삶(divine life)과 목적에 사로잡히게 된다. 유일무이한 복음서의 이야기 속에서 예수님에게 그리고 예수님을 통해 일어났던 일은 그의 메시지가 이방인의 세계로 전파되면서 다시 반복되어야 한다.

제자들이 수행해야 하는 세 번째 일은 **가르치는 것**이다. 예수님의 복음은 세상과 전혀 다른 삶의 방식을 낳는다. 전 세계의 그리스도인들이, 그 자체로 가치 있지만 이것보다 중요하지는 않은 수많은 것들을 가르치고 배우는 데 쏟는 에너지의 일부만이라도 이 일에 쏟는다면, 우리는 복음이 지금보다 훨씬 더 확장되는 것을 보게 될 것이다.

그러나 예수님은 단순히 수행해야 할 명령의 목록만 주신 게 아니다. 예수님이 주신 세 가지 임무는 오늘 본문의 처음과 끝에 나오는 약속들에 의해 지탱된다. 곧 우리가 세 가지 임무를 수행해야 하는 것은 예수님이 이미 모든 권세를 가지고 계시기 때문이다. 그리고 세 가지 임무를 감당할 수 있게 하는 약속은 예수님이 언제나, 그리고 영원히 우리와 함께하신다는 것이다. 앞서 말했듯이, 예수님은 임마누엘이시다. '우리와 함께하시는 하나님'이 '우리와 함께하시는 예수님'으로 이어진다. 이보다 더 큰 개인적인 약속은 없다.

- 당신이 예수님을 사람의 모양으로 나타난 한 분이신 참 하나님으로 인정하고 있음을 예배는 어떤 식으로 드러내는가? 당신의 예배 양식과 태도를 생각해 보라. 일상생활에서 예수님을 더 깊이 공경할 수 있는 방법은 무엇인가?

- 예수님이 제자들에게 맡기신 임무들—제자 삼기, 세례 베풀기, 가르치기—을 생각해 보라. 복음 전도, 곧 제자 삼기와 가르치기가 예수님의 권세를 세상에서 실현하는 데 얼마나 중요한지 생각해 보라. 당신의 삶에서 이런 임무들을 어떻게 적극적으로 수행할 수 있겠는가? 이런 임무들을 수행하는 과정에서 어떤 도전이나 기회를 마주하게 되는가?

어둠 속의 빛

(고린도후서 3:18; 4:1-6)

[18]우리가 다 수건을 벗은 얼굴로 거울을 보는 것 같이 주의 영광을 보매 그와 같은 형상으로 변화하여 영광에서 영광에 이르니 곧 주의 영으로 말미암음이니라 … [1]그러므로 우리가 이 직분을 받아 긍휼하심을 입은 대로 낙심하지 아니하고 [2]이에 숨은 부끄러움의 일을 버리고 속임으로 행하지 아니하며 하나님의 말씀을 혼잡하게 하지 아니하고 오직 진리를 나타냄으로 하나님 앞에서 각 사람의 양심에 대하여 스스로 추천하노라 [3]만일 우리의 복음이 가리었으면 망하는 자들에게 가리어진 것이라 [4]그 중에 이 세상의 신이 믿지 아니하는 자들의 마음을 혼미하게 하여 그리스도의 영광의 복음의 광채가 비치지 못하게 함이니 그리스도는 하나님의 형상이니라 [5]우리는 우리를 전파하는 것이 아니라 오직 그리스도 예수의 주 되신 것과 또 예수를 위하여 우리가 너희의 종 된 것을 전파함이라 [6]어두운 데에 빛이 비치라 말씀하셨던 그 하나님께서 예수 그리스도의 얼굴에 있는 하나님의 영광을 아는 빛을 우리 마음에 비추셨느니라

나는 약속 시간보다 조금 일찍 스마트 오피스에 들어섰다. 정문 경비원은 나를 안내인에게 인계했고, 그는 나를 데리고 웅장한 계단을 두 층 올라가 꽤 인상적인 문을 통과했다. 그 조직의 최고 책임자가 된 그녀를 마지막으로 만난 게 아주 오래전 일이라, 과연 내

가 그녀를 알아볼 수 있을지 확신이 없었다.

안으로 들어서자, 적당한 나이로 보이며 잘 차려입은 한 여성이 일어나 미소를 지으며 내게 다가와 손을 내밀었다. 그 순간 내 기억력이 그리 나쁘지 않다고 속으로 생각했다. 그녀는 내가 기억하는 모습 그대로는 아니었지만, 크게 다르지도 않았다. 우리는 악수를 나누었고, 나는 그녀에게 인사를 건넸다. "다시 만나 정말 반갑습니다." 그녀는 조금 놀란 표정으로 나를 바라보더니, 방을 가로질러 안쪽 문으로 다가가 가볍게 두드린 후 문을 열었다. 그 안쪽 방에 내가 만나러 온 여자가 앉아 있었다. 그녀는 변한 데가 하나도 없었다. 내가 비서를 최고 책임자로 착각했던 것이다.

바울은 고린도 교회 신자들이 자신을 조직의 최고 책임자로 여겼을 것 같아 매우 걱정한다. 그는 단지 종이요, 경비원이며, 안내인이자, 비서일 뿐이다. 그는 사람들을 최고 책임자에게 소개하는 사람에 불과하다. 그는 메시아 사무실에서 일하는 직원 중 한 명이다. 5절이 이와 관련해 모든 것을 말해준다. "우리는 우리를 전파하는 것이 아니라 오직 그리스도 예수의 주되신 것…을 전파함이라." 우리는 사람들을 그분께 소개해야 하지, 마치 사람들이 알아야 할 대상이 우리 자신인 것처럼 그들을 대기실에 잡아 두어서는 안 된다. 사실 그렇게 하기 시작한다면, 우리는 사명에 충실하지 못한 것이 된다. 우리의 일은 예수님을 알리고 옆으로 비켜나 빛을 가리지 않는 것이다.

왜냐하면 이 모든 것의 핵심은 빛이기 때문이다. 여기서 바울은 자신이 분노에 차서 젊은 교회를 열정적으로 핍박하고 있을 때 하늘에서 번쩍이는 눈부신 빛을 맞아 바닥에 쓰러졌던 순간을 암시하고 있을지도 모른다. 그 빛 가운데서 그는 영광 가운데 계신 부활하신 예수님을 보았다. 그 만남으로 그의 삶이 완전히 바뀌었다. 그 만남 자체 때문만이 아니라 그 만남이 의미하는 바를 깨달았기 때문이다. 예수님이 죽은 자 가운데서 부활하셨다면, 그는 진실로 메시아시다. 예수님이 메시아시라면, 그 안에서 하나님의 모든 목적이 이루어진 것이다. 사실 예수님은 하나님의 아들이요, 하나님의 형상이며, 하나님의 새로운 빛이셨다.

실제로 예수님은 하나님의 새로운 창조를 행하는 대리자셨다. 다메섹으로 가는 길에서 바울의 눈을 멀게 했던 그 빛, 그가 세계를 누비며 예수님의 복음을 선포할 때 사람들의 마음을 갑자기 비추었던 그 빛은 태초에 세상이 창조될 때 비추었던 그 빛과 같은 것이었다. 창조자 하나님이 "빛이 있으라"고 명하시자 빛이 있었다(창 1:3). 요한이 말하듯이(요1:5), 빛이 어둠에 비치되 어둠이 이기지 못했다. 예수님과 함께 하나님의 새로운 세상이 시작된다. 복음은 세상의 원래 창조자 외에 다른 어떤 신에 관한 것이 아니라, 바로 그 동일한 창조주 하나님이 죽음과 어둠이 터를 잡고 그분의 역할을 찬탈한 세상에 새로운 생명과 빛을 가져다주신다는 것이다. 바울은 창세기 1장에 기록된 하나님의 명령을 요약해서 이렇게 말한다. 그날 내게 일어난 일, 당신이 믿을 때 당신에게 일어난 일, 그리고 누구든지 "주께로 돌아올" 때마다 일어나는 일(3:16)이 모두 새 창조의 순간이다(5:17을 보라).

이것이 바로 바울이 메시아 예수님이 살아계신 하나님을 비추는 분이라고 믿게 된 방식이다. 오직 살아계신 하나님만이 새 창조의 빛을 비추실 수 있다. 바울이 그랬던 것처럼, 예수님을 얼굴을 맞대고 바라볼 때 우리는 하나님의 영광을 보고 있다는 사실을 깨닫게 된다. 그러면 우리는 지식, 곧 우주의 가장 내밀한 비밀을 아는 지식과 우주를 구원하려는 하나님의 계획을 아는 지식을 얻게 된다. 그 지식 안에는 어두운 세상을 헤쳐 나갈 수 있는 길을 보기에 충분하고도 넘치는 빛이 있다. 이 모든 것이 6절의 놀라운 선언에 담겨 있다.

6절은 바울이 1, 2절에서 표현한 놀라운 확신을 이해하는 데 도움이 된다. 하나님은 예수님 안에서, 예수님을 통해 이렇게 자신을 계시하셨고, 이 좋은 소식을 세상에 전하는 임무를 우리에게 맡기셨다. 우리가 이것을 진정으로 믿는다면, 교묘한 말재주를 부릴 필요가 없다. 성경 자체나 복음의 메시지를 멋대로 다룰 필요도 없다. 그저 담대하게 터놓고 있는 그대로 말하기만 하면 된다. 복음은 아무도 알지 못하는 신에게서 온 메시지가 아니다. 복음은 창조자 하나님, 곧 모든 사람이 그분의 형상으로 창조되었으며 또한 모든 사람이 적어도 어렴풋이 알고 있는 분에게서 온 메시지다. 모든 사람에게는 이 메시지가 호소력을 발휘할 수 있는 양심이 있다. 그것은 거의 잊고 지낸 친척에게서 온 메시지처럼 기억과 소망을 일깨울 것이다.

그러나 바울 자신이 너무나 잘 알고 있었듯이, 모든 사람이 그와 같이 반응하는 것은 아니다. 왜냐하면, 바울이 말하듯이, "수건"은 예전의 자신과 같은 유대인들만이 아니라 모든 종류의 사람들에게 적용되기 때문이다. 안타깝게도 "이 세상의 신"에 의해 눈이 먼 사람, "수건"이 덮인 채로 남아 있는 사람이 많다. 이것은 바울이 어둠의 권세, 곧 하나님의 빛과 진리를 대적하는 사탄을 일컫는 하나의 방식이다. 물론 바울은 자신의 경우처럼 다른 많은 사람에게서도 복음이 그 수건을 뚫고 들어갈 수 있으며, 실제로도 그러했다는 것을 알고 있었다. 그러나 바울이 이렇게 말하는 이유는 두 가지 함정에 빠지지 않기 위해서다. 하나는 사람들이 그리스도인이 되는 것은 어쩌다 여러 종교 가운데 하나를 선택했기 때문이라고 말하는 것이고, 다른 하나는 예수님의 복음이 일반 사람들의 마음에 전혀 가닿지 못한다고 말하는 것이다. 복음은 사람들에게 이상하고 낯선 침입자로 다가와 그들을 맞지 않는 틀 속으로 강제로 밀어 넣는 게 아니다. 정말 이상하고 낯선 침입자는 "이 세상의 신"이다. 그는 사람들이 치료하고 생명을 주는 복음의 빛을 보지 못하도록 가로막는다.

그러므로 오늘 본문은 바울이 자신의 직무를 어떻게 이해했는지를 보여주는 핵심적인 대목이다. 메시아는 모든 사람을 그분의 형상으로 지으신 창조자 하나님의 완전하고 참된 반영이다. 그 메시아를 선포하는 것은 이상하거나 괴상한 일이 아니라, 모든 사람이 아무리 희미하게라도 인지해야 하는 진리와 빛을 드러내는 것이다. 바울이 그 빛이라거나 진리라고 생각해서는 안 된다. 바울은 자신에 대해 말하지 않는다. 예수님에 대해 말할 뿐이다.

• 바울은 부활하신 예수님을 만나 삶이 완전히 바뀌었다. 당신은 예수님을 만나 삶이 어떻게 바뀌었는가?

• 오늘 본문은 예수님이 하나님의 새 창조를 수행하는 대리자시며, 하나님의 영광을 몸소 구현하시는 분이라고 말한다. 당신이 예수님이 누구인지를 인식하는 데 이 본문이 어떤 도움을 주는가? 예수님의 빛은 어떤 방식으로 새로움과 소망을 주는가? 변화를 일으키는 이 메시지를 다른 사람들과 어떻게 나눌 수 있겠는가?

하나님의 외아들

(히브리서 1:1-5)

¹옛적에 선지자들을 통하여 여러 부분과 여러 모양으로 우리 조상들에게 말씀하신 하나님이 ²이 모든 날 마지막에는 아들을 통하여 우리에게 말씀하셨으니 이 아들을 만유의 상속자로 세우시고 또 그로 말미암아 모든 세계를 지으셨느니라 ³이는 하나님의 영광의 광채시요 그 본체의 형상이시라 그의 능력의 말씀으로 만물을 붙드시며 죄를 정결하게 하는 일을 하시고 높은 곳에 계신 지극히 크신 이의 우편에 앉으셨느니라 ⁴그가 천사보다 훨씬 뛰어남은 그들보다 더욱 아름다운 이름을 기업으로 얻으심이니 ⁵하나님께서 어느 때에 천사 중 누구에게 너는 내 아들이라 오늘 내가 너를 낳았다 하셨으며 또 다시 나는 그에게 아버지가 되고 그는 내게 아들이 되리라 하셨느냐

언젠가 외국에 사는 옛 친구에게서 이메일을 받은 적이 있다. 그 친구는 내 딸이 결혼한다는 소식을 들었다며 축하해 주었고, 자기 딸의 근황도 전해 주었다. 십 대가 된 그의 딸은 귀걸이를 일곱 개나 하고, 머리를 밝은 자주색으로 물들였으며, 입술과 배꼽에 피어싱까지 했다고 말했다. 친구는 자신의 처지를 공감해 달라는 듯이 이 모든 이야기를 들려주었지만, 그 이면에서는 자랑과 기쁨이라는 전혀 다른 감정이 느껴졌다. 나는 친구의 십 대 시절을 또렷이

기억한다. 그는 전형적인 반항아였고, 머리는 길었으며, 시끄러운 음악을 좋아했고, 담배를 입에 물고 살았다. … 그의 딸은 (흔히 말하듯이) 아버지의 판박이였다. 친구는 딸을 보며 자신의 진짜 모습을 볼 수 있었다. 그의 성품이, 또는 적어도 그 한 측면이 딸을 통해 빛나고 있었다.

이것은 히브리서가 서두에서 하나님과 그분의 외아들에 관한 묘사로 제시하고 있는 더없이 숭고하고 고상한 진리를, 유쾌하고 친근하게 보여주는 하나의 예시라 할 수 있다. 아들은 "하나님의 영광의 광채"요, 하나님의 "본체의 형상"이시다. 감히 말하건대, 그 아들은 하나의 판박이에 불과한 것이 아니라(마치 하나님의 내면을 완벽하게 반영하는 이들이 여럿 있기라도 하듯이) 유일무이한 아들이시다. 따라서 아들을 보는 것은 거울에 비친 하나님을 보는 것과 같다. 하나님의 성품이 그 아들에게서 정확히 재현되어 누구라도 분명하게 볼 수 있게 드러난다.

실제로 여기서 "형상(precise expression, 정밀한 표현)"으로 번역된 헬라어 단어 **카라크테르**(character)는 오늘날 영어 단어 'character'의 어원이기도 하다. 그런데 이것은 헬라어와 영어 양쪽 모두에서 흥미로운 단어다. 연극 속 '등장인물(character)'을 말할 때와 알파벳의 '문자(character)'를 말할 때(예를 들어, 히브리어나 한국어 등의 문자를 말할 때), 이 둘 사이의 공통점은 무엇일까? 이 개념은 어디에서 시작된 것일까?

이 단어의 근원에는 고대 세계에서 사용되던 '각인' 또는 '주조'라는 개념이 있다. 즉, 부드럽거나 뜨거운 금속에 무늬를 새기거나 찍음으로써 그 무늬를 계속 지니게 하는 것이다. 물론 고대 세계에는 15세기 윌리엄 캑스턴(William Caxton) 이래로 사용되어 온 인쇄기 같은 것은 없었지만, 그에 해당하는 초기 형태의 기술은 있었다. 이 기술은 특히 동전을 만드는 데 사용되었다. 당시 황제는 조각가를 고용해 단단한 금속 인장(stamp)이나 주형에 자신의 초상과 적절한 글귀나 약어를 새기게 했다. 그러면 조각가는 그것을 사용해 동전을 찍어냈고, 그렇게 찍어낸 동전에는 인장에 새겨진 모습이 **정확한 자국**으로 또는 있는 그대로 표현되어 남게 되었다.

고대 헬라어에서 **카라크테르**는 바로 이것, 곧 인장이 동전에 남긴 정확한 자국을 의미하는 말로 널리 사용되었다. 여기서 파생되어 나온 이 단어는 이런 방식으로 만들어진 개별 문자들(즉, 한 언어의 '글자들[characters]')만이 아니라, 더 넓은 의미에서 한 사람이나 사물의 '성품(character)', 즉 그가 어떤 부류 또는 어떤 '유형'(type; 이 단어도 생각해 보라)의 사람인지를 가리키는 말로 사용되었다. 그리고 바로 이런 의미에서 히브리서 저자가 예수님에 대해 이 단어를 사용하는 것이다. 마치 아버지의 본성과 영광의 정확한 형상이 아들의 인성이라는 부드러운 금속에 정확히 찍힌 것과 같다. 그래서 이제 온 세상이 아들에게서 하나님을 볼 수 있게 되었다.

황제의 형상과 그의 조각가라는 이미지를 좀 더 붙들고서, 이 놀라운 서신의 첫 두 절을 생각해 보라. 만일 오랫동안 황제가 백성에게 자신이 누군지 말해주고 자신의 성품을 보여주고 싶었다고 가정해 보자. 그런데 아직 금속 인장이나 주형이 발명되지 않았다. 그래서 황제는 자신을 묘사한 그림이나 스케치밖에 보낼 수 없었다. 물론 그림이나 스케치가 백성에게 그에 관해 어느 정도는 알려줄 수 있었겠지만, 완전한 모습을 보여주지는 못했을 것이다. 그런데 황제의 바람이 마침내 실현되었다. 단단한 금속이 부드러운 금속을 위에서 눌러 원본을 정확하게 재현할 수 있게 된 것이다. 히브리서 저자는 말한다. 하나님이 오랫동안 그분을 묘사한 스케치들을 백성에게 보내오셨지만, 이제 드디어 우리에게 그분의 정확한 초상을 주셨다고 말이다.

히브리서 저자는 이러한 개념을 웅장하고 다소 격식 있는 서두에 제시하면서, 성경 역사의 전체 흐름을 파악하고, 그것이 예수님에게서 절정에 이르는 것을 볼 수 있도록 우리를 초대한다. (바울 서신들과 달리, 히브리서는 저자와 수신자를 밝히고 있지 않아 조금 답답할 수도 있겠지만, 이것이 히브리서의 놀랍고 풍성한 사상을 음미하는 데 방해가 되어서는 안 된다.) 위대한 선지자들을 돌아보라. 아브라함, 모세, 사무엘, 엘리야 등은 물론이고, 이사야와 예레미야 같은 문서 선지자들도 함께 돌아보라. 히브리서 저자가 시편을 인용하는 방식에서 생각해 볼 때, 그는 이 목록에 다윗도 포함했을 것이다.

이 첫 문장은 단순히 화려한 수사적 장식이 아니다. 그것은 서신 전체의 논증이 어떻게 진행될지를 명확하게 보여준다. 히브리서 저자는 거듭해서 구약성경의 본문에서 시작해, 그것이 장차 올 어떤 것을 가리키고 있는지 보여준다. 그리고 그 '어떤 것'은 거듭해서 예수님으로 밝혀진다. 곧, 오늘 본문에서도 볼 수 있듯이, 하나님의 유일무이한 아들이요, 죄의 문제를 완전하고 최종적으로 해결하신 분, 이제 하나님의 오른편에서 다스리시는 분, 천사들까지 그 앞에 복종하며 엎드리는 분이신 바로 그 예수님이시다.

다음 본문에서는 이 마지막 핵심이 좀 더 자세히 전개될 것이다. 그러나 다음 본문으로 넘어가기 전에 주목해야 할 것이 하나 있다. 히브리서 저자가 5절에서 인용하는 구절들은 초기 그리스도인들이 예수님에 관해 말하려 할 때 가장 자주 사용한 구약의 두 구절이라는 것이다. 시편 2편 7절과 사무엘하 7장 14절은 둘 다 메시아, 곧 다윗의 궁극적 자손을 하나님의 특별한 아들로 묘사한다. 모든 초기 그리스도인들처럼, 히브리서 저자 역시 예수님이 메시아요, 이스라엘의 참 왕이셨고 지금도 그렇다는 믿음에서 그의 사유를 시작한다. 그 외의 모든 것은 바로 이 사실에서부터 비롯된다.

- 예수님은 어떤 면에서 하나님의 본성과 영광의 '정밀한 표현(precise expression, '형상')' 또는 '정확한 각인(exact imprint)'이 되시는가? 예수님이 하나님의 유일무이한 아들이라는 계시는 하나님의 성품 및 그분과 인간의 관계에 대한 당신의 이해에 어떤 도움이 되는가?

- 하나님의 정밀한 표현이신 예수님과 관련해 새김이나 찍음의 이미지가 갖는 의미를 생각해 보라. 이것은 성경 역사에서 나타난 하나님의 '스케치'나 부분적 계시들과 비교할 때, 예수님의 계시가 갖는 진실성과 신뢰성에 관해 무엇을 말해주는가?

참 사람이신 예수님

(히브리서 2:5-9)

5하나님이 우리가 말하는 바 장차 올 세상을 천사들에게 복종하게 하심이 아니니라 6그러나 누구인가가 어디에서 증언하여 이르되 사람이 무엇이기에 주께서 그를 생각하시며 인자가 무엇이기에 주께서 그를 돌보시나이까 7그를 잠시 동안 천사보다 못하게 하시며 영광과 존귀로 관을 씌우시며 8만물을 그 발아래에 복종하게 하셨느니라 하였으니 만물로 그에게 복종하게 하셨은즉 복종하지 않은 것이 하나도 없어야 하겠으나 지금 우리가 만물이 아직 그에게 복종하고 있는 것을 보지 못하고 9오직 우리가 천사들보다 잠시 동안 못하게 하심을 입은 자 곧 죽음의 고난 받으심으로 말미암아 영광과 존귀로 관을 쓰신 예수를 보니 이를 행하심은 하나님의 은혜로 말미암아 모든 사람을 위하여 죽음을 맛보려 하심이라

구약성경에서 가장 극적인 이야기 가운데 하나는 왕위 계승에 관한 것이다. 다윗 왕은 매우 늙었고, 그가 오래 버티지 못하리라는 것을 모두 알고 있었다. 다윗은 아들과 딸이 아주 많았다. 그중 한 아들인 아도니야가 군사령관을 비롯해 고위 제사장과 손잡고 다윗 몰래 자신이 왕이라고 선포했다. 그러나 다윗은 이미 왕후 밧세바에게 그녀의 아들 솔로몬이 왕이 될 거라고 약속한 상태였다. 그래

서 이 소식을 들은 다윗은 제사장 사독과 선지자 나단에게 명령해 솔로몬에게 기름을 부어 왕으로 세우라고 했다. (이 모든 이야기가 열왕기상 1, 2장에 나온다.) 모든 것은 하나의 질문에 달려 있었다. 과연 왕은 장차 올 왕국을 누가 다스리기를 원했는가?

히브리서 2장이 직면하고 있는 질문도 바로 이것이다. 다만 여기서는 질문이 옛 왕이 죽은 후 새로운 왕이 다스릴 왕국에 관한 것이 아니라, 아직 오지 않은 새로운 세상과 하나님이 이 새로운 세상을 어떻게 다스리려 하시는가에 관한 것이다. 5절이 말하듯이, "장차 올 세상"은 오늘 본문만이 아니라 히브리서 전체의 중심 주제다. 따라서 '소망'이 히브리서 전체에서 아주 강력한 주제로 자리한다. 그리고 그 논증의 핵심은 메시아 예수님 안에서 이 소망이 이미 세상을 뚫고 들어왔고, 마침내 도래할 새로운 세상의 확실한 표식들을 가져왔다는 것이다.

오늘 본문은 이 핵심을 세 단계로 제시한다. 첫 번째 단계는, 하나님은 언제나 그분의 유일무이한 아들이 천사들보다, 심지어 유대 율법을 전해준 천사들보다 우월하도록 정하셨다는 것이다. 하지만 이번에는 그 우월성을 아들을 위해 준비된 **미래의 역할**이라는 측면에서 설명한다. 하나님은 장차 올 세상에서 본래의 창조 질서가 마침내 실현되기를 원하신다. 즉, 하나님을 믿고 그분께 순종하는 사람들이 지혜롭고 창조적으로 세상을 다스리는 것이다. 창세기 1, 2장에서, 아담과 하와는 에덴동산과 동물들을 다스릴 책임을 맡는다. 이 역할은, 비록 창세기 3장의 '타락'을 통해 온갖 방식으로 훼손되긴 했지만, 히브리서가 지금 인용하는 시편 8편에서 재확인된다. 이 시편은 '사람이란 무엇인가?'라고 묻는다. 사람은 광대한 창조 세계에 비춰볼 때 더없이 작고 하찮은 존재인데, 왜 하나님은 그런 사람을 이렇게 특별하게 대우하시는가? 그 대답은 신비롭고도 강렬하다. 언뜻 보면, 사람이 천사보다 낮아 보이고 열등한 존재처럼 보이지만, 하나님은 사람이 세상의 참 통치자가 되기를 뜻하신다. 이것이 "영광과 존귀로 관을 씌우셨다"라는 말의 의미다.

그런데 오늘 본문에는 한 가지 중요한 전환이 더 있다. 6절에서 "사람"에 해당하는 단어는 단수로, '한 사람'을 의미한다. 이어지는 "인자"라는 표현 역시 유대인 독자에게는 단순히 '전형적인 인간'을 뜻할 수 있지만, 다니엘서나 예수님의 가르침을 아는 사람에게는 '메시아'를 의미할 수 있다. 이는 메시아가 이제 참되고 전형적이며 권위 있고 대표적인 사람으로 간주되어야 한다는 사실을 강조한다. 히브리서가 바로 이 점을 염두에 두고 있다는 것은, 하나님이 만물을 그의 발아래 복종하게 하셨다는 인용문의 마지막 구절이 1장 13절에 인용된 시편 110편의 구절("내가 네 원수로 네 발등상이 되게 하기까지 너는 내 우편에 앉아 있으라")을 다시 불러오고 있다는 점에서 분명히 알 수 있다. 바울이 고린도전서 15장 20-28절에서 그랬듯이, 히브리서 기자는 메시아에 관한 본문과 참된 인간에 관한 본문을 한데 묶어, 예수님이 하나님의 새 창조에서 맡으실 **미래의** 역할과 이미 주님으로 높임을 받으신 **현재의** 지위를 동시에 말하고 있다. 여기에 히브리서가 덧붙이는 핵심은, 시편 8편에 따르면, 이것이 곧 메시아가 천사들보다 우월함을 의미한다는 것이다. 이로써 그의 논증에서 중요한 부분이 완성된다.

오늘 본문의 두 번째 단계는 하나님이 일반적으로 인간에게 예정하신 지위를 예수님이 어떻게 이미 획득하셨는지를 살피는 것이다. 시편 8편은 하나님이 인류 전체에게 세상을 다스릴 권세를 주셨고, "만물을 그 발아래에 두셨다"라고 말한다. 그러나 히브리서는 이것이 아직 성취되지 않았음이 분명하다고 기술한다. 인간은 세상을 다스리고 있지 않으며, 하나님의 질서와 정의를 창조 세계 전체에 실현하고 있지도 않다. 모든 것은 여전히 반 혼돈 상태에 있다. 그렇다면 이 시편을 어떻게 진지하게 받아들일 수 있겠는가?

그 대답은 예수님에게서 그 일이 **이미** 일어났다는 것이다. 예수님은 인류의 대표시다. 그는 지상 사역과 고난, 그리고 죽음(이 기간에 그는 실제로 "잠시 천사보다 못하게" 되셨다) 이후에 주님으로 높아짐으로써 태초부터 인류에게 예정된 역할을 맡으셨다. 그는 우리보다 먼저 하나님의 미래로 들어가셨는데, 그 미래에는 질서와 정의, 곧 구원하는 질서와 치료하는 정의가 세상에 실현될 것이다.

그러나 오직 예수님 한 분에게서만 일어난 일이 어떻게 우리 모두와 연결될 수 있는가? 이 질문은 우리를 오늘 본문의 세 번째 단계로 이끈다. 예수님은 자기 백성의 대표시다. 의회 민주주의에서 각 선거구의 유권자들은 한 사람을 그들의 **대표**로 뽑아 의회에 보낸다. 그들이 직접 의회에 들어갈 수 없기 때문에, **그들을 대신해** 그들의 소망과 두려움, 필요와 열망을 안고 의회에 들어갈 적절한 사람을 찾는 것이다. 따라서 대표가 의회에 있고 유권자들은 거기 없으므로, 대표는 유권자들의 **대리자**로 행동하면서 그들이 다양한 이유로 직접 할 수 없는 일을 대신 수행하는 것이다.

신약성경의 저자들이 예수님을 이스라엘의 메시아이자 세상의 참 주님이시라 말할 때, 이런 일이 되풀이해서 일어난다. 예수님은 이스라엘의 메시아로서 이스라엘을 **대표하신다**. 그리고 이스라엘은 하나님의 목적 안에서 온 세상을 대표할 백성으로 설계되었기 때문에, 예수님은 훨씬 더 큰 공동체, 곧 온 세상도 대표하신다. 그 결과 예수님은 그들을 대신해 그들이 직접 할 수 없는 일을 그들을 위해 하실 수 있게 된다.

히브리서는 이것을 이렇게 요약한다. 예수님은 죽음의 고난을 겪으심으로써 하나님의 은혜로 "모든 사람을 위하여 죽음을 맛보"실 수 있었다. 히브리서의 상당 부분은 이것이 어떻게 이루어지며, 또 그것이 무엇을 의미하는지를 설명하는 데 할애된다. 지금으로서는 모든 기독교의 핵심이 되는 이 사실, 곧 하나님이 예수님 안에서 우리를 대신해 이미 죽음을 이기셨고, 세상의 정당한 주님으로서 이미 세상을 다스리고 계신다는 사실을 기뻐하며 누리는 것으로 충분하다.

- 혼돈이 가득하고 하나님의 완전한 질서가 사라진 현재의 세상과 시편 8편이 꿈꾸었고 예수님 안에서 성취된 미래의 실재 사이의 긴장을 생각해 보라. 예수님이 주님으로 높아지심이 어떻게 소망을, 곧 창조 세계에서 질서와 정의가 궁극적으로 회복되리라는 소망을 당신에게 주는가?

- 예수님의 지상 사역과 그의 고난, 그리고 그가 주님으로 높아지심의 관계를 생각해 보라. 이러한 이해를 통해 하나님과 인간 사이의 간극을 메우는 예수님의 독특한 역할에 대한 당신의 인식과 감사가 어떻게 더 깊어지게 되는가?

계시되신 예수님

(요한계시록 1:9-20)

9나 요한은 너희 형제요 예수의 환난과 나라와 참음에 동참하는 자라 하나님의 말씀과 예수를 증언하였음으로 말미암아 밧모라 하는 섬에 있었더니 10주의 날에 내가 성령에 감동되어 내 뒤에서 나는 나팔 소리 같은 큰 음성을 들으니 11이르되 네가 보는 것을 두루마리에 써서 에베소, 서머나, 버가모, 두아디라, 사데, 빌라델비아, 라오디게아 등 일곱 교회에 보내라 하시기로 12몸을 돌이켜 나에게 말한 음성을 알아보려고 돌이킬 때에 일곱 금촛대를 보았는데 13촛대 사이에 인자 같은 이가 발에 끌리는 옷을 입고 가슴에 금띠를 띠고 14그의 머리와 털의 희기가 흰 양털 같고 눈 같으며 그의 눈은 불꽃 같고 15그의 발은 풀무불에 단련한 빛난 주석 같고 그의 음성은 많은 물소리와 같으며 16그의 오른손에 일곱별이 있고 그의 입에서 좌우에 날선 검이 나오고 그 얼굴은 해가 힘 있게 비치는 것 같더라 17내가 볼 때에 그의 발 앞에 엎드러져 죽은 자 같이 되매 그가 오른손을 내게 얹고 이르시되 두려워하지 말라 나는 처음이요 마지막이니 18곧 살아 있는 자라 내가 전에 죽었었노라 볼지어다 이제 세세토록 살아 있어 사망과 음부의 열쇠를 가졌노니 19그러므로 네가 본 것과 지금 있는 일과 장차 될 일을 기록하라 20네가 본 것은 내 오른손의 일곱 별의 비밀과 또 일곱 금촛대라 일곱 별은 일곱 교회의 사자요 일곱 촛대는 일곱 교회니라 몇 년 전에 일식이 있었다. 일식은 아주 드물게 일어나며, 이를 직접 보는 것은 굉장한 경험이다. 그러나 달 뒤로 사라졌다가 반대쪽으로 나오는 태양을 맨눈으로 응시하는 것은 위험하다. 쌍안경이나 망원경으로 볼 경우, 태양의 강렬한 빛이 눈에 영구적인 손상을 입힐 수 있다. 심하면 실명할 수도 있다.

그 일식이 있을 무렵, 라디오와 텔레비전에서는 공익 광고를 내보냈고, 신문에도 주의 사항이 실렸다. 반드시 짙은 특수 안경을 쓰고 일식을 보라는 것이었다. 그런데 자연 현상에 대한 이해가 거의 없던 한 사람이 이 모든 상황에 화를 냈다. 그는 분명 이것을 '보건과 안전'의 문제로 생각했다. 그래서 「런던 타임즈」에 편지를 보내 따졌다. 즉, 일식이 그렇게 위험하다면, 왜 정부는 애초에 그것이 일어나도록 허용하고 있느냐는 것이었다.

다행히 아무리 전체주의적인 정부라 할지라도 해와 달이 벌이는 일을 통제할 수는 없다. 그러나 요한이 본 예수님의 환상에 관한 이야기를 들을 때는, 가장 강렬한 태양 빛의 위험성에 관해 생각해보는 것도 좋을 것 같다. 이 글을 쓰는 지금도 태양이 옅은 구름 사이로 막 나타났지만, 나는 그런 태양조차 1초 이상 똑바로 쳐다보지 못하고 고개를 돌려야 한다. 그러므로 요한이 지중해의 눈부신 하늘을 떠올리며 예수님을 이런 식으로 묘사할 때(16절), 우리는 새로운 차원의 경외심을 품고 예수님을 바라보는 법을 배워야 한다.

어떤 사람들에게 예수님은 1세기 판타지에나 등장하는 자신들과 거리가 먼 인물일 뿐이다. 반면에 또 다른 사람들, 이를테면 오늘날 열성적인 그리스도인들에게 예수님은 사랑과 친밀함이 넘치는 인격적 관계를 맺을 수 있는 분이다. 요한은 후자에 동의하겠지만, 그렇다고 예수님을 단지 우리를 행복하게 해주는 포근한 분이라고만 생각해서는 안 된다고 경고할 것이다. 예수님을 있는 그대로 보게 된다면, 우리는 그분 품에 파고들려고 하기보다 마치 죽은 사람처럼 그분의 발 앞에 엎드리려고 할 것이다.

요한이 본 예수님 환상에서(12-16절) 그의 글쓰기 방식에 대한 몇 가지 특징을 알 수 있다. 누군가 이상한 꿈을 이야기할 때처럼, 요한이 말하는 것들을 한꺼번에 상상하기란 힘든 일이다. 그것은 단순한 스케치를 보는 것보다 초현실주의 그림이나 끊임없이 바뀌는 컴퓨터 생성 이미지들을 보는 것에 더 가깝다. 먼저 요한은 나팔 소리 같은 음성을 들을 때(10절), "몸을 돌이켜 나에게 말한 음성을 (알아) 보려" 했다고 말한다. 어떤 의미에서 이는 딱 맞는 표현 같다. 요한이 본 예수님은 참으로 그 '음성'이며, 아버지의 살아 있는 말씀이자, 하나님이 그분을 통해 말씀하셨고 지금도 말씀하시는 분이기 때문이다. 또한 예수님이 친히 하시는 말씀은 그분의 입에서 나오는 가시적인 검의 형상으로 나타나는데(16절), 이는 이사야가 말했던 장차 오실 왕(11:4)과 고난받는 종(49:2)에 관한 예언을 떠올리게 한다.

특히 이러한 예수님 환상은 성경에서 가장 유명한 환상 가운데 하나인 다니엘 7장에 등장하는 두 인물을 하나로 모아 놓는다. 다니엘 7장에서는 하나님의 백성의 고난이 절정에 이를 때, "옛적부터 항상 계신 이"가 하늘 보좌에 앉으시고, "인자 같은 이"(다시 말해, 하나님의 백성을 대표하고 더 나아가 온 인류를 대표하는 인간적 존재)가 그분 앞에 나아가 그 곁에 함께 앉는다. 그런데 요한이 본 환상에서는 이 두 그림이 하나로 합쳐지는 것 같다. 요한은 우리가 예수님을 보고 있을 때, 그분을 통해 곧바로 아버지 하나님을 보고 있는 것이라고 말한다.

이 그림의 세부 사항을 하나씩 마음속에 담아보라. 이제 이 불꽃 같은 눈이 당신의 안팎을 낱낱이 살피게 하라. 천둥 같은 소리를 쉼 없이 내는 거대한 폭포 옆에 서 있다고 상상해 보라. 그 소리가 사람의 음성이 되어 산과 당신의 머리를 휘돌며 메아리친다고 상상해 보라. 그리고 그분의 손이 당신에게 닿는 것을 상상해 보라.

그렇다, 두려움은 자연스러운 반응이다. 그러나 예수님은 언제나 그러셨듯이, 이번에도 "두려워하지 말라"고 말씀하신다. 괜찮다. 그렇다, 당신은 고난받고 있고, 당신의 동족도 고난받고 있다(9절). 그렇다, 이 시대는 낯설고 힘들며, 거칠고 포악한 통치자들이 세상을 다스리며 도시마다 자기 뜻을 강요하고 있다. 그러나 일곱 교회 (일곱은 완전수이며, 따라서 11절에 열거된 교회들은 세상 모든 교회, 곧 모든 시대, 모든 곳의 교회를 상징한다)는 예수님이 그들 가운데 서 계시며, 각 교회를 대표하고 돌보는 '천사들'이 그분의 오른손에 붙들려 있다는 사실을 알아야 한다.

그리고 이 예수님의 자격은 자신이 "죽었"으나 "이제 세세토록 살아 있다"는 사실(18절)에 근거한다. 마치 우리가 갇힌 지하 감옥에서 나가는 비밀 통로를 알고 있다고 속삭이는 사람처럼, 예수님은 이렇게 말씀하신다. "내게 열쇠가 있다! 사망과 음부의 열쇠를 내가 지금 여기에 가지고 있다! 그러니 더 이상 아무것도 걱정할 필요가 없다."

- 당신과 예수님은 본질적으로 어떤 관계인가? 당신은 예수님을 편안하고 포근한 인물로 보는가, 아니면 경외심과 변화를 불러일으키는 분으로 대하고 있는가? 예수님을 친밀한 분이자 경외심을 불러일으키는 분으로 보는 균형 잡힌 시각을 가질 때, 당신의 믿음과 그분과의 관계가 어떻게 더 깊어질 수 있겠는가?

- 예수님이 사망과 음부의 열쇠를 가지고 계신다는 사실이 당신에게 어떤 위로와 확신을 주는가? 이 진리가 당신이 겪는 고난과 두려움, 그리고 삶의 도전을 바라보는 시각을 어떻게 변화시킬 수 있겠는가?

육신이 되신 말씀

(요한복음 1:1-18)

1태초에 말씀이 계시니라 이 말씀이 하나님과 함께 계셨으니 이 말씀은 곧 하나님이시니라 2그가 태초에 하나님과 함께 계셨고 3만물이 그로 말미암아 지은 바 되었으니 지은 것이 하나도 그가 없이는 된 것이 없느니라 4그 안에 생명이 있었으니 이 생명은 사람들의 빛이라 5빛이 어둠에 비치되 어둠이 깨닫지 못하더라 6하나님께로부터 보내심을 받은 사람이 있으니 그의 이름은 요한이라 7그가 증언하러 왔으니 곧 빛에 대하여 증언하고 모든 사람이 자기로 말미암아 믿게 하려 함이라 8그는 이 빛이 아니요 이 빛에 대하여 증언하러 온 자라 9참 빛 곧 세상에 와서 각 사람에게 비추는 빛이 있었나니 10그가 세상에 계셨으며 세상은 그로 말미암아 지은 바 되었으되 세상이 그를 알지 못하였고 11자기 땅에 오매 자기 백성이 영접하지 아니하였으나 12영접하는 자 곧 그 이름을 믿는 자들에게는 하나님의 자녀가 되는 권세를 주셨으니 13이는 혈통으로나 육정으로나 사람의 뜻으로 나지 아니하고 오직 하나님께로부터 난 자들이니라 14말씀이 육신이 되어 우리 가운데 거하시매 우리가 그의 영광을 보니 아버지의 독생자의 영광이요 은혜와 진리가 충만하더라 15요한이 그에 대하여 증언하여 외쳐 이르되 내가 전에 말하기를 내 뒤에 오시는 이가 나보다 앞선 것은 나보다 먼저 계심이라 한 것이 이 사람을 가리킴이라 하니라 16우리가 다 그의 충만한 데서 받으니 은혜 위에 은혜러라 17율법은 모세로 말미암아 주어진 것이요 은혜와 진리는 예수 그리스도로 말미암

아 온 것이라 [18]본래 하나님을 본 사람이 없으되 아버지 품속에 있는 독생하신 하나님이 나타내셨느니라

성경을 읽는 사람이라면 누구라도 "태초에"라는 표현을 보자마자 구약성경의 첫 책인 창세기 첫머리에 나오는 "태초에 하나님이 천지를 창조하시니라"는 구절을 떠올릴 것이다. 요한이 앞으로 무엇을 더 말하든지 간에, 그가 우리에게 보여주고자 하는 것은 창조주 하나님이 자신이 그토록 사랑하는 창조 세계 안에서 이전과는 다른 새로운 방식으로 일하고 계시며, 그리고 창세기에서 시작된 긴 이야기가 창조주께서 처음부터 의도하셨던 바로 그 절정에 이르고 있다는 사실이다.

요한은 "말씀"에 관해 이야기함으로써 이 목적을 달성한다. 창세기 1장에서 절정은 하나님이 그분의 형상대로 사람을 창조하신 것이다. 요한복음 1장에서 절정은 말씀이 "육신"이 되어 한 사람으로 오신 것이다.

내가 무슨 말을 할 때, 그 말은 어떤 의미에서 나의 일부라 할 수 있다. 그것은 내 안에서 나오는 호흡이며, 내가 목구멍과 입과 혀를 통해 소리로 만든 것이다. 사람들은 나의 말을 들을 때, 내가 그 말을 의도했다고 생각한다. 우리의 행동이 말과 일치하지 않을 때, 사람들은 "하지만 당신은 이렇게 말했잖아요!"라고 지적한다. 우리는 자신의 말에 책임을 져야 한다.

그러나 우리의 말은 우리로부터 독립된 생명을 지닌 것처럼 보이기도 한다. 사람들이 말을 들으면, 그 말이 그들의 생각과 삶의

방식을 바꿔놓을 수 있다. "사랑해", "이제 갈 시간이야", "당신은 해고야"라는 말들을 생각해 보라. 이런 말들은 새로운 상황을 만들어내고, 사람들은 그에 맞춰 반응하거나 행동한다. 말은 사람들의 기억에 남아 지속적으로 영향을 미친다.

구약성경에서 하나님은 자주 그분의 "말씀"을 통해 행동하신다. 하나님이 하신 말씀은 창세기뿐 아니라 그 이후의 기록에서도 늘 그대로 이루어진다. 시편은 "여호와의 말씀으로 하늘이 지음이 되었으며"라고 말한다(33:6). 육체와 풀은 시들고 죽지만, 하나님의 말씀은 영원하다(사40:6-8). 하나님의 말씀은 그분의 입에서 나와 이스라엘과 온 창조 세계에 생명과 치유와 소망을 가져다준다(사55:10-11). 이러한 배경에서 요한은 예수님이 정말로 누구신지 우리에게 알려주기 위해 "말씀"이라는 단어를 선택한 것이다.

요한은 이 서두를 읽는 일부 독자들이, 예수님에 관해 말하고 있는 이 내용이 과거 여러 저자들이 "지혜"에 관해 했던 말과 닮아 있음을 알아차리길 기대했을 것이다. 많은 유대교 선생이 오래된 문제들과 씨름해 왔다. 어떻게 한 분이신 참 하나님이 세상과 구별되시면서도, 세상 속에서 일하실 수 있는가? 어떻게 하나님이 멀리 계시고 거룩하며 세상과 분리되시면서도, 세상에 친밀하게 임재하실 수 있는가? 이에 대해 어떤 사람들은 "말씀"과 "지혜"를 활용해 이런 질문들에 답변해 왔다. 어떤 사람들은 한 분이신 참 하나님이 그분의 "임재"를 예루살렘 성전에 두시겠다고 약속하셨다는 믿음 안에서 이 둘을 결합하기도 했다. 또 어떤 사람들은 유대교 율법인 토라에 그것들이 담겨있다고 보았다. 요한이 하나님의 "말씀"에 대해 말할 때, 이 모든 배경을 염두에 두고 있었을 것이다.

그러나 말씀이란 개념에서 요한의 일부 독자들은 이교도 철학자들이 논했던 사상도 떠올렸을 것이다. 그중 일부 철학자들은 "말"을 온 우주와 온 인류 안에 깊이 자리한 일종의 합리성의 원리로 보았다. 그들은 이 원리와 접촉하면 우리의 삶이 참 의미를 발견하게 될 거라고 말했다. 이에 요한은 그들에게 "글쎄요, 그럴지도 모르죠. 하지만 말씀은 추상적 원리가 아니라 인격입니다. 이제 내가 그분을 당신들에게 소개하겠습니다"라고 말하고 있는 셈이다.

1-2절과 18절은 오늘 본문의 시작과 끝에서 말씀이 곧 하나님이셨고, 지금도 하나님이시며, 하나님과 지극히 친밀한 관계 안에 계신 분임을 강조한다. 요한은 자신이 말하는 것이 언어가 지닌 일반적인 한계를 넘어서고 있다는 사실을 잘 알고 있다. 하지만 그에게 이렇게 말하게 만든 것은 예수님이시다. 왜냐하면 14절에서 말하는 것처럼, 말씀이 육신, 곧 사람이 되어 우리 가운데 하나가 되었기 때문이다. 실제로 그분은 우리가 예수라고 알고 있는 바로 그 사람이 되셨다. 참 하나님이 누구신지 알고 싶다면, 예수님을 오랫동안 깊이 있게 바라보라.

오늘 본문의 나머지 부분은 이 핵심 선언을 중심으로 구성된다. 우리가 예수로 알고 있는 그분은 태초부터 계셨던 말씀, 만물이 그를 통해 창조되었으며 그 안에 생명과 빛이 있었고 지금도 있는 그 말씀과 동일한 분이시다. 그 말씀이 창조 이전의 어둠에 맞섰는데, 안타깝게도 이제는 창조 세계 안에 있는 어둠에 맞서고 계신다. 그 말씀이 새로운 창조를 이루고 계시며, 그 안에서 하나님은 다시 한

번 "빛이 있으라!"고 말씀하신다.

요한복음의 서두에서 가장 흥분되는 대목 가운데 하나는 우리 역시 이 이야기에 포함된다는 것이다. "영접하는 자 곧 그 이름을 믿는 자들"(12절)이란 말은 그때나 지금이나 누구에게나 해당되는 말이다. 특정 가문이나 특정 지역에서 태어날 필요가 없다. 하나님은 모든 곳의 사람들이 새롭게 태어나길, 곧 그분이 예수님을 통해 시작하셨고 온 세상으로 퍼져 나간, 그 가족 안으로 태어나길 원하신다. 누구든지 이런 의미에서 "하나님의 자녀"가 될 수 있으며, 이는 모든 사람이 하나님의 눈에 특별하다는 사실을 넘어서는 의미를 지닌다. 이 땅의 삶에서 사람들을 새로운 백성, (12절이 말하듯이) "그 이름을 믿는" 자들로 변화시키는 어떤 일이 일어날 수 있다.

이처럼 하나님과 세상, 예수님과 이스라엘, 그리고 보이지 않는 하나님의 영광을 드러내는 말씀에 관한 이 위대한 드라마는 배우를 찾고 있는 한 편의 연극과도 같다. 그리고 그 배역은 당신과 나를 비롯해 우리 모두를 위해 준비되어 있다.

- 우리의 삶에서 말이 갖는 힘과 영향력을 생각해 보라. 하나님의 말씀이 창조의 힘이자 소통의 수단으로서 갖는 의미를 생각해 보라. 구약성경에서 하나님의 말씀이 미치는 영향력을 인식하는 것이 신약성경에서 예수님을 '말씀'으로 이해하는 데 어떻게 도움이 되는가?

- 하나님의 구속 드라마에서 당신의 역할을 생각해 보라. 하나님이 써 내려가시는 이 이야기 속에 당신은 어떻게 적극적으로 참여할 수 있겠는가?

톰 라이트의

사순절과
부활절

광야에서 영광으로